Marriages of Caroline County
Virginia

1777-1853

Therese A. Fisher

HERITAGE BOOKS
2007

HERITAGE BOOKS
AN IMPRINT OF HERITAGE BOOKS, INC.

Books, CDs, and more—Worldwide

For our listing of thousands of titles see our website
at
www.HeritageBooks.com

Published 2007 by
HERITAGE BOOKS, INC.
Publishing Division
65 East Main Street
Westminster, Maryland 21157-5026

Copyright © 1998 Therese A. Fisher

All rights reserved. No part of this book may be reproduced or transmitted in any form or by any means, electronic or mechanical, including photocopying, recording or by any information storage and retrieval system without written permission from the author, except for the inclusion of brief quotations in a review.

International Standard Book Number: 978-0-7884-0855-0

INTRODUCTION

Caroline County is considered a burned county. While it suffered some loss of records during the Civil War, there are counties that suffered greater damage. Caroline's most severe damage appears to be of an earlier date and in the wills. John L. Pendleton, Clerk of the Court in Caroline in the 1840's, wrote a note in the Marriage Register in which he said "...the papers from 1725 up to 1790 were thrown out of this office permissions to many of which were lost and the balance so mutilated and mixed up that they have never been arranged...." The loss of these colonial records is devastating. Campbell's *Colonial Caroline* is a welcome attempt by a knowledgeable compiler to fill in the gap of information left by the loss of records.

My compilation of the records of Caroline County has many entries that may cause a researcher to question the accuracy of the abstractions. While there may be errors made in my typing or in my interpretation of the handwriting of the ministers or court clerks, many of the seeming discrepancies are in the original records. I have found separate records of the marriage date for the same couple by the same minister that show entries 16 years apart. Which of these entries is correct? Hopefully the researcher will be able to find some additional data on the family (such as census or Bible records) that can help them evaluate which of the entries is correct. As bizarre as it may seem, there may be two entries for the same couple. They may have been married twice for some reason known only to them. I have seen too many weird things that were not supposed to happen occur in researching genealogy to discount anything! In many instances there is more than one entry for a couple that shows a few days' separation in dates. When this occurs, several things should be kept in mind. First, one entry date may be for the marriage bond or license while the second and later date would be the actual marriage date. There have been a few occasions where there is a year's difference between one entry and another, some with the same day and month. In a case like this, presume that there was an incorrect entry either on the part of the transcriber (highly unlikely) or on the court clerk (much easier to tolerate and blame, since he is dead). In either event, you would be advised to seek a third date verification to determine which is the correct date. The birth of the first child could be an indicator, although I saw a minister's entry in another county where the minister noted that he performed the ceremony about nine months too late!

    I have retained the various spelling of both last and first names, even when they seem apparently wrong (such as Frances instead of Francis for a man). This is not meant to confuse anyone. It's purpose is to retain the integrity of the original document used. If a separate document gives exactly the same information as another document, such as a marriage record and a pension record, I have merely added the abbreviation of the second source to the first . This, however, is not the case when the same document gives more then one entry for a couple, even when the information is identical. This occurs frequently in the Caroline County Marriage Register (cmb). In this instance, I have retained both entries for the couple. In the 1853 Caroline County marriages there were two documents that were, reportedly, overlapping documents. When I found variants in the information (such as different name spellings or dates), I made a separate entry. When there was additional information, such as the addition of the minister's name, I included that in the single entry. Both are designated (cmb) since both are named Caroline County Marriage Register in the original record.

The individuals in the entry that are not the groom or the bride and are not designated as minister, father or mother, could be just about any relationship to either of the couple. Sometimes the last name of the person will show kinship to either bride or groom, but frequently there is no clue. In that case, go to the list of ministers that I have compiled and see if his name is mentioned as that of a minister. If not, then you can assume that he or she is a bondsman, typically for the bride. While this list of ministers is not complete and probably does not include the entire time period for each minister's activities in Caroline County, the names and dates were derived from the marriage records, newspaper accounts or, when available, church histories. This should provide the researcher with a fairly well represented group. The Virginia Baptist Historical Society was generous in their assistance in dating many of the Caroline County Baptist ministers.

Another aspect of the records that should be noted is the pronunciation of the surnames. Several surnames particular to Caroline and her surrounding counties, have unusual pronunciations that affected (in some instances) the way the name was spelled in the record. The last name TALIAFERRO is pronounced TOLIVER. BOULWARE is pronounced BOWLER.

CARNEAL can be pronounced as it is spelled or as CARNAL. ENNIS was frequently pronounced EANNIS (short "a"). BROADDUS was pronounced BRODUS (long "o"). PEATROSS was pronounced PETRUS. There were others that were occasionally affected by there pronunciation, but the above are the main names that were affected. I would strongly recommend that you check all phonetic possibilites as well as common letter errors (such as "L" and "S" , "J" and "I", "M" and "W", etc).

Nicknames were frequently used on the records, particularly women's names. The following are the names that might cause the most trouble;

Polly ....Mary
Patsy ...Martha
Peggy ..Margaret
Fanny ..Frances
Nelly ...Eleanor
Caty ....Catherine
Cathy ..Catherine
Nancy ..Ann   (Nancy is also used as a proper name in its own right)
Sally ...Sarah
Lizzy ..Elizabeth
Betsy ..Elizabeth
Betty ..Elizabeth
Dorry ..Dorothy
Dotty ..Dorothy
Dolly ..Dorothy (Dolly is also used as a proper name in its own right)

There are several names that I can't help but believe are nicknames, such as "Nutty" but I cannot begin to imagine what the proper name would be for that!

With the rich history that Caroline County can claim and the large number of people who immigrated from Caroline to Tennessee, Kentucky, Ohio and beyond, one would expect a significant number of books on the county. The two histories of Caroline by Campbell and Wingfield, Herbert Ridgeway Collins books on the cemeteries of Caroline, Ralph Emmett Falls' books on the communities in Caroline, John Frederick Dorman's series on the early court order books, and William Hopkins book on the marriages and court records of Caroline are greatly appreciated.

The current (1997) court clerk in Caroline, Ray Campbell, is a treasure trove of helpful information. He knows his community and his records. He is also a genealogist. Only a genealogist who has gone to a court house where the court clerk is indifferent or antagonistic to genealogy can appreciate how wonderful that quality is. I am grateful to him particularly for his help in locating all of the marriage material in the courthouse and his help with the phonetics of the Caroline surnames.

ABBREVIATIONS USED IN THIS BOOK

afr ANDERSON FAMILY RECORDS by W.P. Anderson
b. birth or born date
ca approximately or estimated based usually on census records or age at death
cmb Caroline County Marriage Register microfilm
copy at Virginia State Archives, original at the County Clerk's Office, Bowling Green, VA
cmbc1 Caroline County Marriage Bonds and Consents. original at the Caroline Clerk of the Court's office, Bowling Green, VA
ctr Charles Talley Register manuscript #20805 at the Virginia State Archives
d.d. death date
d/o daughter of
f. father
guard. guardian
hccw HANOVER COUNTY CHANCERY WILLS AND NOTES
hcr-lb Hanover Court Records-large book at the Hanover County Clerk's Office
hcr-sb Hanover Court Records-small book at the Hanover County Clerk's Office (not available for general public use)

hv   HIDDEN VILLAGE-PORT ROYAL, VA by Ralph Emmett Falls 1992
ic   Immanuel Church Records manuscript # 19801 at the Virginia State Archives
IGI   International Genealogical Index; computerized data base of birth and marriage records compiled and distributed by the Church of Jesus Christ of Latter Day Saints
implied indicates that the marriage date was not stated in the record but that the couple was considered husband and wife.
lmo   Caroline County book entitled Licenses, Marriages and Ordinary. It appears to cover just one year's marriages, that of 1777. Located at the Clerk of the Circuit Court, Caroline Co., VA
min.   minister of the gospel
mo.   mother
ohh   OLD HOMES OF HANOVER CO.,VA by the Hanover County Historical Society 1983
onkc   OLD NEW KENT COUNTY: SOME ACCOUNT OF THE PLANTERS, PLANTATIONS AND PLACES IN NEW KENT COUNTY by Malcolm H. Harris 1977
P1812   Pension Records for the War of 1812 on file at the National Archives Series M313
PRev   Revolutionary War Pension Record on file at the National Archives Series M804
POC   Person Of Color
pts   parents
Rev.   Reverend; indicating a minister of the gospel

sc   SOUTHERN CHURCHMAN; newspaper for the Protestant Episcopal Church. Marriages compiled by the Historical Records Survey, W.P.A. 1942. **Dates given with this reference reflect the date of publication, not the date of marriage or license unless otherwise stated.**

s/o   son of

w&mq1   William and Mary Quarterly First Series followed by the Volume number

MINISTER   DENOMINATION   DATES

Please note that the dates included **may** not include all of the time period of the minister's ministry. These dates reflect the date spans in which I could find evidence of their activities as a minister. Ministers from other counties are included here if they performed marriages for Caroline or Hanover County residents or marriages recorded within those counties' boundries.

Minister	Denomination	Dates
Robert Alvis		1811
Littelberry Woodson Allen	Baptist	1850-1852
A. Anderson		1846-1847
Dudley Atkinson		1851
J. Baker		1840
W.A. Baynham		1850
Lawrence Battaile	Baptist	1832-1847
J.A. Billingsly	Baptist	1846-1850
Hugh C. Boggs		1806-1822
M.W. Broaddus	Baptist	1836-1840
Andrew S. Broaddus	Baptist	1792-1857
A. Broaddus Jr.	Baptist	1845
Richard Broaddus	Baptist	1798-1805
Jesse Butler		1811-1814
Rufus Chandler	Baptist	1831-1836
LeRoy Cole		1789
Robert W. Cole		1841-1853
John Cooke	Episcopal	1829-1840
E.A. Daleymple	Episcopal	1843-1844
Samuel Davies	Presbyterian	1747-1755
S. Davis		1790
Archibald Dick	Anglican/Episcopal	

Name	Denomination	Years
W.A. Dicks		1852
James Elliott	Baptist	1807-1811
W. Frances		1841
William Friend	Episcopal	1832-1870
John Goodloe		1794-1812
Harry Goodloe		1786-1818
T. Goodloe		1805
William Guiney (Guerey/Guisey/Gairsy)	Christian	1809-1812
Thomas T. Harris		1837
R.G. Henley		1852
J.B. Jester/Jeter	Baptist	1848-1849
B.H. Johnson		1851
M.S. Jones		1838
Charles Austin Joy	Episcopal	1842-1844
William Kenyon	Methodist	1803
Joseph Lear		1849
John Leland	Baptist	1788
Addison M. Lewis	Baptist	1815-1830
P. Long		1823
Samuel Luck		1803-1805
Thomas Mastin		1797
Edward C. McGuire	Episcopal	1814-1841
C.M. McGuire		1821-1829
J.P. McGuire	Episcopal	1827
H. McLeland		1807
Thomas Montague		1840
Archer Moody		1798
Theoderick Noell	Baptist	1788-1802
William Norwood	Episcopal	1853
John G. Parrish		1847-1853
H. Pittman same as R. Pittman		1803-1815
James Pittman	Baptist	1773-?

R. Pittman same as H. Pittman		
William Richards	Baptist	1826-1838
Ed Ronza		1808
Alex Sale		1813
F.W. Scott		1839-1841
R. Scott		1841
John Self		1797-1806
John Shackleford	Baptist	1774-1792
John Sorrell	Baptist	1792-1807
Charles Talley	Baptist	1822-1839
James Taylor	Baptist	1786-1787
Samuel Thomson	Baptist	1768
G.W. Trice	Baptist	1851
J.M. Waddy		1839
Henry Wall		1853
John Waller	Baptist	1769-1792
D.M. Warton	Baptist	1848-1851
Abner Waugh	Episcopal	1772-1806
John Weatherford	Baptist	1789-1790
Thomas Weatherford same as John Weatherford		
Horace White		1838-1853
William Wood	Baptist	1823
Spilsby Woolfolk	Baptist	1813-1837
John Young	Baptist	1774-1833

ACORS, Henry & POTTER, Sarah Jane 23 Dec 1853 Elijah KELLY (cmb)

ACRE, Achillis & LOVORAN, Susannah d/o William LOVORAN 12 Dec 1809 James and Lewis LOVORON (cmb)

ACRE, Andrew & LOVEN, Harriett 8 Jan 1849 Isaac CECIL Andrew BROADDUS -min. (cmb)

ACRE, Andrew & ROUSE, Drucilla 6 Jan 1840 Isaac CECIL Wm. RICHARDS-min. (cmb)

ACREE, Lewis & GARNETT, Rowenna 8 Dec 1834 Temple SAMUEL (cmb)

ACRES, George & CHILES, Maria 23 Jul 1846 Charles CHILES (cmb)

ACRES, George & CHILES, Maria 26 Jul 1846 J.A. BILLINGSLEY -min. (cmb)

ACRES, Paul & MAY, Mary C. d/o Joseph MAY 13 Mar 1852 (cmb)

ACRES, Richard & HARRIS, Lucinda 11 Mar 1843 William HARRIS (cmb)

ACRI, Andrew & LOVEN, Harriet 8 Jan 1849 A. BROADUS -min. (cmb)

ADAMS, Thomas & TREBLE, Annie 19 Dec 1803 Richard GATEWOOD (cmbc1)

ADAMS, Thomas & TRIBBLE, Anne 18 Dec 1803 Geo. TRIBBLE -f. (cmbc1)

AILSTOCK, John & FRIZE, Frances 11 Jan 1825 W.H. BULLARD (cmb)

ALBRIGHT, Emanuel & ROBERTSON, Cathy P. 23 Mar 1836 Daniel M. ROBERTSON (cmb)

ALEXANDER, Acquilla & WEST, Mary H. 22 Nov 1821 Richard J. WEST (cmb)

1

ALEXANDER, Fielding L & PITTMAN, Sarah F. 6 Apr 1841 John H. PITTMAN (cmb)

ALLEN, James O. & BLANTON, Elizabeth A. 14 Nov 1853 (cmb)

ALLEN, Thomas & FIELDS, Margaret H. 6 Jan 1787 James TAYLOR (cmbc1)

ALLEN, Thomas & HACKNEY, Jenny 7 Jan 1789 T. NOELL -min. (cmb)

ALLEN, Thomas & HACKNEY, Jenny 7 Jul 1789 John WALLER (cmbc1)

ALLEN, William & COLLIER, Mary 21 Feb 1795 Andrew BROADDUS (cmbc1)

ALLEN, William L. & BELL, Elizabeth 8 Sep 1840 Caroline Co. (IGI)

ALLEN, William L. & BELL, Elizabeth 8 Sep 1845 H.C. SMOOT (cmb)

ALLEN, William L. & BROADDUS, Mary E. 23 Feb 1843 Wm. J. BROADDUS (cmb)

ALLEN, William S. & BROADDUS, Mary E. 28 Feb 1843 Robert W. COLE -min. (cmb)

ALLPORT, John & PASCO, Ann 15 Aug 1797 John SORRELL (cmb)

ALLSOP, James & ADAMS, Betsy 14 Sep 1797 John SORRELL -min. (cmb)

ALPORT, John & BRAXTON, Maria 23 Dec 1826 Wm. PAVY (cmb)

ALPORT, William & DUVAL, Kitty 22 Dec 1814 H. PITTMAN -min. (cmb)

ALSOP, Benjamin & PEMBERTON, Lucy d/o Agness PEMBERTON 1 Mar 1804 James SOUTHWORTH (cmbc1)

ALSOP, Henry & HOUSTON, Frances 12 Sep 1836 Mordecai HOUSTON (cmb)

ALSOP, Henry M. & **HOUSTON**, Frances 15 Sep 1836 M.W. BRUDLE (cmb)

ALSOP, SAMUEL & **MARSHALL**, Mary C. 17 Jan 1839 Ira E. DICKINSON (cmb)

AMISS, Elijah & **ROYSTON**, Sarah 19 Feb 1815 H. PITTMAN -min. (cmb)

ANCARROW, William & **CARLTON**, Caty 8 Jul 1805 Reuben JOHNSTON (cmb)

ANCARROW, William P. & **ANCARROW**, Nancy F. 24 Dec 1844 Reuben JOHNSON (cmb)

ANDERSON, Benjamin & **ANDERSON**, Sarah E. 3 Oct 1842 Smith J. WHITE (cmb)

ANDERSON, Benjamin & **BRASHEAR**, Tabitha B. 30 Jul 1846 Albert ANDERSON -min. (cmb)

ANDERSON, Benjamin & **BRASHEAR**, Tabitha P. 29 Jul 1846 J.C. PARRISH (cmb)

ANDERSON, Benjamin & **DABNEY**, Martha S. 9 May 1853 William C. GATEWOOD (cmb)

ANDERSON, Benjamin B. & **DABNEY**, Martha 13 Jul 1826 Caroline Co. (IGI)

ANDERSON, Benjamin B. & **DUNLOP**, Martha 13 Jul 1826 W.H. HARRISON (cmb)

ANDERSON, Benjamin S. & **ANDERSON**, Sarah E. d/o Samuel ANDERSON m.3 Oct 1842 (cmb)

ANDERSON, Caleb M. & **WRIGHT**, Jane 5 Jul 1837 Henry WRIGHT (cmb)

ANDERSON, Genet & **HARRIS**, Maria D. 12 Nov 1821 Edmund C. GOODWIN consent (cmb)

ANDERSON, Genet & **HARRIS**, Maria D. 12 Nov 1821 Henry C. COLEMAN (cmb)

ANDERSON, Henry & **ATKINS**, J.A. 19 Dec

1832 John MCCORD (cmb)

ANDERSON, Henry & **ATKINS**, Julian Ann T. 15 Dec 1832 James BARBER (cmb)

ANDERSON, Henry T. & **HAWES**, Jane widow 9 Jan 1832 John B. ANDERSON Jr. (cmb)

ANDERSON, Henry T. & **HAWES**, Jane 25 Jan 1832 (cmb)

ANDERSON, James & **CARNEAL**, Mary F. 19 Mar 1846 (cmb)

ANDERSON, James & **CARNALL**, Mary F. 18 Mar 1846 James CARNALL (cmb)

ANDERSON, James & **SORRELL**, Frances 17 Dec 1838 James M. CARNEAL (cmb)

ANDERSON, James & **SORRELL**, Frances 18 Dec 1838 W. RICHARDS (cmb)

ANDERSON, John & **CLARKE**, Sidney S. 15

Dec 1825 Edmund CLARKE (cmb)

ANDERSON, John & **GRAVES,** Lucy 12 Jun 1826 Wm. P. NAPIER (cmb)

ANDERSON, John & **TAYLOR**, Charlotte 21 Nov 1834 Wm. ANDERSON (cmb)

ANDERSON, John A. & **TAYLOR**, Elizabeth 24 Nov 1837 Woodford CARTER (cmb)

ANDERSON, John A. & **TAYLOR,** Eliza 25 Nov 1837 (cmb)

ANDERSON, Mathew D. & **ANDERSON**, Harriet A. 19 Mar 1849 Thomas B. ANDERSON (cmb)

ANDERSON, Mathew D. & **ANDERSON**, Harriet A. 30 Mar 1849 J.B.JETER- min. (cmb)

ANDERSON, Samuel & **GREEN**, M.E. 8 Aug 1825 Spencer HARRISON (cmb)

ANDERSON, Samuel & **RENNALDS**, Sarah 15

Jan 1823 N.H.B. RENNOLDS (cmb)

ANDERSON, William A. & **BROWN**, Catharine O.R. 11 Jun 1827 J. BROWN (cmb)

ANDERSON, William S. & **PITTS,** Alice 22 Dec 1852 Robert WRIGHT (cmb)

ANDREWS, James & **BROADDUS,** Molly 30 Jan 1789 F. NOELL -min. (cmb)

ANDREWS, Lawrence & **JONES**, Mary M. m.25 Dec 1801 The. NOEL -min. (cmb)

ANDREWS, Robert & **BARBEE**, Sarah 8 Dec 1823 James S. BARBEE (cmb)

ANDREWS, William H. & **QUARLES**, Mary E. 16 Apr 1828 George TOMPKINS (cmb)

ARMSTRONG, David & **JONES**, Elizabeth m.5 Sep 1800 John SELF -min. (cmb)

ARMSTRONG, William & **COVINGTON**, Elizabeth 16 Feb 1804 David ARMSTRONG (cmb)

ARMSTRONG, William & **COVINGTON**, Elizabeth 16 Feb 1804 Lee JONES (cmbc1)

ARMSTRONG, William & **COVINGTON**, Elizabeth m.17 Feb 1804 John SELF -min. (cmb)

ARNALL, Richard D. & **MITCHELL,** Sarah E. 12 Dec 1853 (cmb)

ARNOLD, Edw. **SOUTHWORTH**, Catharine 20 Dec 1821 John T. BLANTON (cmb)

ARNOLD, Edward & **SOUTHWORTH,** Cathy 20 Dec 1821 Hawes COLEMAN -guard. of Cathy consent only (cmb)

ASHBY, John T. & **BUCKNER**, Emily A. 22 Mar 1832 S.B. WILSON (cmb)

ASHBY, John T. & BUCKNER, Emily A. 8 Mar 1832 Wm. B. BUCKLEY (cmb)

ATKERISON, Buckner H.B. & SKINNER, Jane F. 14 May 1846 N. JESSE (cmb)

ATKINSON, Charles & GOLDSBY, Winnefred m. 2 Dec 1797 John SELF - min. (cmb)

ATKINSON, Charles Jr. & YOUNG, Mary 18 Jan 1830 Charles ATKINSON Sr. (cmb)

ATKINSON, Iverson L. & THOMAS, Lucy W. 21 Apr 1832 Wm. F. THOMAS (cmb)

ATKINSON, John L. & ATKINSON, Emily 11 Aug 1834 Iverson ATKINSON (cmb)

ATKINSON, John W. & BROADDUS, Ann E. 2 Dec 1846 R.W. COLE - min. (cmb)

ATKINSON, Joseph W. & BROADDUS, Ann E. 2 Nov 1846 R.W. COLE (cmb)

ATKINSON, Joseph W. & BROADDUS, Ann Eliza 2 Dec 1846 John W. GOULDIN (cmb)

ATKINSON, Obediah & WEST, Margaret m. 1803 Richard BROADDUS -min. (cmb)

ATKINSON, William & STUART, Nancy 15 Apr 1824 Henry STUART (cmb)

AYERS, John & CROLWY, Elizabeth 27 Dec 1851 Addison AYERS (cmb)

AYERS, John & CROSLEY, Elizabeth 4 Jan 1852 R.W. COLE (cmb)

AYERS, John & SELF, Emily 29 Dec 1826 Musco SELF (cmb)

AYERS, Thomas & NOELL, Molly m. 6 Jan 1789 John

SHACKLEFORD -min. (cmb)

AYERS, William & ATKINS, Patsy 27 Aug 1830 Ambrose E. COCKE (cmb)

AYRES, John & CROLEY, Elizabeth 4 Jan 1852 R.W. COLE -min. (cmb)

BABAR, Anthony & DUNN, Dorothy 9 Aug 1826 James CARLTON (cmb)

BABER, Anthony & CARLTON, Rhoda 1 Sep 1792 John YOUNG, -min. (cmb)

BABER, James & CAFFREY, Frankey 24 Dec 1803 Rev. John SELF (cmb)

BABER, James & CAFFREY, Frankey 22 Dec 1803 Wm. SMITH (cmbc1)

BABER, Peter & GRAVES, Frances 12 Feb 1805 John GRAVES (cmb)

BAGBY, John & WHITE, Elizabeth 11 Dec 1800 Rev. Henry GOODLOE (cmb)

BAGGOTT, George & TURNER, Judy 25 Oct 1805 John T. WOODFORD (cmb)

BAILEY, Spencer & GLEESON, Elizabeth d/o Susanna GLEESON 7 Mar 1803 John SELF -min. (cmb) George KELLY (cmbc1)

BAKER, Joseph & TOD, Catharine 12 Apr 1830 George T. TOD (cmb)

BALDWIN, Timothy & FARMER, Sarah 10 Dec 1832 (cmb)

BALDWIN, Timothy B. & FARMER , Sarah 10 Sep 1832 Samuel ANDERSON, (cmb)

BALL, Enoch & SALE, Nancy 17 Jan 1837 Robert SALE (cmb)

BALL, Enoch & SALE, Nancy 18 Jan 1837 M.W. BROADDUS (cmb)

BALL, James L. &
PITTMAN, Fanny 2 Dec
1812 (cmb)

BALL, James L. &
TOMPKINS, Martha T.
25 Nov 1851 John L.
PEMBERTON (cmb)

BALL, James L. &
TOMPKINS, Martha T.
27 Nov 1851 D.M.
WHARTON -min. (cmb)

BALL, John &
BEAZLEY, Martha A. 2
Sep 1840
M.W.BROADDUS -min.
(cmb)

BALL, John &
BEAZLEY, Martha A. 1
Sep 1840 James BROOKS
(cmb)

BALLAD, William &
ISBELL, Virginia 17 May
1847 John A. RICHESON
(cmb)

BALLARD, Lewis &
MILLER, Sukey 6 Mar
1790 H. GOODLOE -min.
(cmb)

BALLARD, William &
SOUTHWORTH, Fanny
19 Dec 1822 Thomas C.
CLAYTOR (cmb)

BANDER, Edra & CARR,
Julia A. (of age) 5 Aug
1853 (cmb)

BARBEE, Elijah &
SOLEMAND, Ann 1 Mar
1812 Rev. Wm. GAIRSY
(cmb)

BARBEE, Hawes &
JONES, Polly 13 Dec 1799
Rev. John SORRELL (cmb)

BARBER, Thomas B. &
SAUNDERS, Emily J. 29
May 1817 (cmb)

BARFOOT, Sthreshly &
MARTIN, Caty 25 May
1821 Obediah MARTIN
(cmb)

BARLOW, David &
PAGE, Peggy 4 Oct 1798
Rev. John YOUNG (cmb)

BARLOW, David &
TRAINHAM, Lucy 31
May 1824 John
TRAINHAM -f. (cmb)

BARLOW, David &
TRANEHAM, Lucy 10
Jun 1824 P. LONG -min.
(cmb)

8

BARLOW, James & PULLER, Sarah Ann 9 Mar 1840 M.W. BROADDUS (cmb)

BARLOW, John & SOUTHWORTH, Ursuly 5 Mar 1796 Rev. John YOUNG (cmb)

BARLOW, Lorenzo D. & SOUTHWORTH, Eliza 28 Oct 1828 S. WOOLFOLK -min. (cmb)

BARLOW, Lorenzo D. & TRAINHAM, Ann 16 Apr 1841 (cmb)

BARLOW, Lorenzo D. & TRAINHAM, Ann 7 Apr 1841 Wm. TRAINHAM (cmb)

BARLOW, Lorinzo Dow & SOUTHWORTH, Elizabeth 22 Oct 1828 John SOUTHWORTH (cmb)

BARLOW, Thomas & WEST, Nancy 31 Mar 1792 John YOUNG -min. (cmb)

BARLOW, William & SEAL, Joanna 23 Dec 1829 John SEAL -f. William DILLARD (cmb)

BARNUM, Zerah & GATEWOOD, Elizabeth S. 20 Nov 1839 Philip CHAPMAN (cmb)

BARNUM, Zerah & GATEWOOD, Elizabeth S. 29 Nov 1839 John _____ -min. (cmb)

BARRUS, Charles & HARGRAVE, Lucy C. 8 Feb 1819 Pleasant TERRELL (cmb)

BARTIN, Richard & BALL, Sarah 3 Dec 1834 (cmb)

BARWISS, Samuel & GOIN, Elizabeth 21 Jun 1836 Brumfold BEAZELY (cmb)

BASTIAN, John & WATERS, Lucy 26 Nov 1805 Richard WATERS (cmb)

BASTIN, John & PRUETT, Martha 19 Dec 1836 Charles PRUETT- f. (cmb)

BASTIN, Richard & BALL, Sarah 23 Dec 1834 John BASTIN (cmb)

BASTIN, Thomas & WELSH, Jane 29 Apr 1805 Thomas LUNGSTON (cmb)

BATES, James & CARTER, Eleanor V. 14 Jan 1822 Wm. P. CARTER (cmb)

BATES, Lewis & WHARTON, Matilda 16 Feb 1831 (cmb)

BATES, Lewis & WHARTON, Matilda 24 Jan 1831 Albert WHARTON (cmb)

BATES, William & BOULWARE, Susan 8 Feb 1830 A.S. RICHESON (cmb)

BATTAILE, Francis W. & CATLETT, Ellen 28 May 1829 (cmb)

BATTAILE, Francis W. & WHITE, Frances C. 14 Nov 1825 W.A. PENDLETON (cmb)

BATTAILE, Francis W. & WHITE, Frances C. m.22 Nov 1825 A.M. LEWIS - min. (cmb)

BATTAILE, Frank W. & CATLETT, Ellen M. 18 May 1829 John CONWAY (cmb)

BATTAILE, Lewis & ALLEN, Ann M. 31 Oct 1846 W. FRIEND -min. (cmb)

BATTAILE, Nicholas L. & ALLEN, Ann A. 31 Oct 1844 J.L. PENDLETON (cmb)

BATTAILE, Nicholas L. & THORNTON, Sarah D. 21 Jun 1824 W.A. PENDLETON (cmb)

BATTAILE, Nicholas l. & THORNTON, Sarah R. 11 Nov 1819 Rev. Edw. C. MCGUIRE (cmb)

BATTAILE, Nicholas L. &THORNTON, Sarah R. 8 Nov 1819 Geo. ROSS (cmb)

BATTAILE, William C. & MOTLAY, Ann Elizabeth 16 Feb 1850

Thomas L. CATLETT (cmb)

BATTAILE, William C. & **MOTLEY**, Elizabeth 21 Feb 1850 G. W. TRICE (cmb)

BAUGHAN, Ambrose & **MOORE**, Lavinia 31 Dec 1831 Henry DOGGETT (cmb)

BAUGHAN, Ambrose & **MOORE**, Livinia 22 Dec 1831 R. CHANDLER - min. (cmb)

BAUGHAN, George W. & **BAUGHAN**, Susan H. 22 Sep 1825 Ambrose BAUGHAN (cmb)

BAUGHAN, John & **MADISON**, Adeline 17 Apr 1840 John L. PENDLETON (cmb)

BAUGHAN, John & **MOORE**, Susanna 21 Dec 1829 James C. LUCK (cmb)

BAUGHAN, John & **MOORE**, Susanna 23 Dec 1827 (cmb)

BAXTER, James & **GRAY**, Elizabeth 29 Dec 1823 George HODGE (cmb)

BAXTER, John & **TILLER,** Jane 17 Aug 1787 Rev. James TAYLOR (cmb)

BAXTER, William & **KNOTE**, _____ 7 Jan 1852 (cmb)

BAYLOR, John & **ROY**, Maria 5 May 1819 Lewis MADISON (cmb)

BAYTER, John & **TILLER,** Jane 17 Aug 1787 Rev. James TAYLOR (cmb)

BEARMAN, John & **SPILLMAN**, Ann E. 7 Jun 1842 Thomas H. PITTMAN (cmb)

BEASELY, Oswald & **FOSTER**, Affiah 18 Dec 1833 W. RICHARDS (cmb)

BEASLEY, William & **BOWLER**, Polly 24 Jul 1822 Wm. MULLEN (cmb)

11

BEAZELEY, B. F. &
RENNELDS, Sarah Ann
10 Jun 1845 Richard
RICHARDS (cmb)

BEAZELEY, John &
BEAZELEY, Sally 15 Jan
1844 Reuben BEAZELY
(cmb)

BEAZELEY, William &
GARRETT, Nancy 18 Dec
1838 Oswald BEAZELEY
(cmb)

BEAZELY, Brumfield &
LAUGHLIN, Matilda 8
Aug 1825 Wm.
RENNOLDS (cmb)

BEAZELY, Brunsfield &
LAUGHLIN, Matilda 20
Apr 1826 Rev. W.
RICHARDS (cmb)

BEAZELY, John &
FARMER, Betsy 8 May
1822 Frederick FARMER
(cmb)

BEAZELY, Thomas &
BEAZLEY, Eliza 23 Nov
1841 Benj. F. CARTER
(cmb)

BEAZELY, William &
PETTUS, Peggy 11 Feb
1828 John FIELD (cmb)

BEAZELY, William V. &
ENNIS, Jane 10 Jul 1843
Brunfield BEAZLY (cmb)

BEAZLEY, Absalom &
TAYLOR, Maria 23 Mar
1826 John A. TAYLOR
(cmb)

BEAZLEY, Absalom &
TAYLOR, Maria 24 Mar
1826 Rev. W. RICHARDS
(cmb)

BEAZLEY, Adam &
VAWTER, Fanny 15 May
1799 Rev. J. SORRELL
(cmb)

BEAZLEY, Andrew S. &
DUVAL, Sarah 27 May
1850 Thomas BEAZLEY
(cmb)

BEAZLEY, Andrew S. &
DUVAL, Sarah 27 May
1850 R.W. COLE (cmb)

BEAZLEY, Armistead &
BEASLEY, Patsey 11 Dec
1837 Tilman CARNALL
(cmb)

BEAZLEY, Armistead &
BEAZLEY, Alice 5 Jan
1815 Rev. S. WOOLFOLK
(cmb)

BEAZLEY, Armistead & BEAZLEY, Patsy 28 Dec 1837 (cmb)

BEAZLEY, Brumfield & FRAWNER, Lucy 13 May 1834 W. RICHARDSON - min. (cmb)

BEAZLEY, Brumfield & FRAWNER, Mary 7 May 1834 Edw. TAYLOR (cmb)

BEAZLEY, Brumfield F. & RENNOLDS, Sarah Ann 17 Jul 1845 R.W. COLE (cmb)

BEAZLEY, Daniel & SCANDLAND, Polly 26 Oct 1807 Rev. J. SORREL (cmb)

BEAZLEY, Edmund & GREEN, Ann 1 Jun 1802 John SORRILL -min. (cmb)

BEAZLEY, Ellis A. & SORRELL, Mary F. 17 May 1851 Eldred R. SORRELL (cmb)

BEAZLEY, George W. & BROOKS, Rebecca 14 Oct 1852 (cmb)

BEAZLEY, George W. & BROOKS, Rebecca m. 4 Oct 1852 Wm. BROOKS, - f., John P. BEAZLEY (cmb)

BEAZLEY, John & FARMER, Betsy 10 May 1822 Rev. A.M. LEWIS (cmb)

BEAZLEY, Larkin & GRYMES, Dolly 11 Sep 1804 Ann GRYMES -mo. (cmb)

BEAZLEY, Larkin & GRYMES, Dolly 11 Sep 1804 Sam'l. GRYMES (cmbc1)

BEAZLEY, Liburn & FLETCHER, Harriett 12 Feb 1834 W. RICHARDS (cmb)

BEAZLEY, Lyburn & FLETCHER, Harriet 10 Feb 1834 John H. GOING (cmb)

BEAZLEY, Oliver & SAMUEL, Martha 1 Sep 1823 Thomas SAMUEL (cmb)

BEAZLEY, Oswald & **FOSTER**, Affiah 9 Dec 1833 Lyburn BEAZLEY (cmb)

BEAZLEY, Spencer & **HOUSTON**, Mary 18 Aug 1838 Hiram BROOKS (cmb)

BEAZLEY, Spencer & **HOUSTON**, Mary 23 Aug 18838 Wm. RICHARDS - min. (cmb)

BEAZLEY, William & **BEAZLEY**, Ellen 1 Jan 1828 Abner CHANDLER (cmb)

BEAZLEY, William & **BEAZLEY**, Ellen m. 1 Jan 1828 Abner CHANDLER (cmb)

BEAZLEY, William & **GARRETT**, Nancy 26 Dec 1838 (cmb)

BEAZLEY, William Jr. & **BOWLER**, Polly 24 Jul 1822 Wm. MULLEN guard. of Polly (cmb)

BECKWITH, Richard & **TURNER**, Priscilla W. 23 Sep 1823 Rev. Wm. WOOD (cmb)

BECKWITH, Richard & **TURNER**, Priscilla W. 18 Sep 1823 Thomas W. CHANDLER (cmb)

BELL, James & **BROADDUS**, Caty 11 May 1820 (cmb)

BELL, James & **TERRELL**, Catharine P. 21 Apr 1829 Jesse P. HARGRAVE (cmb)

BELL, James & **TERRELL**, Catharine P. 23 Apr 1829 (cmb)

BELL, Jason & **NOELL**, Sally 28 May 1800 Rev. John SORRELL (cmb)

BELL, John & **NOELL**, Elizabeth 11 Sep 1802 Rev. J. SORRELL (cmb)

BELL, Lewis & **DILLARD**, Nutty m. 20 Dec 1793 John SORRELL - min. (cmb)

BELL, Richard & **SALE**, Martha 5 Jul 1830 John B.T. BRAME (cmb)

BELL, Robert & SEAL, Frances 17 Jan 1833 Churchil HOUSTON (cmb)

BELL, Thomas & GRAFTON, Sarah 24 Dec 1798 Rev. J. SORRELL, (cmb)

BELL, Thomas & SALE, Elizabeth 26 Apr 1823 P. LONG -min. (cmb)

BELL, Thomas & SALE, Elizabeth 26 Apr 1823 Robert SALE (cmb)

BELL, Thomas G. & BROADDUS, Mary 15 Apr 1829 Mordicai BROADDUS (cmb)

BELL, Thomas Jr. RICHESON, Isabella 2 Apr 1846 Wm. P. RICHESON (cmb)

BELL, William & DOGGETT, Sally m. 17 Aug 1787 Rev. J. SHACKELFORD (cmb)

BENDAL, James & WHITE, Polly 23 Sep 1803 Rev. John SELF (cmb)

BENDALL, Albert G. & SOUTHWORTH, Lucy Ann 2 Dec 1834 R. CHANDLER -min. (cmb)

BENDALL, Albert G. & SOUTHWORTH, Lucy Ann 1 Dec 1834 John SOUTHWORTH (cmb)

BENDALL, Alex H. & BROOKS, Martha 11 Nov 1850 George W. MADISON (cmb)

BENDALL, Alexander H. & BROOKS, Martha 17 Nov 1850 H.W. MONTAGUE (cmb)

BENDALL, Alexander Hamilton & CARTER, Ann Maria 1 Oct 1835 James SOUTHWORTH (cmb)

BENDALL, Alexander Hamilton & CARTER, Ann Maria 3 Oct 1835 Benj. _____ - min. (cmb)

BENDALL, James & WHITE, Polly 22 Sep 1803 John HILL (cmb) (cmbc1)

BENSHER, John & BRIDGER, Polly 23 May

1805 Rev. Abner WAUGH (cmb)

BENTLEY, William & **DICKINSON**, Laurine F. 24 Aug 1832 Wm. SAUNDERS (cmb)

BENTLEY, William & **DICKENSON**, Catharine F. 20 Aug 1832 J. MICOU -min. (cmb)

BERRY, James & **BUCKNER**, Nancy 2 Jan 1790 H. GOODLOW -min. (cmb)

BERRY, James & **BUCKNER**, Nancy 2 Jan 1790 Harry GOODLOE (cmbc1)

BERY, Absalom & **WHITE**, Elizabeth 1 Jan 1833 Elliott C. ROANE (cmb)

BERY, Absalom & **WHITE**, Elizabeth 30 Jan 1833 S. WOOLFOLK -min. (cmb)

BIBB Samuel P. & **BURRUSS**, Elizabeth G. 10 Dec 1838 Robert TERRELL (cmb)

BIBB, David & **CHANDLER**, Mary m. 16 Oct 1789 John WALLER - min. (cmb)

BIBB, David & **HARGRAVE**, Rachel 8 Dec 1814 Rev. S. WOOLFOLK (cmb)

BIBB, David G. & **HACKETT**, Susannah S. 24 Sep 1849 Rufus C. HACKET (cmb)

BIBB, Fleming & **CHILES**, Nances 14 Nov 1844 Wyatt DURRETT (cmb)

BIBB, Fleming & **HARGRAVE**, Fanny 21 Jan 1809 Lucy HARGRAVE -mo. (cmb)

BIBB, Fleming & **HARGRAVE**, Fanny G. m. 2 Feb 1809 A. BROADDUS -min. (cmb)

BIBB, Garrett & **COBBS**, Mary 2 Dec 1808 Rev. Andrew BROADDUS (cmb)

BIBB, Garrett & **COBBS**, Mary 2 Dec 1808 Rev. A. BROADDUS (cmb)

BIBB, Samuel & **BURRUSS**, Elizabeth 10 Dec 1838 Henry BURRUSS -f. (cmb)

BIBB, Samuel P. & **BURRUSS**, Elizabeth G. 10 Dec 1838 Robert TERRELL (cmb)

BIBB, Thomas & **HODGES**, Elizabeth 4 Oct 1803 Francis HODGES (cmb)

BIBB, William & **QUARLES**, Sarah Ann 5 Oct 1836 Wm. QUARLES -f. (cmb)

BIBB, William & **QUARLES**, Sarah Ann 6 Oct 1836 (cmb)

BILLINGSLEY, Allen & **DURRETT**, Elizabeth Ann 1 Dec 1833 Henry DURRETT (cmb)

BILLINGSLEY, Joseph A. & **CONNER**, Mary M.M. 30 Aug 1836 John BILLINGSLEY -min. (cmb)

BILLINGSLEY, Joseph A. & **CONNER**, Mary M.M.D. 26 Aug 1836 Frances CONNER (cmb)

BIRD, Leroy & **FORTUNE**, Lucinda 9 Nov 1848 (cmb)

BLACKBURN, Joseph H. & **HART**, Mary F. 3 Apr 1849 Philip C. HART (cmb)

BLACKBURN, Joseph H. & **HURT**, Mary F. 12 May 1849 (cmb)

BLACKBURN, Richard & **FARMER**, Polly 19 Jan 1817 (cmb)

BLACKBURN, Thomas & **DANIEL**, Sally 13 Mar 1794 Rev. J. SORRELL (cmb)

BLACKBURN, Thomas & **GREEN**, Nancy 25 May 1799 Rev. John SORRELL (cmb)

BLACKSTONE, James & **COLEMAN**, Polly m. 3 Apr 1804 John SORRELL -min. (cmb)

BLADES, John & **COLEMAN,** Sally 2 Feb

1825 Samuel COLEMAN - f. (cmb)

BLAKE, Thornton G. & BAUGHAN, Eliza H. 2 Feb 1831 George HUNT (cmb)

BLAND, Ambrose & LOVING, Sarah J. widow 14 Oct 1822 Samuel LAWRENCE (cmb)

BLAND, Josiah & BELL, Nancy 13 Feb 1821 Thomas BELL (cmb)

BLAND, Thomas & BOWLER, Martha 10 Nov 1847 Wm. BEAZLEY (cmb)

BLAND, Thomas & SAMUEL, Patsey 4 Oct 1815 (cmb)

BLANTON, C.C. & BLANTON, Mary J. 9 Nov 1852 (cmb)

BLANTON, C.C. & BLANTON, Mary Jane m. 9 Dec 1852 James S. RICHARDS, John BLANTON (cmb)

BLANTON, Carter & SNEED, Susannah 17 Aug 1787 J. SHACKLEFORD - min. (cmb)

BLANTON, Charles W. & COBBS, Sebelia 12 Nov 1840 Thomas A. GATEWOOD (cmb)

BLANTON, Eldred & DYSON, Elizabeth J. 24 Jan 1853 James DYSON -f. Richard F. & Sarah H. DYSON Horace WHITE (cmb)

BLANTON, James W. & WEST, Emeline 14 Dec 1846 Edmund WEST (cmb)

BLANTON, John & SOUTHWORTH, Lucy 12 Apr 1820 (cmb)

BLANTON, John J. & ALLAN, Martha Ann 11 Sep 1848 James ALLAN (cmb)

BLANTON, John T. & GOODLOE, Ann E. 13 Nov 1843 Aquilla GOODLOE (cmb)

BLANTON, Richard & MARTIN, Mary 26 Dec 1816 (cmb)

BLANTON, William & DURRETT, Nancy W.P. 8 Jan 1822 Robert OLIVER (cmb)

BLANTON, William & DURRETT, Nancy W.R. 8 Jan 1821 Aquilla GOODLOE (cmb)

BLANTON, William & HODGES, Elizabeth 28 Feb 1853 (cmb)

BLAW, Thomas & BOWLES, Martha m. 11 Nov 1847 John G. PARRISH -min. (cmb)

BLEDSOE, William P. & WINN, Frances A. 19 Oct 1846 (cmb)

BLEDSOE, William P. & WINN, Frances Ann 18 Oct 1846 Jesse WINN (cmb)

BLUNT, James & DICKENSON, Betsy 27 Apr 1811 Rev. Robert ALVIS (cmb)

BLUNT, Joseph & WHITLOCK, Jane 10 Jul 1815 (cmb)

BOBBINS, Churchill & PRUETT, Nancy 28 Dec 1822 Edmund PRUETT (cmb)

BONDS, John & SALE, Molly 1789 T. NOELE (cmb)

BOSHER, John & BRIDGES, Polly 11 May 1805 Nathaniel NORMENT (cmb)

BOSHER, Thomas & COLEMAN, Rebecca 12 May 1824 Clayton COLEMAN (cmb)

BOULWARE, John M. & BURRUSS, Mary C. 8 Dec 1823 Thomas BURRUSS (cmb)

BOULWARE, A.M. & TOD, Martha Ellen 17 Dec 1840 J. BAKER (cmb)

BOULWARE, A.M. & TOD, Martha Ellen 17 Dec 1840 Larkin LITCHFIELD (cmb)

BOULWARE, Carbin & LUMPKIN, Sarah 17 Mar 1838 Thornton BOULWARE (cmb)

BOULWARE, Gray & HUDGIN, Milly S.G. 18 Aug 1852 (cmb)

BOULWARE, Gray & MILLER, Susanna 5 May 1818 Lindsey BOULWARE (cmb)

BOULWARE, Gray & MILLER, Susanna 7 May 1818 (cmb)

BOULWARE, Gray & TERRELL, Harriet 2 Jan 1821 John NEBEKER Fleming TERRELL (cmb)

BOULWARE, Gray Jr. & HUDGIN, Milly S.G. m. 18 Aug 1852 Robert HUDGIN (cmb)

BOULWARE, John & WHARTON, Patsy 11 Jan 1819 John M. GRAY (cmb)

BOULWARE, John & WHARTON, Patsy 14 Jan 1819 (cmb)

BOULWARE, Lee & MILLER, Catharine 25 Jun 1804 Andrew BOULWARE -guard. of Catherine, Susanna MILLER (cmb)(cmbc1)

BOULWARE, Lee & MILLER, Catharine 26 Jun 1804 Rev. J. SORRELL (cmb)

BOULWARE, Leroy & TOD, Elizabeth 25 Mar 1834 George P. TURNER (cmb)

BOULWARE, Musco T. & SPIN, Elizabeth 24 Mar 1810 (cmb)

BOULWARE, Reuben & MERRETT, Mary 11 Jun 1796 Rev. John SORREL (cmb)

BOULWARE, Richard & GRIFFIN, Sarah 13 May 1822 Isaac CHANDLER (cmb)

BOULWARE, Richard & GRIFFIN, Sarah 23 May 1822 Rev. A.M. LEWIS (cmb)

BOULWARE, Thornton & BEAZELY, Elizabeth 13 Mar 1837 (cmb)

BOULWARE, Thornton ward of Oswald BEAZELY & BEAZELY, Elizabeth, 13 Mar 1837 (cmb)

BOULWARE, William & HOWARD, Jane 11 Jun 1843 Richard WHITTICO (cmb)

BOULWARE, William & HOWARD, Jane 16 Jun 1843 (cmb)

BOULWARE, William D. & BOWIE, Mary Jane 11 Mar 1833 Muscoe BOULWARE (cmb)

BOULWARE, William Lindsey & TERRELL, Lucinda K. 12 Jul 1819 Fleming TERRELL (cmb)

BOURN, Fredrick & SAMPSON, Jenny 1 Feb 1797 Rev. J. SORRELL (cmb)

BOURN, William & DEJARNETT, Susanna m.28 Jun 1792 John YOUNG -min. (cmb)

BOUSHER, John & BRIDGES, Polly 23 May 1805 Abner WAUGH -min. (cmb)

BOWCOCK, John & NORMANT, Lucy 22 Oct 1788 John YOUNG -min (cmb)

BOWER, Charles & CHILES, Lucy Ann 13 Aug 1843 H. WHITE -min. (cmb)

BOWERS, Charles C. & CHILES, Lucy Ann 10 Aug 1843 James F. CHILES (cmb)

BOWERS, John E. & PULLER, Mary Frances 21 Nov 1850 (cmb)

BOWERS, John E. & PULLER, Mary Frances 21 Nov 1850 Lewis W. GARRETT (cmb)

BOWERS, William E. & JONES, Fanny 27 Dec 1796 Rev. John YOUNG (cmb)

BOWIE, John C. & TIMBERLAKE, Jane C. 3 Mar 1817 (cmb)

BOWIE, Robert & DICKINSON, Lucy Ann 4 Dec 1839 Allen B. MAGRUDER (cmb)

BOWIE, Robert & FARISH, Elizabeth A. 11 Jul 1825 Thomas B. FARISH (cmb)

BOWIE, Walter & TOD, Mary 13 Oct 1823 George T. TOD (cmb)

BOWIE, William M. & JESSE, Ann H. 18 Dec 1850 G.W. TRUE (cmb)

BOWIE, William M. & JESSE, Ann H. 9 Dec 1850 Charles T. JESSE (cmb)

BOWLAR, Richard & SKINNER, Elizabeth 26 May 1795 Rev. John SORREL (cmb)

BOWLER, Musco & PENNY, Maria 29 Jan 1829 (cmb)

BOWLER, Walker & SELF, Elizabeth 4 Jun 1797 Rev. John SORREL (cmb)

BOWLES, Joel & NOELL, Margaret 18 Mar 1800 Rev. J. SORREL (cmb)

BOWLES, William & KNOTE, Ellen A.G. 4 Nov 1851 Henry L. HUET (cmb)

BOWSHER, John & BRIDGES, Polly 21 May 1805 Nathaniel NORMENT (cmb)

BOXLEY, William S. & COLEMAN, Mary U. 17 Jun 1829 Daniel COLEMAN (cmb)

BRADLEY, Dixon & LONG, Lavinia 19 Feb 1828 Farmer JONES (cmb)

BRADLEY, Dixon T. & STERNE, Ann 13 Oct 1833 Richard LONG (cmb)

BRADLEY, James & CARTER, Eliza 29 Jan 1818 (cmb)

BRADLEY, James & CARTER, Elizabeth 19 Jan 1818 Wm. P. CAARTER (cmb)

BRADLEY, John F. s/o George & Elizabeth BRADLEY age 24 & **THOMAS**, Sarah E. d/o Richard & Matilda THOMAS age 17 m. 28 Jul 1853 R. W. COLE (cmb)

BRADLEY, Thornton H. & **CARTER**, Martha 6 Dec 1852 Wm. B. CARTER (cmb)

BRADLEY, Thornton H. & **KIDD**, Frances 28 Nov 1837 David BRADLEY (cmb)

BRAME, John B. & **BELL**, Mary Ann 18 Dec 1818 (cmb)

BRANAN, Thomas E. & **SOUTHWORTH**, Pamilia 5 Oct 1840 (cmb)

BRANHAM, Thomas E. & **SOUTHWORTH**, Pamela 10 Aug 1840 (cmb)

BRAXTON, James & **COLBERT**, Polley 31 Mar 1804 Mary COLBURT, John BALL, James COLEBURN (cmb)

BRAXTON, James & **COLEBERT**, Polly 3 Apr 1804 Rev. John SORREL (cmb)

BRAXTON, James & **COLEBURN**, Polly d/o Ann COLEBURN 2 Apr 1804 (cmb)

BREWER, Charles W. & **BULLOCK**, Eliza 13 Dec 1847 Richard G. JONES (cmb)

BREWER, Charles W. & **BULLOCK**, Eliza 22 Dec 1847 G.W.TRICE (cmb)

BRIDEFORD, William & **LONG**, Lucy m. 12 Oct 1786 Rev. J. TAYLOR (cmb)

BRIDGEFORD, William & **LONG**, Lucy 12 Oct 178_ James TAYLOR (cmbc1)

BROADDUS, Albert & **GATEWOOD**, Frances Ann 19 Jan 1832 S. WOOLFOLK -min. (cmb)

BROADDUS, Albert G. & **GATEWOOD**, Frances A. 9 Jan 1832 Phillip GATEWOOD (cmb)

BROADDUS, Albert G. & **GREEN**, Nancy 27 May 1844 John WAUGH (cmb)

BROADDUS, Andrew & **TEMPLE**, Fanny m. 10 Nov 1794 T. NOELL -min. (cmb)

BROADDUS, Andrew D. & **BROADDUS**, Martha E. 7 Oct 1828 Reuben BROADDUS, Thomas BROADDUS (cmb)

BROADDUS, Andrew Jr. & **PITTS**, Martha Jane 10 Dec 1838 Willis PITTS (cmb)

BROADDUS, C.C. & **MOTELY**, Alice L. 13 Nov 1851 (cmb)

BROADDUS, C.C. & **MOTELY**, Alice S. 10 Nov 1851 T.D. CAMPBELL (cmb)

BROADDUS, Edwin & **JERDON**, Frances 26 Nov 1798 Rev. John SORREL (cmb)

BROADDUS, Edwin & **JETER**, Elizabeth 10 Apr 1800 Rev. John SORREL (cmb)

BROADDUS, James H. & **BOULWARE**, Ophelia E. 25 Aug 1832 J. MICOU -min. (cmb)

BROADDUS, James H. & **BOULWARE**, Ophelia E. 25 Aug 1832 Mordecai W. BROADDUS(cmb)

BROADDUS, James H. & **GATEWOOD**, Lucy 27 Feb 1821 Philip GATEWOOD (cmb)

BROADDUS, James J. & **BROADDUS**, Elizabeth 7 Jun 1847 Robert R. SALE (cmb)

BROADDUS, James P. & **BROADDUS**, Jane R. 24 Oct 1832 John BROADDUS Jr. (cmb)

BROADDUS, John & **BROADDUS**, America m. 13 Feb 1794 Theod. NOELL -min. (cmb)

BROADDUS, John & **THORNLEY**, Martha J. 16 Sep 1852 (cmb)

BROADDUS, John & THORNLEY, Martha Jane 13 Sep 1852 James S. COLE (cmb)

BROADDUS, John Jr. & PULLER, Harriet E. 30 Sep 1833 Thomas W. GOULDIN (cmb)

BROADDUS, Joseph & GATEWOOD, Mary C. 3 Dec 1839 (cmb)

BROADDUS, Joseph A. & GATEWOOD, Mary C. 11 Nov 1839 Phillip GATEWOOD (cmb)

BROADDUS, Joseph D. & GOULDEN, Maria Ann 23 Mar 1841 Wm. L. BROADDUS (cmb)

BROADDUS, Joseph D. & LEWIS, Hannah G. 11 Jun 1844 Wm. W. SALE (cmb)

BROADDUS, Lunsford & GALE, Nancy 18 Sep 1817 (cmb)

BROADDUS, Mordecai & MILLER, Sarah Ann 8 Apr 1833 John P. MILLER (cmb)

BROADDUS, Robert & MILLER, Latitia 18 Dec 1838 (cmb)

BROADDUS, Robert F. or L. & BELL, Martha E. 7 Feb 1846 Thomas G. BELL (cmb)

BROADDUS, Robert L. & BELL, Mary E. 22 Feb 1846 R.W. COLE (cmb)

BROADDUS, Robert S. & MILLER, Letitia 10 Dec 18838 John A, MILLER - guard. (cmb)

BROADDUS, Samford & MARTIN, Nancy 23 Mar 1815 Rev. S. WOOLFOLK (cmb)

BROADDUS, Silas & LONG, Martha R. 12 Jan 1826 Rev. Wm. RICHARDS (cmb)

BROADDUS, Silas J. & LONG, Martha R. 9 Jan 1826 Phillip LONG -f. (cmb)

BROADDUS, Thomas & SALE, Harriet (widow) 29 Nov 1827 Cornelius CAMPBELL (cmb)

BROADDUS, Thomas & **WATKINS**, Rebecca (widow) 1 Dec 1819 Williamson TALLEY (cmb)

BROADDUS, Thomas & **WATTKINS**, Rebecca 8 Dec 1819 (cmb)

BROADDUS, William H. & **PULLER**, Elizabeth M.C. 19 Feb 1838 James WRIGHT (cmb)

BROADDUS, William J. & **GOULDIN**, Martha J. 12 Nov 1838 A.S. BROADDUS (cmb)

BROADDUS, William W. & **MOTLEY**, Lucy C. 11 Dec 1848 Nathaniel MOTLEY (cmb)

BROADDUS, William W. & **MOTLEY**, Lucy C. 14 Dec 1848 (cmb)

BROADNAX, Belfield & **WOOLFOLK**, Sally 15 Dec 1803 Rev. Abner WAUGH (cmb)

BROADNAX, Belfield & **WOOLFOLK**, Sally Dec 1803 John WOOLFOLK (cmb)

BROADUS, Mordecai & **SMITH**, Eliza Ann 18 May 1820 (cmb)

BROADUS, Thomas Jr. & **SALE**, Harriet 29 Nov 1827 Cornelius & Emily CAMPBELL (cmb)

BROOK, James & **LEFOE**, Mary 29 May 1845 (cmb)

BROOK, John & **ROBINSON**, Sarah Dec 1805 Rev. H. PITTMAN (cmb)

BROOKS, Benj. O. & **WRIGHT**, Frances M. 18 Jul 1850 R. COLE (cmb)

BROOKS, Benjamin O. & **WRIGHT**, Frances M. 15 Jul 1850 Robert L. BROOKS (cmb)

BROOKS, Hiram & **BROOKS**, Hannah 24 Jan 1838 Edmund ENNIS (cmb)

BROOKS, Humphrey & **BROOKS**, Nancy 12 Dec 1853 Benjamin O. BROOKS (cmb)

BROOKS, James & LAFOE, Mary E. 28 May 1845 Hiram BROOKS (cmb)

BROOKS, James F. & GAYLE, Ann J. 16 Jul 1851 Lewis M. GAYLE (cmb)

BROOKS, John H. & BROOKS, Elizabeth 19 Feb 1849 R.W. COLE - min. (cmb)

BROOKS, John H. & BROOKS, Elizabeth 19 Feb 1849 John P. MALONE (cmb)

BROOKS, Richard & DAVIS, Mary 24 Dec 1827 Lybera P. RAINES (cmb)

BROOKS, Richard & DAVIS, Mary 25 Dec 1827 (cmb)

BROOKS, Richard & WRIGHT, Mary 12 Dec 1840 W. RICHARDS - min. (cmb)

BROOKS, Richard & WRIGHT, Mary E. 14 Dec 1840 H.A.BROOKS (cmb)

BROOKS, Robert & COOPER, Caty 25 Dec 1805 Wm. BROOKS (cmb)

BROOKS, Robert & HASLOP, Elsa 8 May 1837 Horace HASLOP (cmb)

BROOKS, Robert & HESLOP, Eliza 1 May 1837 (cmb)

BROOKS, William & BROWN, Frances 13 Dec 1831 S.S. MASSEY (cmb)

BROOKS, William & BROWN, Frances 27 Dec 1831 (cmb)

BROOKS, William & DAVIS, Lucy 24 Dec 1827 L.P. RAINES (cmb)

BROOKS, William & DAVIS, Lucy 24 Dec 1827 (cmb)

BROOKS, William & KNOX, Margaret 3 Jul 1850 Lewis C. PICARDAT (cmb)

BROOKS, William & KNOX, Margaret 3 Jul

1850 R.W. COLE -min. (cmb)

BROOKS, William & **PICARDAT**, Patsy d/o Lewis C. PICARDAT 25 Nov 1818 (cmb)

BROOKS, William & **PICKARDAT**, Patsy 25 Nov 1818 (cmb)

BROWN, Alfred D. & **BLUE**, Susan 29 Jul 1819 (cmb)

BROWN, Alfred D. & **CLEERE**, Susanna widow 28 Jul 1819 Robert & Wm. CLEERE (cmb)

BROWN, Cary & **BELL**, Martha 2 Jul 1832 Robert SALE (cmb)

BROWN, Cary C. & **BELL**, Martha 5 Jul 1832 (cmb)

BROWN, James & **FARMER**, Martha 22 Dec 1795 Rev. John SORRELL (cmb)

BROWN, John & **BROOKS**, Jane 13 Dec 1824 Thomas BROOKS (cmb)

BROWN, John B. & **EUBANK** Frances 29 Jan 1792 John YOUNG -min. (cmb)

BROWN, Jonathan & **QUARLES**, Juliet Nelson 1 Jan 1849 Pichegru QUARLES (cmb)

BROWN, Slaughter & **SAUNDERS**, Lucy W. 7 Jul 1818 (cmb)

BROWN, Solomon J.S. & **SAUNDERS**, Lucy W. 23 Jun 1818 W. SAUNDERS -f. (cmb)

BROWN, Thomas R. & **COLEMAN**, Mary Ann 29 Jul 1833 Daniel D. COLEMAN (cmb)

BRUCE William & **GRAVETT**, Harriet B. 14 Dec 1827 Phillip CHAPMAN (cmb)

BRUCE, James & **MERRYMAN**, Lucy 10 Aug 1829 Presley MERRYMAN -f. (cmb)

BRUCE, Robert C. & **ANDERSON**, Virginia 13

Jun 1843 John BROADDUS (cmb)

BRUCE, Robert C. & ANDERSON, Virginia 29 Jun 1845 R.W. COLE (cmb)

BRUCE, William H. & CAMPBELL, Maria 2 Dec 1819 Wm. SALE Sr. (cmb)

BRUCE, William H. & CAMPBELL, Maria 2 Nov 1819 (cmb)

BRUCE, William S. & ANDREWS, Mary H. 11 Jun 1843 James S. BARBER (cmb)

BRUCE, William S. & ANDREWS, Mary H. 21 Jun 1843 R.W. COLE (cmb)

BRYANT, John & DUVAL, Betsy 5 Jul 1810 Rev. H. PITTMAN (cmb)

BRYCE, John & CARE, Louisa S.B. 12 Feb 1821 Mary T. ROY (consent only) (cmb)

BUCKNER, C.C. & DICKINSON, Louisa F.

19 Nov 1853 Henry WALL (cmbc1)

BUCKNER, C.C. & DICKINSON, Louisa F. 19 Nov 1853 John WASHINGTON (cmb)

BUCKNER, C.C. POR Alexandria & DICKINSON, Louisa F. POR Caroline Co. 1 Dec 1853 by Rev. Henry WALL (sc)

BUCKNER, Charles & THORNTON, Susanna E. 20 Apr 1815 Rev. A. M. LEWIS (cmb)

BUCKNER, Richard & ROWE, Esther 25 Feb 1813 A.M. LEWIS -min. (cmb)

BUCKNER, Richard Jr. & ROW, Esther m. 25 Feb 1813 A.M. LEWIS -min. (cmb)

BUCKNER, Spencer Monroe & WOODFORD, Lucy 26 Oct 1808 Rev. T. GOODLOE (cmb)

BUCKNER, Washington & BOULWARE, Judith 29 Feb 1848 (cmb)

29

BUCKNER, Washington & **BOULWARE**, Judith T. 25 Feb 1848 Gray BOULWARE Jr. (cmb)

BUCKNER, William A. & **BUCKNER**, Ann H. 14 Oct 1837 Washington BUCKNER (cmb)

BUCKNER, William H. & **MADISON**, Maria 1 Apr 1833 Wm. TIMBERLAKE (cmb)

BUCKNER, William S. & **BUCKNER**, Matilda 18 Oct 1831 Geo. F. THORNTON (cmb)

BULLARD, Richard F. & **LUNSFORD**, Julia 13 Dec 1852 Dr. E. LUNSFORD (consent) (cmb)

BULLARD, William & **BURRUS**, Ann T. 19 Feb 1834 S. WOOLFOLK (cmb)

BULLARD, William & **WOOLFOLK**, Lucinda 27 Dec 1809 Spilsbe WOOLFOLK -f. (cmb)

BULLARD, William L. & **BURRUSS**, Ann F. 17 Feb 1834 Richard WOOLFOLK (cmb)

BULLOCK, George W. & **BRADLEY**, Martha L. 11 Oct 1852 Addison LONG (cmb)

BULLOCK, Jefferson M. & **COX**, Amanda M.F. 12 Oct 1840 Mortimer COX (cmb)

BULLOCK, John T. & **HOLLOWAY**, Eliza d/o John HOLLOWAY 8 Aug 1821 Robert G. HOLLOWAY (cmb)

BULLOCK, William & **TIMBERLAKE**, Lucy m. 20 Dec 1793 John SORRELL -min. (cmb)

BULWARE, Muscoe & **PENNY**, Maria 28 Jan 1829 Wm. COVINGTON (cmb)

BULWARE, Robert & **DUNAHO**, Frances 27 Jun 1816 (cmb)

BUMPASS, John Jr. & **DICKINSON**, Elizabeth d/o Mary DICKINSON 2 Mar 1803 (cmb)

BUMPASS, John Jr. & DICKINSON, Elizabeth of lawful age 9 May 1803 James SWINTON (cmbc1)

BUNDY, John & GILCHRIST, Sally 12 Jun 1827 John SUMMERSON (cmb)

BUNDY, Leonard & CHANDLER, Adeline 12 May 1849 Phillip GOODE (cmb)

BUNUFF, James & JOHNSON, Priscilla 13 Dec 1830 James VAWTER (cmb)

BURCHELL, Geo. & PEMBERTON, Elizabeth 8 Sep 1790 J. SHACKLEFORD (cmbc1)

BURCHELL, James & PEMBERTON, Elizabeth 8 Sep 1790 (cmb)

BURGESS, William & GUTHRIE, H. 11 Dec 1828 (cmb)

BURGESS, William & GUTHRIE, Harriet widow 20 Jan 1829 Wm. MCPHERSON (cmb)

BURK, John M. & WOOLFOLK, Sophia F. 21 May 1817 (cmb)

BURK, Thomas & PIERCE, Betsy M. 7 May 1805 Josiah FAULKNER (cmb)

BURKE, George W. & WASHINGTON, Dorothea B. 2 Jul 1844 (cmb)

BURKE, George W. & WASHINGTON, Dorothea B. 2 Jul 1844 Thomas BURKE (cmb)

BURKE, Thomas G. & MICOU, Isabella 13 May 1844 Robert E. DEJARNETTE (cmb)

BURKE, Thomas G. & MICOU, Isabella 22 May 1844 R.T. COLEMAN (cmb)

BURKE, Thomas H. & WASHINGTON, Susan E.K. 5 Dec 1821 W.A. PENDLETON (cmb)

BURKE, Thomas Henry & WASHINGTON, Susan E.K. d/o Elizabeth WASHINGTON 5 Dec

1821 John WASHINGTON consent (cmb)

BURNETT, Benjamin & **SUTTON**, Angelina 27 Mar 1844 Thomas LUMPKIN (cmb)

BURRAS, Pleasant & **WRIGHT**, Elizabeth 13 Mar 1818 (cmb)

BURRISS, John & **BURRUSS**, Margaret 23 Dec 1828 John Jr. (cmb)

BURRUS, George & **GAYLE**, Catharine M. 25 Jan 1832 25 Jan 1832 (cmb)

BURRUS, Jacob C. & **WRIGHT**, Lucinda 11 Jul 1831 Thomas S. MARTIN (cmb)

BURRUS, John & **BURRUS**, Margaret 24 Dec 1828 (cmb)

BURRUS, John & **HARGRAVE**, Eliza P. 13 Dec 1847 R.C. HACKETT (cmb)

BURRUS, John C. & **BRAME**, Elizabeth 14 May 1811 Rev. H. MCLELLAND (cmb)

BURRUS, Pleasant & **CHEADLE**, 10 Jan 1805 Rev. A. BROADDUS (cmb)

BURRUS, Pleasant & **CHEADLE**, Nancy orphan 8 Jan 1805 Tarlton W. CHILES (cmb)

BURRUS, Samuel & **CAMP**, Sarah 4 Aug 1809 Richard P. CAMP (cmb)

BURRUS, Samuel & **GOIN**, Elizabeth 23 Jun 1836 (cmb)

BURRUS, Samuel & **GRAVES**, Frances 1 Dec 1800 Rev. John SELF (cmb)

BURRUS, Thomas & **BIBB**, Knelly m. 25 Dec 1793 Andrew BROADDUS -min. (cmb)

BURRUS, Thomas R. & **GAYLE**, Margaret 16 Dec 1828 S. WOOLFOLK (cmb)

BURRUS, William & **COLE**, Janie S. 12 Jun

1826 John S. PENDLETON (cmb)

BURRUS, William & **KANNON**, Judith A. b. 12 Sep 1831 d/o Stephen M. KANNON 2 Sep 1852 (cmb)

BURRUS, William A. & **HALL**, Betsy 28 Jan 1853 (cmb)

BURRUS, William F. & **MITCHELL**, Ann E. 10 Sep 1853 Richard Arnold A. WILES (cmb)

BURRUSS, Charles & **HARGRAVE**, Lucy C. 8 Feb 1819 (cmb)

BURRUSS, George P. & **GAYLE**, Catharine 9 Jan 1832 Thomas R. BURRUS (cmb)

BURRUSS, Henry & **WORTHAM**, Sally 13 Nov 1805 Richard SAMUEL (cmb)

BURRUSS, Jacob O. & **WRIGHT**, Lucinda 11 Jan 1831 (cmb)

BURRUSS, John & **LUCK**, Priscilla M. 12 Feb 1838 Samuel P. LUCK (cmb)

BURRUSS, Overton & **WRIGHT**, Clarissa 11 Jun 1832 Wm. C. REDD (cmb)

BURRUSS, Overton & **WRIGHT**, Clarissa F. 4 Jul 1832 S. WOOLFOLK - min. (cmb)

BURRUSS, Pleasant & **WRIGHT**, Elizabeth 13 Mar 1818 Ann D. WRIGHT (cmb)

BURRUSS, Samuel & **CHILES**, Elizabeth 10 Nov 1823 Eliza V. CHILES (cmb)

BURRUSS, Thomas & **CHILES**, Sarah 3 Dec 1818 Thomas CHILES (cmb)

BURRUSS, Thomas R. & **GAYLE**, Margaret 8 Dec 1828 (cmb)

BURRUSS, Thomas R. & **GAYLE,** Margaret d/o Tom GALE 8 Dec 1828 E.F. FLAGG (cmb)

BURRUSS, William & **WOOD**, Eliza 23 Dec 1813 Rev. S. WOOLFOLK (cmb)

BURRUSS, William H. & **CAMPBELL**, Elizabeth P. 2 Jun 1846 Elliott CAMPBELL (cmb)

BURRUSS, William H. & **CAMPBELL**, Elizabeth P. 4 Jun 1846 (cmb)

BURRUSS, William H. N. & **WRIGHT**, Rebecca B. 19 Dec 1849 Elliott WRIGHT (cmb)

BURWELL, James W. & **SALE**, Virginia 23 Mar 1826 A. CHAPMAN (cmb)

BUSH, William & **KEE**, Nancy 17 Aug 1787 Rev. John SHACKLEFORD (cmb)

BUTLER, Col. Isaac O. & **BAGBY**, Ann E. d/o Mary A. BAGBY m. 13 Jan 1853 A. BROADDUS (cmb)

BUTLER, John & **SOUTHWORTH**, Mary 28 Dec 1802 Rev. John SELF (cmb)

BUTLER, John & **GATEWOOD,** Lucy Ellen 8 Apr 1844 Leroy H. KEMP (cmb)

BUTLER, John Calvin & **ARNOLD,** Catharine 7 Jan 1852 S.W. ALLEN (cmb)

BUTLER, Mansfield & **SPENCER**, Courtney Ann 13 Oct 1826 Reuben TURNER (cmb)

BUTLER, Samuel & **DOUGLASS**, Sally m. 17 Auf 1787 H. GOODLOE - min. (cmb)

BUTLER, Thomas & **LEWIS**, Elizabeth W. 13 Jan 1834 Robert W. LEWIS (cmb)

BUTLER, Thomas & **SOUTHWORTH**, Mary E. 10 Dec 1821 Richard PAIR (cmb)

BUTTER, John C. & **ARNOLD**, Catharine May 1851 Richard ARNOLD (cmb)

BUTTER, Thomas & LEWIS, Elizabeth W. 31 Jan 1834 (cmb)

BUTZNER, George & FLIPPO, Ellen B. 12 Jan 1846 Wm. C. FLIPPO (cmb)

BUTZNER, George & FLIPPO, Ellen B. 5 Feb 1846 J.A. BILLINGSLEY (cmb)

BYRD, Leroy & FORTUNE, Lucinda 7 Nov 1848 Isaiah FORTUNE (cmb)

CALLAWN, William A. & HOLLOWAY, Susannah 22 Sep 1845 Charles A. HOLLOWAY (cmb)

CALLIS, Thomas L. & GUTRIDGE, Margaret A. 26 Jan 1851 (cmb)

CALLISS, Thomas L. & GUTRIDGE, Margaret A. 17 Jan 1851 James S. GUTRIDGE (cmb)

CAMPBELL, Elliott & WILLSON, Eliza 23 Dec 1806 Andy BROADDUS (cmb)

CAMPBELL, French D. & SAUNDERS, Judy A. 28 Nov 1853 Wm. E. JONES (cmb)

CAMPBELL, French D. & SAUNDERS, Judy A. m. 1 Dec 1853 John G. PARRISH (cmb)

CAMPBELL, Mathew T. & WHITE, Julia A.B. 11 Apr 1844 James J. WHITE (cmb)

CAMPBELL, Seth & CHILES, Susanna D. 14 Dec 1829 Eldred CHILES (cmb)

CAMPBELL, William & BURRUS, Susanna 24 Jan 1812 Wm. GEISEY -min. (cmb)

CAMPBELL, Wythe & GOODLOE, Malvina 29 Dec 1835 (cmb)

CANFIELD, Asher & MARTIN, Betsy 13 Jan 1840 Henry MARTIN (cmb)

CANNON, George & HOPKINS, Nancy 5 Sep 1822 James SMITH (cmb)

CANNON, George s/o Nathaniel CANNON & **HOPKINS**, Nancy 5 Sep 1822 John HOPKINS (cmb)

CANNON, James & **WILLARD**, Eliza d/o James WILLARD 30 Nov 1830 (cmb)

CANNON, John M. & **STEVENS**, Sally 11 Nov 1833 George JONES (cmb)

CANNON, Joseph & **JONES**, Eliza 28 Aug 1817 (cmb)

CANNON, William & **BROWN**, Elizabeth m. 17 Dec 1786 John WALLER - min. (cmb)

CARE, William R. & **GARNETT**, Margarett 10 Nov 1823 James J. GARNETT (cmb)

CARLTON, Ambrose & **CARLTON**, Emily 27 Jan 1851 James D. CARLTON (cmb)

CARLTON, Ambrose & **CARLTON**, Emily 28 Dec 1850 (cmb)

CARLTON, Ambrose & **SLAUGHTER**, Nancy m. 22 Dec 1792 John YOUNG -min. (cmb)

CARLTON, Edward & **TWESDALE**, Nancy 15 Nov 1836 (cmb)

CARLTON, James & **TURNER**, Emalina 16 Nov 1826 (cmb)

CARLTON, James & **TURNER**, Emaline 16 Nov 1826 Edmund CARLTON (cmb)

CARLTON, John & **BARLOW**, Nancy 18 Dec 1818 (cmb)

CARLTON, John H. & **DILLARD**, Martha W. 22 Jun 1836 G.W. PRICE (cmb)

CARLTON, John H. & **DILLARD**, Martha W. 28 May 1836 Winston AIKINSON (cmb)

CARLTON, Philip & **OGLESBY**, Dorothy 9 Jun

1821 Burwell G. HART (cmb)

CARLTON, William T. & **GANT**, Pauline A. 5 Jan 1853 Horace WHITE (cmb)

CARLTON, William T. & **GANTS**, Pauline 13 Jan 1853 Elijah WHITE (cmb)

CARLTON, William W. & **BRAMFIELD**, Mary P. 17 Feb 1836 H. WHITE (cmb)

CARLTON, William W. & **BRUMFIELD**, Mary P. 13 Feb 1836 John H. CARLTON (cmb)

CARNAL, Achilles & **ST JOHN**, Nancy 9 Nov 1801 H. GOODLOE (cmb)

CARNAL, Elijah & **YARBROUGH**, Jane 20 Jan 1797 H. GOODLOE-min. (cmb)

CARNAL, Hay & **CARNAL**, Ann 9 Jan 1829 (cmb)

CARNAL, Isaac & **KENNON**, Elizabeth 23 Apr 1829 (cmb)

CARNAL, James & **WRIGHT**, Betty 16 Apr 1804 Thomas WRIGHT -f. (cmbc1)

CARNAL, John & **HUTSON**, Jane 9 Nov 1801 H. GOODLOE - min. (cmb)

CARNAL, Patrick & **ROBINSON**, Mary 9 Jul 1836 John CARNAL (cmb)

CARNAL, Robert & **JONES**, Patsy 1 Jan 1830 John FARRISH (cmb)

CARNAL, Tilman & **ENNIS**, Sophia 15 Feb 1834 (cmb)

CARNAL, William J.D. & **SHACKLEFORD**, Mary A. 16 Feb 1850 Wm. THACKER (cmb)

CARNALL, Henry & **CARNALL**, Martha E. 14 Feb 1842 Joseph CARNALL (cmb)

CARNALL, Achilles & **ST.JOHN**, Nancy 9 Dec 1798 H. GOODLOE (cmb)

CARNALL, Addison & CARNALL, Mary d/o George CARNALL 19 Feb 1832 (cmb)

CARNALL, Brooking & BASTIN, Frances 2 Feb 1828 Richard BASTIN (cmb)

CARNALL, Elijah W. & CARNALL, Tomasia 2 Apr 1846 John KNOX (cmb)

CARNALL, Hay & CARNALL, Ann 8 Jan 1828 Lomax CARNALL (cmb)

CARNALL, Henderson & CARNALL, Subbirna Eton 5 Jun 1851 A. ANDERSON (cmb)

CARNALL, Henderson & CARNALL, Subbrina Elton 2 Jun 1851 Patrick CARNALL (cmb)

CARNALL, Isaac & KENNON, Elizabeth 22 Apr 1829 Francis MARSHALL (cmb)

CARNALL, James & FLETCHER, Ann 17 Jan 1798 Henry GOODLOE - min. (cmb)

CARNALL, James & HARRIS, Sarah 14 Dec 1803 H. GOODE.- min. (cmb)

CARNALL, James & HARRIS, Sarah 27 Aug 1805 Claiborn HARRIS (cmb)

CARNALL, James & WRIGHT, Betsy 30 Dec 1802 H. GOODLOE-min. (cmb)

CARNALL, James U. & WRIGHT, Mary E. 19 Dec 1843 (cmb)

CARNALL, John & HAINES, Eliza 1 Sep 1827 (cmb)

CARNALL, John & HAINES, Elizabeth 31 Aug 1827 John HAINES (cmb)

CARNALL, John & HUTSON, Jane 9 Dec 1798 H. GOODLOE-min. (cmb)

CARNALL, John & THACKER, Angelina 19

Sep 1838 Wm. HAMP (cmb)

CARNALL, Joseph & **CARNALL,** Leatha Ann 24 Dec 1842 Henry CARNALL (cmb)

CARNALL, Lewis & **MIDDLEBROOK,** Elizabeth 23 Dec 1806 J. GOODLOE (cmb)

CARNALL, Patrick & **ROBINSON,** Mary 14 Jun 1836 (cmb)

CARNALL, Patterson & **CARNALL,** _____ d/o George CARNALL 18 Feb 1832 (cmb)

CARNALL, Pleasant & **CARNALL,** Lucy 5 Oct 1813 W, GUISEY-min. (cmb)

CARNALL, Richard & **WRIGHT,** Frances 3 Nov 1823 James THACKER (cmb)

CARNALL, Richmond & **JONES,** Phebe 10 Apr 1798 H. GOODLOE -min. (cmb)

CARNALL, Robert & **TIGNOR,** Lucy 11 Mar 1840 Jn. HALL (cmb)

CARNALL, Robert & **TIGNOR,** Lucy 9 Mar 1840 T.F.SAMUEL (cmb)

CARNALL, Thilman & **ENNIS,** Sophia 10 Feb 1834 Musco SELF (cmb)

CARNALL, Thomas & **HARRIS,** Elizabeth 20 Jan 1797 H. GOODLOE-min. (cmb)

CARNALL, William & **CARNALL,** Rebecca 23 Jan 1811 Wm. GUISEY -min. (cmb)

CARNALL, William L.W. & **MIDDLEBROOK,** Susanna 25 Dec 1826 Nathaniel CANNON (cmb)

CARNALL, William W. & **THACKER,** Clementine 14 Jun 1841 Wm. A. THACKER (cmb)

CARNALL, William W. & **THACKER,** Clementine 19 Jul 1841 John HALL (cmb)

CARNEAL, George T. & **JETER,** Susan A. 29 Jan 1853 H. & Elizabeth F. JETER (cmb)

CARNEAL, James M. & **WRIGHT,** Mary E. 18 Dec 1843 H.C. SMOOT (cmb)

CARNEAL, Jennett A. & **SATTERWHITE,** Ann 21 Dec 1853 Argyle HALEY (cmb)

CARNEAL, Thomas & **TAYLOR,** Lucy 25 Dec 1801 John SORRELL -min. (cmb)

CARNEAL, William & **CARNEAL**, Elizabeth 18 Jun 1848 (cmb)

CARNEAL, William & **CARNEAL,** Tomacia 10 Apr 1852 Robert SATTERWHITE (cmb)

CARNEHAN, Warren & **JERRELL,** Lucy Ann 13 Dec 1842 Edmund W. GERRELL (cmb)

CARPENTER, John & **DUVAL,** Polly 18 Jul 1795 John YOUNG -min. (cmb)

CARR, Charles & **STEVENS,** Harriet 23 Dec 1806 J. GOODLOE -min. (cmb)

CARR, William & **VAUGHAN,** Fanny 25 Jul 1802 John SORRELL -min. (cmb)

CARR, William R. & **GARNETT,** Margaret M. 5 Dec 1823 Ed. C. MCGUIRE -min. (cmb)

CARRICK, James & **BULLOCK,** Lucy J. d/o John T. BULLOCK 19 May 1853 (cmb)

CARRICK, Samuel & **WRIGHT,** Amanda (Mrs.) 14 Dec 1829 James ROYSTON (cmb)

CARRICK, Samuel & **WRIGHT,** Amanda 24 Dec 1829 (cmb)

CARRIER, Michael of Rockingham Co. age 23 & **ALLPORT,** Mary Jane d/o John ALLPORT age 23 3 Nov 1853 A. BROADDUS (cmb)

CARRINGTON, James & CHINAULT, Mary 28 Jan 1843 (hv)

CARTER, Benjamin & BROOKS, Sophia 14 Mar 1839 (cmb)

CARTER, Benjamin F. & BROOKS, Sophia 11 Mar 1839 Hiram BROOKS (cmb)

CARTER, Charles & HANES, Matilda 24 Dec 1818 (cmb)

CARTER, Edward M. & MARTIN, Mary Ann 22 Dec 1830 Reuben PEMBERTON (cmb)

CARTER, Edward M. & MARTIN, Mary Ann 27 Dec 1830 (cmb)

CARTER, George & SHACKELFORD, Ann 8 Dec 1818 (cmb)

CARTER, George & SHACKLEFORD, Ann 7 Dec 1818 Pascal HACKETT (cmb)

CARTER, George W. & CARTER, Martha 14 Dec 1829 Peter CARTER (cmb)

CARTER, H. & HARRIS, Emila 8 Jan 1841 Thomas ACORS (cmb)

CARTER, Henry & CARTER, Naomi age 21 8 Jan 1833 Spotswood CARTER (cmb)

CARTER, Henry & CARTER, Nomini 10 Jan 1832 (cmb)

CARTER, Henry R. & COLEMAN, Emma C. 10 Jun 1845 N.W. COLEMAN (cmb)

CARTER, Horace & MASON, Nancy 21 Oct 1843 Elijah KELLEY (cmb)

CARTER, Horace & WOODLAND, Susan 29 Dec 1836 (cmb)

CARTER, Horace & WOOLLARD, Susan 27 Dec 1836 William CARLTON (cmb)

CARTER, Hyram & LONG, Sarah 9 Feb 1846 Philip H. CARTER (cmb)

CARTER, Hyram & LONG, Sarah 9 Feb 1846 R.W. COLE (cmb)

CARTER, James & ACORS, Eliza H. 5 Jun 1839 Thomas A. ACORS (cmb)

CARTER, James & CONQUEST, Mary 11 May 1826 Samuel DISHMAN (cmb)

CARTER, James B. & CARTER, Eliza d/o Joseph CARTER 14 Dec 1821 (cmb)

CARTER, James L. & GARNETT, Emeline C. 23 May 1843 Philip R. GARNETT (cmb)

CARTER, James S. & GARNETT, Emiline H. 24 May 1843 (cmb)

CARTER, James T. & JAMES, Ann H. 12 Jan 1835 Benjamin LONG (cmb)

CARTER, John & CARTER, Nancy 19 May '786 James TAYLOR - min. (cmb)

CARTER, John & TIMBERLAKE, Cathy 4 Feb 1801 John SORRELL - min. (cmb)

CARTER, John D. & MURRAY, Nancy 21 Jan 1836 Archibald MURRAY (cmb)

CARTER, Joseph & CARTER, Nelly 2 Feb 1802 John SORRELL - min. (cmb)

CARTER, Nebzo & MCDANIEL, Kitty W. 19 Dec 1827 Lorenzo SAUNDERS (cmb)

CARTER, Peter J. & MARABLE, Sarah E. 8 Feb 1830 William SAUNDERS (cmb)

CARTER, Philip & CARTER, Betsy 13 Dec 1803 William CARTER (cmb)

CARTER, Philip & CARTER, Betsy 14 Dec 1803 John SORRELL - min. (cmb)

CARTER, Presley & PETTIS, Elizabeth 3 Dec

1794 Rev. John SORREL (cmb)

CARTER, Spencer & **FLETCHER,** Sarah 24 Mar 1815 (cmb)

CARTER, Spotswood & **HOWARD,** Elizabeth 31 Aug 1835 Daniel THORP (cmb)

CARTER, Spotswood & **HOWARD,** Elizabeth 31 Aug 1835 W. RICHARDS -min. (cmb)

CARTER, Thomas & **STEVENS,** Maria 13 Jul 1837 W. FRIEND -min. (cmb)

CARTER, Thomas & **STEVENS,** Maria 11 Jul 1837 Henry D. STEVENS (cmb)

CARTER, Thompson & **FARMER,** Polly 22 Dec 1814 S. WOOLFOLK -min. (cmb)

CARTER, William & **BATES,** Nancy 9 Jan 1813 H. PITTMAN -min. (cmb)

CARTER, William & **CARTER,** Polly 2 Jan 1813 (cmb)

CARTER, William M. & **LONG,** Martha d/o Benjamin LONG 14 Mar 1853 Hiram CARTER (cmb)

CARTER, Woodford & **STERNE,** Elizabeth 10 Dec 1834 Wade SAMUEL (cmb)

CARTON, Edmund & **MOURNING,** Sally 18 Jul 1795 John YOUNG -min. (cmb)

CARY, John & **ARMISTEAD,** Susanna Jul 1777 (date recorded) (lmo)

CASEY, Thomas & **PENNY,** Sarah Jane 29 Nov 1841 William PENNY (cmb)

CASH, Carmodan B. & **DAFFIN,** Elizabeth 20 Jun 1826 Sanford JONES (cmb)

CASH, James A. & **THOMAS,** Delila 24 Nov 1846 Allen ROSE (cmb)

CASH, Oscar F. & STEVEN, Mary 25 Mar 1837 (cmb)

CASH, Oscar F. & STERNE, Mary 25 Mar 1837 Francis G. STERNE (cmb)

CASH, William R. & MILLS, Betsy C. 9 Apr 1823 Thomas GIBSON (cmb)

CASH, William R. & PERKS, Melinda 9 Mar 1845 William SKINNER (cmb)

CASH, William R. of Spotsylvania Co. s/o James CASH & MILLS, Betsy C. d/o Elizabeth MILLS 7 Apr 1823 (cmb)

CASON, Edward & CARR, Mary W. 3 Jun 1822 Charles R. CARR (cmb)

CASON, William J. & GOODLOE, Rebecca R. 20 Dec 1832 John C. JERRELL (cmb)

CATLETT, Benjamin & PARE, Louisa F. (Mrs.)

13 Jan 1831 Thomas CATLETT (cmb)

CATLETT, Collin B. THORNTON, Ellen Rowe 16 Jun 1840 George W. CATLETT (cmb)

CATLETT, George W. & FITZHUGH, Elizabeth 5 Dec 1844 (cmb)

CATLETT, George W. & FITZHUGH, Elizabeth D. 29 Dec 1844 Edwin C. THORNTON (cmb)

CATLETT, James S. & THOMAS, Susan 20 Oct 1847 George W. CATLETT (cmb)

CATLETT, James S. & THOMAS, Susan 22 Oct 1847 John G. PARRISH - min. (cmb)

CATLETT, Peter R. & CATLETT, Elizabeth F. 11 Jan 1847 Edw. C. THORNTON (cmb)

CATLETT, Robert & LAFOE, Kitty Ann 19 May 1849 Anthony THORNTON -guard. for Kitty (cmb)

CATLETT, Robert S. &
LAFOE, Kitty Ann 28
May 1849 A.H.W.
BUCKNER -min. (cmb)

CATLETT, Robert S. &
LAFOE, Kitty F. 19 May
1849 R.H. BUCKNER
(cmb)

CATLETT, Samuel &
MADISON, Charlotte V.
d/o Mary MADISON 24
Dec 1812 Thomas
CATLETT (cmb)

CAUTHEN, James &
DALING, Sarah 1 Apr
1852 (cmb)

CAUTHORN, James &
DULING, Sarah G. 1 Apr
1852 M.T. JAMES (cmb)

CECIL, Edmund &
HALL, Matilda 14 Apr
1823 Isaac CECIL (cmb)

CECIL, Isaac & ACRE,
Elizabeth 10 Oct 1839
(cmb)

CECIL, Isaac & ACRE,
Elizabeth 7 Oct 1839
Lewis ACRE (cmb)

CECIL, William P. &
NAPIER, Kitty N. 10 Apr
1826 Wm. P. NAPIER
(cmb)

CHANDLER, Abner &
CHANDLER, Ailse 24
Nov 1827 Reuben
WHITTEN (cmb)

CHANDLER, Abner &
CHANDLER, Alice 2 Jan
1828 Wm. BEAZELY
(cmb)

CHANDLER, Edm'd &
CLURE, Elizabeth 30 Jan
1805 Andrew BROADDUS
(cmb)

CHANDLER, Edmund &
CLEERE, Elizabeth 29
Jan 1805 John BIBB
(cmb)

CHANDLER, Goalman &
WHITTICO, Emily 9 Oct
1826 Wm. WHITTICO
(cmb)

CHANDLER, Haman &
GRAY, Eliza 5 Jul 1838
(cmb)

CHANDLER, Heman &
GRAY, Eliza 30 Jun 1838
John GRAY (cmb)

CHANDLER, Hugh &
WYATT, Virgina A. 21

Sep 1827 John CHANDLER (cmb)

CHANDLER, Hugh of Caroline & **WYATT,** Virginia Anderson b. 25 Sep 1805 25 Sep 1827 (afr)

CHANDLER, Hugh of Caroline Co. & **WYATT,** Virginia Anderson b. 25 Sep 1805 m. 25 Sep 1827 (afr)

CHANDLER, Isaac & **FIDLER,** Elizabeth 5 Dec 1815 (cmb)

CHANDLER, James & **BELL,** Malinda 25 Feb 1824 John BELL (cmb)

CHANDLER, John & **COLE,** Ann 26 Nov 1836 J.D.MCCABE -min. (cmb)

CHANDLER, John & **COLEMAN,** Lucy Ann 24 Nov 1836 James MCCABE (cmb)

CHANDLER, John & **MCKEE,** Jenny 8 Sep 1790 John SHACKELFORD -min. (cmb)

CHANDLER, Joseph & **WEST,** Ann 9 Apr 1822 Haman CHANDLER (cmb)

CHANDLER, Richard & **GRYMES,** Columbia 30 Jul 1850 Robert CHAPMAN (cmb)

CHANDLER, Richard & **GRYMES,** Columbia 1 Aug 1850 Horace WHITE -min. (cmb)

CHANDLER, Robert & **WOOLFOLK,** Elizabeth 5 Mar 1805 Thomas TRIBBLE (cmb)

CHANDLER, Robert & **WOOLFOLK,** Elizabeth 6 Mar 1805 A. BROADDUS -min. (cmb)

CHANDLER, Smallwood & **CARNALL,** Lucy 26 Feb 1840 Thompson GRYMES (cmb)

CHANDLER, Smallwood & **SWANN,** Catherine 21 Dec 1810 W. COVINGTON (cmb)

CHANDLER, Thilman & **CHANDLER,** Ursula 7 Aug 1821 Turner GRYMES (cmb)

CHANDLER, William & CHAPMAN, Nancy 26 Dec 1818 James JORDAN (cmb)

CHAPMAN, Anthony & HARRISON, Joyce widow 23 Dec 1806 J. GOODLOE -min. (cmb)

CHAPMAN, Abner & CARTER, Phebe 13 Mar 1809 Goodloe CARTER (cmb)

CHAPMAN, Anderson W. s/o Philip CHAPMAN & SAUNDERS, Louisa d/o Reuben SAUNDERS 14 Nov 1831 (cmb)

CHAPMAN, Daniel & GAYLE, Lucy 13 Sep 1824 John SALE (cmb)

CHAPMAN, George & CHAPMAN, Jane 20 May 1828 (cmb)

CHAPMAN, George Jr. CHAPMAN, _____ 20 May 1828 Winslow M. GATEWOOD (cmb)

CHAPMAN, James & CONDUIT, Ann E. 27 Aug 1850 A. BROADUS (cmb)

CHAPMAN, James & CONDUIT, Ann E. 27 Aug 1850 Reuben J. CHAPMAN (cmb)

CHAPMAN, James & STEWART, Frances E. 17 Aug 1844 R.G. CHAPMAN - guard. of Frances (cmb)

CHAPMAN, John & BERRY, Mary Jane 20 Dec 1830 Turner ANDERSON (cmb)

CHAPMAN, John & BERRY, Mary Jane 22 Dec 1830 (cmb)

CHAPMAN, Philip & GATEWOOD, Eliza Ann 18 Apr 1832 Joseph GATEWOOD (cmb)

CHAPMAN, Philip & SHADDOCK, Frances 24 Mar 1825 Francis V. SUTTON (cmb)

CHAPMAN, Reuben J. & HURT, Rebecca L. d/o Mary G. HURT 10 Aug 1843 Robert R. CHAPMAN

(cmb)

CHAPMAN, Robert & FRAWNER, Rebecca 12 Jun 1848 Andrew G. BEAZLEY (cmb)

CHAPMAN, Robert & FRAWNER, Rebecca 12 Jun 1848 J.G. PARRISH - min. (cmb)

CHAPMAN, Robert R. & ANDERSON, Mary Frances 23 Jun 1842 Herbert ANDERSON (cmb)

CHAPMAN, Turner & WHITE, Ann Eliza 23 Jun 1824 Philip CHAPMAN (cmb)

CHAPMAN, William & GATEWOOD, Margaret 9 Aug 1848 (cmb)

CHAPMAN, William C. & GAYLE, Judith 23 Oct 1817 (cmb)

CHAPMAN, William Jr. & GATEWOOD, Margaret 14 Feb 1848 Philip GATEWOOD (cmb)

CHASH, James & JETER, Susanna 20 Jan 1797 Rev. John SORRELL (cmb)

CHEATHAM, William J. & YOUNG, Maria E. 13 Dec 1848 Woolford GARNETT (cmb)

CHENALT, Samuel & PITTS, Tabby 11 Feb 1824 P. LONG (cmb)

CHENAULT, Atwell & CECIL, Phebe 23 Nov 1846 Samuel CHENAULT (cmb)

CHENAULT, Elijah & CECIL, Sarah 17 Apr 1845 James CHENAULT (cmb)

CHENAULT, Elijah & CECIL, Sarah 24 Apr 1845 R.M. COLE -min. (cmb)

CHENAULT, Elijah & GRAVES, Molley 5 Nov 1796 Rev. John SORRELL (cmb)

CHENAULT, George & LAVORN, Sally 19 Jun 1819 James CHENAULT (cmb)

CHENAULT, Gray & **SAUNDERS,** Lily Ann 14 Jan 1839 Alvin SAUNDERS (cmb)

CHENAULT, Henry & **CHENAULT,** Amanda 5 Aug 1851 A. BROADDUS -min. (cmb)

CHENAULT, Henry & **CHENAULT,** Elizabeth 22 Jul 1851 L.C. PITTS (cmb)

CHENAULT, James & **KELLY,** Sarah 19 Feb 1847 Ellis TAYLOR (cmb)

CHENAULT, John & **CECIL,** Cathy 17 Dec 1846 H. WHITE (cmb)

CHENAULT, John & **COVINGTON,** Louisa 24 Dec 1845 (cmb)

CHENAULT, John & **COVINGTON,** Louisa 8 Dec 1845 Wm. G. COVINGTON (cmb)

CHENAULT, John & **LONGEST,** Livinia 23 May 1851 A. BROADDUS -min. (cmb)

CHENAULT, John & **LONGEST,** Lovinia 23 May 1851 Lewis LONGEST (cmb)

CHENAULT, Robert & **REDD,** Lucy Ann 13 Jan 1845 Thomas CHENAULT (cmb)

CHENAULT, Samuel & **MOREN,** Mary 23 Oct 1839 (cmb)

CHENAULT, Samuel & **MORNING,** Mary 19 Oct 1839 Henry MURRAY (cmb)

CHENAULT, Samuel & **PITTS,** Tabby 11 Feb 1824 Thomas MARTIN (cmb)

CHENAULT, Samule & **PITTS,** Browne 10 Jul 1793 John SORRELL -min. (cmb)

CHENAULT, Thomas & **SOUTHWORTH,** Elizabeth d/o Mary SOUTHWORTH 12 Feb 1818 James & George CHENAULT (cmb)

CHENAULT, William & **NOELL,** Sarah 20 Feb

1846 Thomas FARMER (cmb)

CHENAULT, William R. & **HARGRAVE,** Clementina 28 Apr 1845 James W. HACKETT (cmb)

CHEWNING, George & **LIPSCOMBE,** Mary widow 30 Sep 1828 Thomas U. LIPSCOMB (cmb)

CHICK, William & **DISON,** Susan 3 Jan 1838 (cmb)

CHICK, William & **DYSON,** Susan 16 Dec 1837 Ellis LONG (cmb)

CHILDRESS, Abraham & **GROVESNOR,** M.E.A. 28 Dec 1845 (cmb)

CHILDRESS, Abraham W. & **GROSVENOR,** M.E.A. 28 Dec 1843 R.P. CARR (cmb)

CHILES, Cheadle & **STEVENS,** Patsy 9 Feb 1825 Joseph FLIPPO (cmb)

CHILES, Edmund & **HARGRAVE,** Eliza A. 28 Apr 1821 Robert TERRELL - guard. of Eliza (cmb)

CHILES, Edmund C. & **BOWERS,** Lucy A. 13 May 1844 Lewis W. GARRETT (cmb)

CHILES, Eldred & **GRAY,** Labilla A. 21 Dec 1827 Seth CAMPBELL (cmb)

CHILES, Elliott & **BRADUSS,** Eliza S. 17 Mar 1819 (cmb)

CHILES, Elliott & **BROADDUS,** Eliza S. d/o Andrew BROADDUS 13 Mar 1819 John CHILES (cmb)

CHILES, Hiram & **ALLEN,** Elizabeth Rebecca 2 Aug 1827 John PENDLETON (cmb)

CHILES, James F. & **PEATROSS,** Joanna 9 Apr 1846 Charles C. BOWERS (cmb)

CHILES, James F. & **PEATROSS,** Joanna 12

Apr 1846 G.W. TRICE - min. (cmb)

CHILES, John & **HEWLETT,** Mary A. 3 Aug 1809 William GUISEY -min. (cmb)

CHILES, John & **HEWLETT,** Mary A. d/o Sarah HEWLETT 1 Aug 1809 Samuel CHILES (cmb)

CHILES, Pleasant & **HUTCHISON,** Sarah 1 Jul 1822 Richard HUTCHISON (cmb)

CHILES, Thomas & **HARGRAVE,** Lucy F. 21 Dec 1815 (cmb)

CHILES, Thomas & **WRIGHT,** Polly 2 Jan 1803 Jonathan DICKERSON, John WRIGHT consent (cmb)

CHILES, Thomas & **WRIGHT,** Polly 3 Jan 1803 William, John & David WRIGHT (cmb)

CHILES, William & **BROWN,** Jane 22 Dec 1802 John SELF -min. (cmb)

CHINAULT, Brooking & **COOK,** Jane 18 Aug 1853 R.W. COLE (rwc)

CHINAULT, Brooking & **FARMER,** Emily 30 Jan 1830 (cmb)

CHINNAULT, Atwell & **CECIL,** Phebe 27 Nov 1846 R.W. COLE (cmb)

CHRISTIAN, John & **RICHARDSON,** A.W.B. 11 Feb 1813 S. WOOLFOLK -min. (cmb)

CLAIBORNE, Charles Butter/Butler & **COLEMAN,** Sally Ann 3 Jun 1835 W.R. BROWN (cmb)

CLARK, Andrew J. & **DICKINSON,** Mary F. 6 Apr 1848 John DICKINSON (cmb)

CLARK, Edward & **BASTIN,** Mary 23 Dec 1831 Wade H. PARKER (cmb)

CLARK, John & BIRD, Nancy 17 Aug 1789 John WALLER (cmb)

CLARK, John & CANNON, Martha 5 May 1835 S. WOOLFOLK (cmb)

CLARK, Joseph & JAMESON, Mildred S. 21 Nov 1809 Ambrose CLARK Jr.

CLARK, Temple & BATTAILE, Sarah R. 12 Apr 1847 B.R. BATTAILE (cmb)

CLARK, Theodore S. & PENNY, Bettie Ann 12 Dec 1853 Joseph PENNY (cmb)

CLARK, William & NELSON, Sarah 29 dec 1845 Daniel JOHNSON (cmb)

CLARK, William & ROBERTS, Jane C. 29 Nov 1809 Philip SAMUEL consent (cmb)

CLARK, William & NELSON, Sarah 30 dec 1845 R.M. COLE (cmb)

CLARKE, Edmund & BOULWARE, Sally 26 Dec 1799 John SORRELL -min. (cmb)

CLARKE, John & CANNOR, Martha 4 May 1835 John MIDDLETON (cmb)

CLARKE, Joseph & JAMESON, Mildred Smith d/o David JAMERSON Jr. 21 Nov 1809 James J. GARNETT, Ambrose CLARK Jr. (cmb)

CLARKE, Plimy & BASTIN, Ealey S. 14 Apr 1841 (hv)

CLARKE, Plinney & BASTIN, Early 14 Apr 1841 Edward CLARK (cmb)

CLATOR, Lorenzo & LONG, Lucy A. 15 Feb 1843 (hv)

CLAY, Anderson T. & BRAME, Frances J. 2 Oct 1822 John B. T. BRAME (cmb)

CLAYTER, Thompson & BURROUGH, Judith 17 Feb 1820 (cmb)

CLAYTOR, Arthur B. & BAYLOR, Jane H.N. 18 Dec 1822 John F. WHITING (cmb)

CLAYTOR, Reuben & PETTICE, Judy 12 Jan 1842 Joseph WRIGHT (cmb)

CLAYTOR, Festus & SOUTHWORTH, Mary 1 Jun 1850 William SOUTHWORTH (cmb)

CLAYTOR, Festus & SOUTHWORTH, Polly 3 Jun 1850 (cmb)

CLAYTOR, Joel & BEASLEY, Amanda 24 Nov 1850 R.W. COLE (cmb)

CLAYTOR, Joel & BEAZLEY, Amanda 21 Dec 1850 Robert CHAPMAN (cmb)

CLAYTOR, Joel & SAUNDERS, Susanna 1820 (cmb)

CLAYTOR, Lorenzo & LONG, Lucy A. 13 Feb 1843 John LOVIN (cmb)

CLAYTOR, Seth & BEAZLEY, Angelina 24 Jul 1846 Louis C. PICCADAT (cmb)

CLAYTOR, Seth & BEAZLEY, Angelina 25 Jul 1846 R.M. COLE (cmb)

CLAYTOR, Silas & ALLEN, Alice 11 Jan 1836 Reuben WHITTICO (cmb)

CLAYTOR, Thomas & PARKER, Amelia 1 Jan 1805 John SORRELL (cmb)

CLAYTOR, Thomas & PARKER, Amelia 2 Jan 1805 John FRENER (cmb)

CLAYTOR, Turner & BEAZLEY, Susan 7 Sep 1833 William BEAZLEY (cmb)

CLAYTOR, William E. & MADISON, Mary A. 8 Dec 1853 (cmb)

CLEERE, Chiles & HOWLE, Sarah S. 26 Jun 1829 George RICHESON (cmb)

CLEERE, William & **WOOLFOLK,** Lucy 21 Dec 1818 Robert P. CLEERE (cmb)

CLERE, Robert & **WOOLFOLK,** Frances L. 15 Aug 1820 (cmb)

CLIFT, Henry & **MASON,** Mary 2 Feb 1816 (cmb)

CLIFT, John & **THOMPSON**, Mildred R. 28 Oct 1851 George W. TRICE -min. (cmb)

CLIFT, Miles & **HOLLOWAY,** Catherine 24 Jun 1813 H. PITTMAN -min. (cmb)

CLIFT, Reuben & **STEVENS,** Sally 14 Jun 1787 James TAYLOR - min. (cmb)

CLOE, William Harrison & **SCOTT,** Martha 16 Jun 1848 George FRY (cmb)

CLURE, George & **DICKENSON,** Susanna 21 Nov 1808 Ed RONZA (cmb)

CLURE, William & **WOOLFOLK,** Lucy 24 Dec 1818 (cmb)

COARTS, John & **WINN,** Fanny 5 Mar 1788 J. WALLER (cmb)

COATES, John & **WINN,** Fanny 5 Mar 1788 John WALLER -min. (cmb)

COATS, William & **BOULWARE,** Elizabeth 6 Nov 1823 (cmb)

COBB, Jesse L. & **OLIVER,** Betty A. 22 Dec 1853 Charles W. BLANTON (cmb)

COBB, Liston T. & **TERRELL,** Nancy T. 19 Dec 1833 (cmb)

COBB, Liston T. & **TERRELL,** Nancy T. 9 Dec 1833 Lemuel TERRELL (cmb)

COBB, Lynch & **MILLS,** Elizabeth 22 Dec 1829 (cmb)

COBB, Terrill & **GATEWOOD,** Amelia 26 May 1836 (cmb)

COBBERN, William & BOWIE, Nancy 4 Jun 1827 (cmb)

COBBS, David T. & WOOLFOLK, Nancy 14 Jan 1833 Hugh M. CHANDLER (cmb)

COBBS, David T. & WOOLFOLK, Nancy 23 Apr 1833 (cmb)

COBBS, Fleming & WATKINS, Rebecca 15 Nov 1825 Garrett HACKETT (cmb)

COBBS, Lewis & MILLS, Susan W. 16 Jan 1821 Robert M. MILLS (cmb)

COBBS, Lewis V. & STEVENS, Otera 15 Oct 1848 B.F. DICKINSON (cmb)

COBBS, Lynch & MILLS, Elizabeth 21 Dec 1829 Overton COBBS (cmb)

COBBS, Mathew & ALLEN, Lucy 29 Oct 1818 Stores COBB (cmb)

COBBS, Robert & MADISON, Judith 5 Feb 1822 (cmb)

COBBS, Storrs & WOOLFOLK, Elizabeth 9 Sep 1844 Hugh M. CHANDLER (cmb)

COBBS, Terrell & GATEWOOD, Amelia 25 May 1836 Overton COBB (cmb)

COCKE, Joseph A. of Hanover Co. & TALLEY, Judith d/o Dibdal TALLEY -f. 10 Sep 1804 (cmb)

COCKE, William & DEJURNETT, Catherine 16 Dec 1804 John SORRELL -min. (cmb)

COCKE, William Jr. & DEJARNETT, Catharine 11 Dec 1804 Benjamin CHEW - guard. of William (cmb)

COCKS, James & DOGGETT, Lucy 8 Mar 1809 James JONES (cmb)

COCKS, James & DOGGETT, Lucy Mar 1809 H. PITTMAN -min. (cmb)

COGHILL, Laurence & SHADDOCK, Ann E. 25 Jan 1845 (cmb)

COGHILL, Laurence & SHADDOCK, Ann E. 4 Feb 1845 (cmb)

COGHILL, William G. & SAMUEL, Polly 4 Mar 1817 (cmb)

COLBERT, William & BOWEN, Nancy 2 Jun 1827 Thomas COLEMAN (cmb)

COLBERT, William & SEBASTIAN, Anne 15 Jan 1821 John SUMMERS (cmb)

COLBURT, William & USHER, Ann 7 Nov 1805 (cmb)

COLE, John L. & WOOLFOLK, Fanny 13 Jan 1823 J.L. PENDLETON (cmb)

COLE, Robert W. & BROADDUS, Lucy F. 12 Apr 1849 (cmb)

COLE, Robert W. & BROADDUS, Lucy F. 9 Apr 1849 William T. BROADDUS (cmb)

COLEBURN, James & CREEDLE, Mary 22 Jan 1792 John YOUNG -min. (cmb)

COLEBURN, Thomas & WHARTON, Nancy widow 8 Dec 1819 Louis C. PICARDAT (cmb)

COLEMAN, Benjamin & CHANDLER, Elizabeth d/o William CHANDLER 23 Oct 1809 Richard COLEMAN (cmb)

COLEMAN, Benjamin F. & SMITH, Sarah E. 22 Jan 1841 John SMITH (cmb)

COLEMAN, Benjamin F. & SMITH, Sarah E. 31 Jan 1841 (cmb)

COLEMAN, Daniel & CHESLEY, Elizabeth 7 May 1827 John N. MASSEY (cmb)

COLEMAN, Daniel L. & COLEMAN, Elizabeth A. 8 Dec 1840 James D. COLEMAN (cmb)

COLEMAN, Hawes & WOOLFOLK, Maria d/o John WOOLFOLK 2 Jan 1809 (cmb)

COLEMAN, Henry C. & MASON, Nancy W. 1 Jun 1803 Littleton GOODWIN (cmb)

COLEMAN, Henry C. & MASON, Nancy W. d/o George MASON 28 May 1803 consent (cmb)

COLEMAN, John G. & GREEN, Patsy 20 Nov 1834 (cmb)

COLEMAN, John George & GREEN, Patsey 19 Nov 1834 John WOOLFOLK (cmb)

COLEMAN, John George & WYATT, Mary E. 21 Nov 1849 John WRIGHT (cmb)

COLEMAN, John W. & WOOLFOLK, Ann C. d/o Frances WOOLFOLK 9 Aug 1809 Hawes COLEMAN (cmb)

COLEMAN, Littleton G. & REDD, Lucy Ann 4 Feb 1822 Samuel REDD (cmb)

COLEMAN, Samuel & DEJARNATT, Ann 16 Dec 1804 John SORRELL (cmb)

COLEMAN, Samuel & DEJARNETT, Anna 15 Dec 1804 Joseph DEJARNETT (cmb)

COLEMAN, Thomas B. & COGHILL, Elizabeth 9 Dec 1798 H. GOODLOE (cmb)

COLEMAN, Thomas S. & GATEWOOD, Angelina 11 Dec 1837 John GATEWOOD (cmb)

COLEMAN, William J. & BATTAILE, Mary Willis 16 Jan 1849 J.A. PENDLETON (cmb)

COLEMAN, William J. & JOHNSTON, Nancy 14 Jun 1794 Rev. J. GOODLOE (cmb)

COLLIER, James & PITT, Nancy 1792 T. NOELL -min. (cmb)

COLLIER, William & PITTS, Elizabeth 6 Jan

1795 John YOUNG -min. (cmb)

COLLIER, William & **SEAL,** Patsey 13 Feb 1805 David SEAL (cmb)

COLLINS, Charles & **JESSE,** Cathrine 18 Feb 1832 John JESSE (cmb)

COLLINS, Charles & **JESSE,** Cathrine 26 Feb 1832 (cmb)

COLLINS, Edmond & **WINSTON,** Martha 23 Dec 1806 Jo. GOODLOE (cmb)

COLLINS, George D. & **COLEMAN,** Ann Jemima 12 May 1834 Clayton COLEMAN (cmb)

COLLINS, George T. & **COLEMAN,** Ann J. 15 May 1834 S. WOOLFOLK -min. (cmb)

COLLINS, Joseph & **WOOD,** Susan 1 Nov 1827 (cmb)

COLLINS, Joseph & **WOOD,** Susan 1 Nov 1827 Fielding CLIFT (cmb)

COLLINS, Lewis & **EMMERSON,** Martha 1788 Henry GOODLOE - min. (cmb)

CONDUIT, Daniel & **WRIGHT,** Nelly 10 Aug 1804 Henry WRIGHT (cmb)

CONDUIT, Silas & **ROBERSON,** Ann E. 5 Feb 1834 (cmb)

CONDUIT, Silas & **ROBINSON,** Ann E. 27 Jan 1834 (cmb)

CONNOR, Francis & **JONES,** Sarah W. 6 Aug 1809 Paul & Judith CONNOR (cmb)

CONNOR, Francis W. **COGHILL,** Catharine S. 19 Dec 1844 (cmb)

CONQUEST, James & **WATTS,** Polly 19 Jan 1801 John SORRELL (cmb)

CONWAY, George B. & **THORNTON,** Betsy B. 18 Dec 1845 (cmb)

CONWAY, John & **THORNTON,** Elizabeth H.

16 Mar 1815 E. MCGUIRE -min. (cmb)

CONWAY, John & **THORNTON,** Harriet E. 16 Mar 1815 Edw. C. MCGUIRE -min. (cmb)

COOK, John & **SUTTLE,** Tabitha 11 Oct 1819 James THOMPSON (cmb)

COOK, Thomas Terry & **RICHESON,** Elizabeth 20 May 1793 John YOUNG -min. (cmb)

COOPER, John G. & **MOORE,** Elizabeth 26 May 1852 Frank KEY (cmb)

COOPER, Jordan & **STEADY,** Nancy Jane 20 Dec 1850 J.L. PENDLETON (cmb)

COOPLEY, John & **BERRY,** Elizabeth 27 Feb 1815 H. PITTMAN -min. (cmb)

CORBETT, James & **GEORGE,** Louisa C. W. 20 Dec 1847 Henry H. GEORGE (cmb)

CORBETT, Samuel & **MARSHALL,** Martha Ann 11 Nov 1844 Thomas B. TAYLOR (cmb)

CORBETT, Samuel & **MARSHALL,** Martha Ann 12 Nov 1844 (cmb)

CORR, John & **FLIPPO,** Martha 12 Oct 1840 William E. FLIPPO (cmb)

COULBERN, Thomas & **WHARTON,** Nancy 10 Dec 1819 (cmb)

COVINGTON, John & **BOWLER,** Sarah 16 Nov 1826 Lewis COVINGTON (cmb)

COVINGTON, Addison & **WHARTON,** Harriet 8 Sep 1845 John SIEL (cmb)

COVINGTON, Addison A. & **WHARTON,** Harriett 9 Oct 1845 R.W. COLE (cmb)

COVINGTON, James & **CHENAULT,** Mary 27 Jan 1843 John SAUNDERS (cmb)

COVINGTON, John & BOULWARE, Sarah 14 Nov 1826 (cmb)

COVINGTON, John & WHARTON, Nelly 22 Dec 1814 S. WOOLFOLK (cmb)

COVINGTON, John F. & HOUSTON, Frances S. 10 Aug 1848 Edmund CECIL (cmb)

COVINGTON, John T. & HOUSTON, Frances H. 10 Aug 1848 (cmb)

COVINGTON, Lewis & BEAZLEY, Sally 14 Sep 1835 Thomas TAYLOR (cmb)

COVINGTON, Lewis & BEAZLEY, Sally 15 Sep 1835 (cmb)

COVINGTON, Lewis & LEE, Nancy 2 Oct 1824 P. LONG (cmb)

COVINGTON, Lewis & LEE, Nancy 2 Oct 1824 William COVINGTON (cmb)

COVINGTON, Thomas & BOULWARE, Catherine eldest child of Reuben BOULWARE 27 Sep 1809 Richard COVINGTON (cmb)

COVINGTON, William & MERIOTT, Ursula 9 Mar 1809 Thomas COVINGTON (cmb)

COVINGTON, William & SELF, Mary 2 Jan 1819 Francis SELF (cmb)

COVINGTON, William & SELF, Mary 7 Jan 1819 (cmb)

COX, James L. & BOWIE, Catherine G. 22 Aug 1821 Walter BOWIE - guard. of Catherine (cmb)

COX, John & BUSH, Patty 1788 John SHACKLEFORD (cmb)

COX, John & HOLLOWAY, Polly 13 May 1794 Rev. John SORREL (cmb)

COX, John B. & ALPORT, Louisa P. 10 Mar 1841 (cmb)

COX, John B. & ALPORT, Louisa P. 8 Feb

1841 Wm. RICHESON (cmb)

CRAWFORD, John P. & LUCK, Jemima 13 Aug 1828 Wm. LUCK (cmb)

CRAWFORD, William & CHEWNING, Milly 16 Dec 1788 John WALLER - min. (cmb)

CRENSHAW, Reuben & HUNDLEY, Fanney 3 Jan 1795 John YOUNG -min. (cmb)

CRENSHAW, Thomas & SAUNDERS, Elizabeth m.22 Mar 1787 James TAYLOR -min. (cmb)

CREW, Faris & TERRELL, Eliza Ann 13 Oct 1829 (cmb)

CREW, Farish TERRELL, Eliza Ann 30 Sep 1829 George B. TERRELL (cmb)

CRIDDLE, Nelson & LOVEN, Eliza Ann 8 Apr 1844 Thomas LOVEN (cmb)

CRIDLER, Nelson & LOVEN, Eliza Ann 11 Apr 1844 R.W. COLE - min. (cmb)

CRITTENDEN, Lemuel & CARNAL, Sally (widow) 24 Dec 1819 Thomas HAYNES (cmb)

CROLY, Humphrey & HALL, Lucy Ann 17 Apr 1838 Wm. GRIFFIN (cmb)

CROLY, Humphrey & HALL, Lucy 17 Apr 1838 (cmb)

CRONIE, Henry R. & FARISH, Mary A. 25 Dec 1849 Joseph P. MASSEY (cmb)

CROSBY, Frances & RENOLDS, Ann 12 May 1845 Wm. D. BATES (cmb)

CROSBY, Francis & RENNOLDS, Ann 16 May 1845 R.M. COLE -min. (cmb)

CROSS, Henry & GATEWOOD, Elizabeth d/o John GATEWOOD 18 Jul 1818, Samuel Jr. & Rebecca COLEMAN (cmb)

CROUCHER, Isaac & **BLANTON**, Nancy m. 8 Sep 1790 John SHACKLEFORD -min. (cmb)

CROUCHER, John & **LONG,** Martha 1788 John SHACKLEFORD, -min. (cmb)

CROXTON, James & **CHAPMAN**, Sophia M. 2 Feb 1824 Alex CHAPMAN (cmb)

CRUMP, Edmund & **WRIGHT**, Fanny B. 31 Aug 1820 (cmb)

CRUMP, Hiram & **WRIGHT**, Mary B. 30 Dec 1825 Robert WRIGHT (cmb)

CRUTCHFIELD, Turner & **KELLY,** Polly 30 Dec 1802 John SELF - min. (cmb)

CUNNINGHAM, Robert & **CARTER,** Lucy B. 10 Dec 1827 John CARTER (cmb)

CUNNINGHAM, Robert & **CARTER,** Lucy B. 15 Dec 1827 (cmb)

DABNEY, A.H. & **WHITE,** Lucy 8 Jan 1827 John LAURANCE (cmb)

DABNEY, John M. & **MOORE,** Elizabeth 26 Oct 1843 F.O. DABNEY (cmb)

DABNEY, John M. & **MOORE,** Elizabeth T. 26 Oct 1843 (cmb)

DABNEY, Joseph F. & **DICKINSON,** Rachel B. 24 May 1818 Wm.DICKINSON -f. (cmb)

DAINGERFIELD, Bland & **THORNLEY,** Ann Eliza 1 Sep 1824 Charles A. LEWIS (cmb)

DANDRIDGE. William G. & **McL**, Elizabeth B. 21 Nov 1842 Joseph W. TERRELL (cmb)

DANIEL, Benjamin & **BROWN,** Peggy m. 8 Sep 1790 John SHACKLEFORD (cmb)

DANIEL, James & **BROADDUS,** Nancy 23 Apr 1801 J. SORREL - min. (cmb)

DANIEL, Jehu & TERRELL, Martha 7 Feb 1806 Andy BROADDUS - min. (cmb)

DAVENPORT, Richard & BROWN, Polly 3 Mar 1803 John SELF - min. (cmb)

DAVENPORT, Richard & BROWN, Polly P. 26 Feb 1803 Bouth BROWN (cmb)

DAVIS, Harris & YANCY, S. 17 Jan 1805 R. BROADDUS (cmb)

DAVIS, Henry E. & LUCK, Sarah Ann M. 8 Apr 1833 Robert S. LUCK (cmb)

DAVIS, James & MILLS, Agness 18 Mar 1800 H. PITTMAN - min. (cmb)

DAVIS, James L. & BIBB, Mary Frances 8 Sep 1851 Thomas E. BIBB (cmb)

DAVIS, Larkin & DONAHOE, Elizabeth 15 Mar 1810 Wm. GUEREY -min. (cmb)

DAVIS, Meredith & MARSHALL, Lucy C. 20 Dec 1823 Michael W. YATES (cmb)

DAVIS, Nicholas & HARGRAVE, Martha 9 Apr 1806 Andrew BROADDUS -min. (cmb)

DAY, Daniel & PEATROSS, Rebecca 8 Nov 1824 Wm. PEATROSS (cmb)

DAY, M.F. & WRIGHT, Mary J. 25 Nov 1852 (cmb)

DAY, M.F. & WRIGHT, Mary J. 9 Nov 1852 (cmb)

DAY, Samuel & HARRIS, Sally S. 14 Feb 1809 Lucy HARRIS -mo., Thos. HARRIS (cmb)

DEAN, Aylett & JONES, Ann d/o John JONES 11 Oct 1819 Stanfield JONES (cmb)

DEAN, Reuben & ROYSTON, Haty W. 14 Apr 1823 Aylett DEAN (cmb)

DEAN, Reuben & **VAWTER**, Jenny m.25 Feb 1792 John SORRELL - min. (cmb)

DEAVENPORT, William & **BLACKWELL**, Milley 18 Apr 1789 John WALLER (cmb)

DEEMS, Jacob & **PARKER**, Maria 17 May 1847 William FRIEND - min. (cmb)

DEEMS, Jacob Jr. & **PARKER**, Maria 17 May 1847 Wm. FARINHOLT (cmb)

DEGARNITT, Joseph & **SALE**, Pheby 1803 Wm. SALE Sr. -f. (consent) (cmbc1)

DEJARNETT, Joseph & **QUISENBERRY**, Annie B. May 1849 J.H. DAVIS (cmb)

DEJARNETT, Joseph & **SALE**, Phebe 29 Dec 1803 J. SORREL -min. (cmb)

DEJARNETT, Joseph & **SALE,** Phebe 29 Dec 1803 Theophilius FAVER (cmb)

DEJARNETT, Joseph S. & **QUISENBERRY**, Annie Brown 3 May 1849 Wm. D. QUISENBERRY (cmb)

DEJARNETT, Robert E. & **BURKE**, Cordelia G. 2 Dec 1839 George TYLER (cmb)

DEJARNETT, Robert E. & **BURKE**, Cordelia G. 5 Dec 1839 (cmb)

DEJERNETT, Joseph & **SALE**, Phebe 28 Dec 1803 Wm. SALE -f. (cmb)

DEMURE, Lawrence A. & **LONG**, Agnes 9 Dec 1832 John R. TRUSLEY (cmb)

DEMURE, Mathew & **LONG**, Frances 27 Dec 1837 Thomas T. HARRIS - min. (cmb)

DENISON, William R. & **TERRELL**, Sarah W. 8 Feb 1831 A.M. LEWIS - min. (cmb)

DESHAZO, John & **JAMES**, Mary Ann 29 Aug 1846 Thornton JAMES (cmb)

DEVENPORT, Richard & **BROWN**, Polly Perin m.3 Mar 1803 John SELF -min. (cmb)

DEW, William & **GARNETT**, Nancy 25 May 1804 John SELF - min. (cmb)

DEW, William & **GARNETT**, Nancy 10 May 1804 Rice GARNETT - guard. of Wm. (cmb)

DICK, William A. & **COLEMAN**, Emeline F. 20 Nov 1838 M.S. JONES - min. (cmb)

DICK, William A. **COLEMAN**, Emeline F. 12 Nov 1838 C.W. COLEMAN (cmb)

DICKEN, Edmund & **WINSTON**, Polly 12 Sep 1825 Joseph TILLER (cmb)

DICKEN, Jesse & **SOUTHWORTH**, Elizabeth 12 Nov 1827 George MATTISON (cmb)

DICKENSON, Ira E. & **CAMPBELL**, Jane 9 Jan 1826 Mathew CAMPBELL (cmb)

DICKENSON, John P. & **WOOLFOLK**, Tally T. 10 Jun 1846 (cmb)

DICKENSON, Robert & **CARNAL**, Emily 23 Dec 1833 S. WOOLFOLK (cmb)

DICKENSON, Robert & **CARNALL**, Emily 20 Dec 1833 Lomax CARNALL (cmb)

DICKENSON, Samuel C. & **PENDLETON**, Evelina d/o Ann PENDLETON 8 Jan 1818., John L. PENDLETON (cmb)

DICKERSON, Jonathan & **SEIZER**, Crashe m. 9 Feb 1792 John WALLER min. (cmb)

DICKERSON, Washington & **DICKERSON**, Edney 29 Oct 1825 Richard B. WHITE (cmb)

DICKESON, Griffin & **SEIZER**, Susanna 9 Nov 1801 H. GOODLOE -min.

DICKINSON, Benjamin
& **HARRIS,** Rachel 18 Mar 1809 James HARRIS (cmb)

DICKINSON, Benjamin
& **HARRIS,** Rachel 23 Mar 1809 SAMUEL LUCK - min.

DICKINSON, Griffin &
SEIZOR, Sus. 18 Mar 1800 H. GOODLOE - min. (cmb)

DICKINSON, John &
DICKINSON, Jane H. 25 May 1820 E. C. McGUIRE - min. (cmb)

DICKINSON, John D. &
GUET, Dorothy 29 July 1854 S. WOOLFOLK - min. (cmb)

DICKINSON, John G. &
LUCK, Dorothea 26 July 1854 R. H. DICKINSON (cmb)

DICKINSON, John P. &
WOOLFOLK, Sally Taylor 10 June 1846 J. A. PENDLETON (cmb)

DICKINSON, Samuel C.
& **PENDLETON,** Evelina M. 8 Jan 1818 E. C. McGUIRE - min. (cmb)

DICKINSON, William &
DICKINSON, Frances 5 Oct 1822 John DICKINSON (cmb)

DICKINSON, William F.
& **DICKINSON,** Julia M. 9 Jan 1849 John L. PENDLETON (cmb)

DICKINSON, William F.
& **DICKINSON,** Julia M. 11 Jan 1849 Wm. FRIEND - min. (cmb)

DICKINSON, William &
BUCKNER, Jane R. 15 Apr 1829 W. H. BUCKNER (cmb)

DICKINSON, William &
DICKINSON, Frances 5 Oct 1822 Wm. WOODS - min. (cmb)

DICKINSON, William J.
& **BUCKNER,** Jane R. 14 Apr 1829 (cmb)

DICKINSON, William W.
& **GATEWOOD,** Sally 3 Jan 1805 James (Sr.) GATEWOOD - f. (cmb)

DICKINSON, William W.
& **GATEWOOD,** Amy

Jane 15 Mar 1824 Samuel CHILES Jr. (cmb)

DIGGES, William S. & **COLEMAN**, Sarah E. d/o Claytor COLEMAN 2 Sep 1845 Henry C. SUTTON, (cmb)

DIGGS, William S. & **COLEMAN**, Sarah S. 3 Sep 1843 J. M. BAGBY - min. (cmb)

DILLARD, David & **STEPHENS**, Susanna 28 Feb 1795 John SMITH - min. (cmb)

DILLARD, James & **TAYLOR**, Sarah 8 Feb 1841 John C. TAYLOR (cmb)

DILLARD, James M. & **FARISH**, Rebecca K. 11 Jan 1847 Robert JESSE (cmb)

DILLARD, Jesse & **ESTES**, Mahala 10 Jan 1816 (cmb)

DILLARD, Joseph & **MARTIN**, Virginia 15 July 1846 R. W. COLE - min.

DILLARD, Joseph & **HOUSTON**, Susan 24 Feb 1848 Andrew BROADUS - min. (cmb)

DILLARD, Nicholas & **DUVAL**, Lucy 11 Mar 1815 H. PITTMAN - min. (cmb)

DILLARD, William & **JACOB**, Elizabeth P. d/o Benjamin JACOB 9 Oct 1809 (cmb)

DILLARD, William P. & **HOUSTON**, Mildred P. 9 Feb 1831 Samuel CHENAULT (cmb)

DIMMUE, Mathew P. & **LONG**, Frances L. d/o John LONG 23 Dec 1837 (cmb)

DISHMAN, James R. & **TOMBS**, Jenett 7 Jan 1841 W. FRIEND (cmb)

DISHMAN, Samuel G. & **WHARTON**, Sophia 11 Nov 1844 Anthony THORNTON (cmb)

DISHMAN, William Jr. & **MILLER**, Betty 12 Sep 1825 Leroy BOULWARE

(cmb)

DODD, John **& POE,** Lucy m.2 Jan 1790 John SHACKLEFORD - min. (cmb)

DOGGETT, George & **TANKERSLEY,** Polly 17 Mar 1811 H. PITTMAN - min. (cmb)

DISHMAN, James R. & **TOOMBS,** Jenetta 29 Dec 1840 Parmenas P. GRAY (cmb)

DOGGETT, George & **DOGGETT,** Sally 2 Jan 1815 H. PITTMAN - min. (cmb)

DOGGETT, Henry M. & **WHITE,** Patsy G. 17 Nov 1814 - Jesse BUTLER - min. (cmb)

DOGGETT, Henry T. & **SAUNDERS,** Mary Frances Ellen 19 Feb 1846 Wm. W. SAUNDERS (cmb)

DOGGETT, Hugh L. & **BURRUS,** Sarah A. 26 Nov 1844 Robert J. BURRUS (cmb)

DOGGETT, John & **HILL,** Elvira 27 May 1841 F. W. SCOTT (cmb)

DOGGETT, John N. & **HILL,** Elvira 15 May 1841 James HILL (cmb)

DOGGETT, William O. & **DUVAL,** Jane 8 Feb 1841 James DUVAL (cmb)

DOGGETT, William O. & **DUVALL,** Jane 25 Feb 1841 F.W. SCOTT - min. (cmb)

DOLLINS, Churchill & **PRUET,** Nancy 29 Dec 1822 Wm. WOOD - min. (cmb)

DOLLINS, James & **MURRAY,** Elizabeth 8 May 1848 Spotswood CARTER (cmb)

DOLLINS, Revington & **FRAWNER,** Mary 26 Dec 1846 R.W. COLE - min. (cmb)

DOLLINS, Yelverton & **CLAYTOR,** P. 15 July 1886 W. RICH (cmb)

DOLLINS, Yelveton & **CLAYTOR,** Peggy 11

June 1828 Ira WHITE (cmb)

DOLYNS, LeROY & **COOKE,** Mary Catherine 25 Feb 1846 Rufus RENNOLDS (cmb)

DONAHOE, Reuben & **COVINGTON,** Betsy 12 Feb 1827 Lewis PICARDOT (cmb)

DONAHOE, Reuben & **SEYMOUR**, Ann 25 Dec 1845 R. W. COLE -min. (cmb)

DONAHO, John & **MAY,** Nancy 12 June 1817 (cmb)

DONAHUE, Reuben & **SEYMOUR,** Ann d/o Hyrum SEYMOUR 23 Dec 1845 Alma BLONDEL (cmb)

DONAPHIN, Joel Thompson & **SLAUGHTER,** Alice 3 Dec 1812 Jesse DAVIS - min. (cmb)

DONITHAN, Edwin A. & **LIVINGSTON,** Mary Jane 22 Mar 1852 B. PEYTON (cmb)

DONITHAN, Edwin A. & **LIVINGSTON,** Mary Jane 1 Apr 1852 B. H. JOHNSON (cmb)

DONOHOE, Thomas & **UMBRICKHOUSE,** Sally m.2 Jan 1790 John SHACKLEFORD -min. (cmb)

DOUGLASS, John & **STROTHER,** Elizabeth 8 Oct 1805 George WHITE - guard. of Elizabeth Benj. COLEMAN (cmb)

DOUGLASS, Richard & **AIMES,** Patsey 20 May 1804 Michel AIMES (cmb)

DOUGLASS, William & **MILLER,** Elizabeth 12 Mar 1798 H. GOODLOE - min. (cmb)

DOWLES, Thomas & **SCANDLAND,** Elizabeth 1788 John SHACKLEFORD - min. (cmb)

DOWNING, John P. & **HUDGIN,** Elen W. m.18 Aug 1852 Robert HUDGINS (cmb)

DOWNING, John P. & **HUDGIN,** Ellen W. 18 Aug 1852 A. BROADDUS - min. (cmb)

DUDLEY, Peter & **GORDON,** Sarah d/o Samuel GORDON 13 Aug 1821 (cmb)

DUDLEY, Peter & **GORDON,** Sarah 16 Aug 1821 Adison M. LEWIS - min. (cmb)

DUERSON, Joseph & **BOWIE,** Jennet 2 Jan 1790 John SHACKLEFORD - min. (cmb)

DUERSON, William R. & **TERRELL,** Sarah W. 24 Feb 1831 Wm. A. WALLER (cmb)

DUKE, Alexander & **BARLOW,** Sarah A. 5 June 1826 Robert GRAVES (cmb)

DUKE, Edwin P. & **NEWTON,** Mary E. J. 28 Sep 1850 Wm. NEWTON (cmb)

DUKE, Edwin P. & **NEWTON,** Mary J. 4 Oct 1850 L. W. ALLEN - min. (cmb)

DUKE, Garland John & **COLEMAN** Jane Roy 19 Sep 1789 Thomas WEATHERFORD -min. (cmb)

DUKE, Thomas & **VALENTINE,** Polly 8 May 1809 Thomas HICKMAN (cmb)

DULING, Henry & **WHITE,** Elizabeth A. 8 Oct 1838 Andrew BROADDUS Jr. (cmb)

DULING, Isaac & **HARPER,** Fanny 24 Dec 1829 Peter LONG (cmb)

DULING, Larkin & **BRAME,** Sarah C. 17 Feb 1811 Jesse BUTLER - min. (cmb)

DULING, William & **SALE,** Caroline 17 Aug 1831 Henry E. SALE (cmb)

DUNN, Andrew & **COLLIER**, Harriet M. 10 July 1826 Phillip LONG (cmb)

DUNN, E. S. & **SEYER,** Isabella L. 3 June 1853 Thomas H. HOWARD, A. WILES (cmb)

DUNN, Gidion & **EUBANK,** Milly 20 Aug 1821 Reuben TURNER (cmb)

DUNN, Henry & **DUNN,** Ann 5 Oct 1798 John SORREL (cmb)

DUNN, Henry & **COLLIER,** Haryet 10 Jul 1826 (cmb)

DUNN, Joel & **PAGE,** Lucia 1788 John YOUNG - min. (cmb)

DUNN, Martin A. & **WORTHAM,** Ann M. Nov 1845 John L. PENDLETON (cmb)

DUNN, Washington & **CORBIN,** Elizabeth J. 25 Apr1805 (cmb)

DUNN, Washington V. & **CORBIN,** Elizabeth J. 15 Apr 1805 Garvin CORBIN Jr. (cmb)

DUNN, William & **COGHILL,** Sarah 30 June 1797 John SELF - min. (cmb)

DUNSTON, Fielding & **JONES,** Fanny 3 Mar 1803 R. BROADDUS - min. (cmb)

DUNSTON, Fielding & **JONES,** Fanny 31 Mar 1804 James TURNER (cmbc1)

DURRETT, Bluford & **HARRISS,** Frances 4 Feb 1832 Wyatt DURRETT (cmb)

DURRETT, Bluford & **HARRIS,** Frances 7 Feb 1832 S. WOOLFOLK - min. (cmb)

DURRETT, Claiborne & **NEWTON,** Lucy 22 Feb 1818 Wyatt DURRETT (cmb)

DURRETT, Curtis W. & **TOMPKINS,** Matilda 12 Dec 1831 George A. HATTON (cmb)

DURRETT, John & **WINSTON,** Jemima B. 19 Mar 1833 Wm. HAMP Jr. (cmb)

DURRETT, John & **WINSTON**, Jemima B. 20 Mar 1833 S. WOOLFOLK (cmb)

DURRETT, Robert A. & **BRADLEY**, Ann E. 23 Jan 1847 Addison L. LONG - guard. of Ann E. (cmb)

DURRETT, Tarlton & **TOMPKINS**, Dorothy 14 Aug 1804 Francis TOMPKINS -f. , Henry DURRETT (cmb)(cmbc1)

DURRETT, William & **CONNER**, Sarah m. 2 Jan 1790 H. GOODLOE - min. (cmb)

DUVAL, James & **RICHARDSON**, Eliza 27 Jan 1817 (cmb)

DUVAL, James & **DESHAZO**, Mary 21 Dec 1840 Albert JAMES (cmb)

DUVAL, James Jr. & **MINOR**, Mary H. 8 Feb 1841 Wm. C. DOGGETT (cmb)

DUVAL, James & **HILL**, Ann V. 13 Jan 1851 James V. HILL (cmb)

DUVAL, John & **DOWNER**, Mildred R. 4 Dec 1834 Hill JONES (cmb)

DUVAL, George & **PICARDAT**, Mary Ann 9 Aug 1830 Louis PICARDAT (cmb)

DUVAL, George S. & **SEAY**, Jane S. 15 May 1841 George W. PEATROSS (cmb)

DUVAL, William & **DUVAL**, Lucy 12 July 1798 H. GOODLOE - min. (cmb)

DUVALL, George S. & **SEAY**, Jane B. 27 May 1841 F. W. SCOTT - min. (cmb)

DUVAL, Stephen O. & **ANDERSON**, Ann Eliza of Hanover Co. m. 18 Mar 1847 (afr)

DUVALL, James Jr. & **MINER**, Mary H. 31 Oct 1841 F. W. SCOTT -min (cmb)

DYE, John & **ALSOP**, Delphia 1 Nov 1799 John SORRELL (cmb)

DYLON, Alfred & **GRAVES**, Nancy 25 Dec 1828 S. WOOLFOLK (cmb)

DYSON, Alfred & **GRAVES**, Nancy 22 Dec 1828 Wm. P. NAPIER (cmb)

DYSON, Charles & **BLANTON**, Eliza Ann 14 Dec 1846 John S. BLANTON (cmb)

DYSON, James & **MASON**, Mariah 24 Dec 1821 Jos. R. MASON (cmb)

DYSON, James & **MASON**, Sarah 24 Dec 1821 Joel MASON - guard. of Sarah (consent only) (cmb)

DYSON, James W. & **YOUNG**, Margaret Ann 13 Dec 1852 John J. SOUTHWORTH (cmb)

DYSON, James W. & **YOUNG**, Margaret Ann 8 Mar 1853 (cmb)

EADS, Caswell & **COLLAWN**, Lucy 14 May 1827 Wm. K. BULLOCK (cmb)

EADS, Caswell & **CALLAWN**, Lucy 17 May 1827 A. M. LEWIS - min. (cmb)

EATON, Miner & **LOWRY**, Mahala 24 Dec 1819 Nelson LOWRY - f. (cmb)

EDDERDS, _____ & **BOULWARE**, Caty 14 Dec 1788 John SHACKLEFORD - min. (cmb)

EDMUNDS, Daniel & **MILLER**, Catharine 1788 John SHACKLEFORD - min. (cmb)

EDMUNDS, Daniel & **MURRY**, Ann 20 May 1794 John SORRELL - min. (cmb)

EDMUNDSON, Lewis W. & **AIRES**, Betsy 24 Oct 1840 Francis TAYLOR (cmb)

EDMUNDSON, Lewis W. & **AIRES**, Betsy 27 Oct 1840 (cmb)

EDMUNDSON, Lewis W. & **SEAL**, Nancy 3 Jan 1818 Wm. JONES (cmb)

EDMUNDSON, W. Lewis & **SEAL**, Nancy 4 Jan 1818 (cmb)

EDMUNDSON, William & **BURCHELL**, Lucy 11 Nov 1813 S. WOOLFOLK -min. (cmb)

EDWARDS, James & **BEAZELEY**, Maria 14 Jun 1830 John A. TAYLOR (cmb)

EDWARDS, James & **TAYLOR**, Malinda 10 Aug 1835 John A. TAYLOR (cmb)

EDWARDS, James & **TAYLOR**, Malinda 14 Aug 1835 S. WOOLFOLK - min. (cmb)

EDWARDS, John & **BEAZLEY**, Frances 17 Sep 1850 J.W. ATKINSON (cmb)

EDWARDS, John & **BEAZLEY**, Frances 17 Sep 1850 Robert GATEWOOD (cmb)

EDWARDS, Leroy & **REDD**, Tabitha 29 Mar 1800 H. GOODLOE - min (cmb)

EDWARDS, Ned & **EDWARDS**, Dice 29 Mar 1800 John SELF - min. (cmb)

EDWARDS, Thonas & **HOPKINS**, Jane 23 Dec 1817 (cmb)

EDWARDS, William & **ROSE**, Sarah M. 28 Dec 1824 Wm. ROSE (cmb)

ELKIN, William & **GREEN**, Polly 25 Jan 1802 J. SORRELL - min. (cmb)

ELLETT, James D. & **ELLETT**, Mary A. 12 Jul 1833 Thomas W. TOLER (cmb)

ELLIOTT, Beryman M. & **GOULDMAN**, Caroline 19 Mar 1834 Leroy TAYLOR (cmb)

ELLIOTT, Corbet & PRUIT, Elizabeth 20 Dec 1821 (cmb)

ELLIOTT, Corbin & PRUETT, Elizabeth 20 Dec 1821 Merridy EDWARDS (cmb)

ELLIOTT, Corbin & PRUIT, Elizabeth 20 Dec 1821 (cmb)

ELLIOTT, David C. & PAVEY, Caroline Virginia d/o John G. PAVEY 15 Dec 1853 John G. PARRISH (cmb)

ELLIOTT, Tazwell & SULLIVAN, Susan 24 Dec 1835 W. RICHARDS (cmb)

ELLIOTT, William & EDWARDS, Elizabeth 12 May 1793 John YOUNG - min. (cmb)

ELLIOTT, William & BROOKS, Frances 22 Feb 1845 Benjamin F. CARTER (cmb)

ELLIOTT, William A. & BROOKS, Francis 25 Feb 1845 R.W. COLE (cmb)

ENGLAND, John F. & LOVING, Ernily 27 Dec 1841 Edwin B. LOVING (cmb)

ENNIS, James & JONES, Dory 8 Apr 1800 J. SORREL - min. (cmb)

ENNIS, Rufus & BROOKS, Courtney 1 Mar 1852 Hugh SATTERWHITE (cmb)

ENNIS, Rufus & WILLARD, Edny 14 Jun 1843 Wm. WILLARD (cmb)

ENO, Josiah W. & GLASSELL, Louisa B. 23 Jan 1851 J. J. ROYAL (cmb)

ENO, Josiah W. & GLASSALL, Louisa B. 23 Jan 1851 Andrew M. GLASSEL (cmb)

ESTES, Edmund M. & BELL, Harriet 12 Apr 1830 Mordecai BROADDUS (cmb)

ESTES, George & SAMUEL, Ann 14 Dec 1788 John WALLER -

min. (cmb)

ESTES, George & **ANDERSON,** Sarah 14 Dec 1788 Henry GOODLOE - min. (cmb)

ESTES, John R. & **ROSE,** Eleanor 20 Mar 1828 Woolfolk ESTES (cmb)

ESTES, John R. & **ROSE,** Eleanor 21 Mar 1828 (cmb)

ESTES, John W. & **SAUNDERS,** Agness 7 Mar 1833 W. RICHARDS - min. (cmb)

ESTES, John W. & **SAUNDERS,** Agnes M. 2 Mar 1833 Lorenzo SAUNDERS (cmb)

ESTES, Philip & **BARLOW,** Lucy 20 Jan 1830 Theo. F. GREEN (cmb)

EUBANK, Isaac L. & **YOUNG,** Sarah W. 20 Dec 1852 James B. EUBANK (cmb)

EUBANK, James & **HUTCHESON,** Polly 23 Dec 1806 And. BROADDUS - min. (cmb)

EUBANK, James & **BUTLER,** Lucy 11 Jan 1819 Isaac BUTLER (cmb)

EUBANK, James & **BUTLER,** Lucy 14 Jan 1819 (cmb)

EUBANK, James & **SELF,** Nancy 31 Dec 1826 Musco SELF (cmb)

EUBANK, James & **JONES,** Polly 22 Feb 1844 John O. TAYLOR (cmb)

EUBANK, James & **HOWARD,** Mary 20 May 1850 J. W. ATKINSON (cmb)

EUBANK, James & **HOWARD,** Mary 7 Sep 1850 John P. BEAZLEY (cmb)

EUBANK, James B. & **ATKINSON,** Elizabeth 10 Feb 1851 Charles ATKINSON (cmb)

EUBANK, John & **MASON,** Elizabeth E. 16 Dec 1822 D. F. BROWN

(cmb)

EUBANK, John & MASON, Eliza E. 16 Dec 1822 Joel MASON - f. (cmb)

EUBANK, Royal & GATEWOOD, Nancy 15 July 1801 J. SORREL - min. (cmb)

EUBANK, Royal & SELF, Mary 1 Jan 1850 James EUBANK (cmb)

EUBANK, Royal & SELF, Mary 1 Jan 1850 A. BROADDUS (cmb)

EVANS, Charles K. & SAUNDERS, Mary Ellis 13 Jan 1853 J. W. SHACKLEFORD (cmb)

EVANS, Charles R. & SAUNDERS, Mary Ellis 13 Jan 1853 Ellis G. SAUNDERS - f. (cmb)

EVANS, David & BOULWARE, Judith 3 Feb 1819 (cmb)

EVANS, David S. & BOULWARE, Judith 1 Feb 1819 John H. PITMAN

(cmb)

EVANS, Francis & PARE, Nancy 27 Jan 1812 (cmb)

EVANS, Jonas & SMITH, Clarisa 6 Jun 1827 John BUNDY (cmb)

EVANS, Robert K. & PATTERSON, Sarah C. 30 Oct 1844 George F. EVANS (cmb)

EVERETT, Peter & CHILES, Elizabeth P. 30 Jan 1824 Henry CHILES (cmb)

FARISH, Buckner & PARKER, Susanna 18 Dec 1804 A. BROADDUS - min. (cmb)

FARISH, William H. & ROW, Rachel 27 Jan 1836 George B. FARISH (cmb)

FARISH, William P. & LAUGHLIN, M. W. T. 12 Nov 1818 (cmb)

FARISH, William P. & LAUGHLIN, Milicents W. 25 Nov 1818 James LAUGHLIN (cmb)

FARISH, Buckner &
PARKER, Susannah 8
Dec 1804 Rice PARKER -
f. consent (cmbc1)

FARISH, Charles T. &
SCOTT, Martha J.L. 31
Mar 1823 George B.
FARISH (cmb)

FARISH, Hazlewood &
THORNLEY, Emily d/o
William THORNLEY 12
Mar 1821 Thomas B.
FARISH (cmb)

FARISH, Hazlewood S. &
HOLLOWAY, Hester Ann
13 Feb 1843 Robert G.
HOLLOWAY (cmb)

FARISH, John &
ROGERS, Ann 14 Jun
1796 J. GOODLOE - min.
(cmb)

FARISH, Stephen &
WOOD, Jane 8 Oct 1832
Robert WOOD (cmb)

FARISH, Stevens &
WOOD, Jane 17 Oct 1832
Wm. FRIEND - min. (cmb)

FARISH, Thomas Buckner
& **PARKER,** Susannah 11
Dec 1804 Spilsby
WOOLFOLK (cmb)

FARMER, Bonypart &
BROWN, Phebe 18 Jul
1827 Wm. WRIGHT
(cmb)

FARMER, Churchill &
POWERS, Polly 22 Dec
1815 S. WOOLFOLK
(cmb)

FARMER, Henry &
CLATER, Kitty 27 Mar
1828 Charles JARVIS
(cmb)

FARMER, John &
WRIGHT, Betsy 10 Sep
.1796 J. SORRELL (cmb)

FARMER, John &
FARMER, Martha Dec
1825 Wm. RICHARDS -
min. (cmb)

FARMER, John &
FARMER, Martha 12
Dec 1825 Henry FARMER
(cmb)

FARMER, John &
SEARS, Sally 14 Feb
1831 Wm. GARRETT
(cmb)

FARMER, John L. &
PRUETT, Emily 15 Dec
1830 Edmund PRUETT - f.

(cmb)

FARMER, Lewis &
PITTS, Ann 18 May 1839
Robert G. FARMER (cmb)

FARMER, Lewis &
PITTS, Ann 21 May 1839
W. RICHARDS - min.
(cmb)

FARMER, Lewis &
ROUSE, Mary 12 Mar
1849 Lewis D. LONGEST
(cmb)

FARMER, Lewis &
ROUSE, Mary 12 Mar
1849 R. W. COLE (cmb)

FARMER, Madison &
JAMES, Patsy 2 Feb
1844 Robert FARMER

FARMER, Nelson &
SHADDOCK, Catharine
11 Apr 1825 Philip
GREEN (cmb)

FARMER, Nicholas &
MILLER, Virginia 27 Dec
1847 Levi DESHAZO
(cmb)

FARMER, Nicholas &
GREENSTED, Lucy 28
Aug 1837 Robert JORDAN

(cmb)

FARMER, Philip &
HOUSTON, Martha J. 20
Dec 1838 W. RICHARDS -
min. (cmb)

FARMER,Philip S. &
HOUSTON, Martha J. 17
Dec 1838 Robert JORDAN
(cmb)

FARMER, Philip S. &
MUNDAY, Frances 23
Mar 1852 R. W. COLE
(cmb)

FARMER, Ralph &
SAMUEL, Elizabeth 21
Jan 1829 Elizabeth
SAMUEL, John FARMER
(cmb)

FARMER, Ralph Jr. &
JONES, Susannah 3 May
1805 Edmund JONES
(cmb)

FARMER, Robert &
SKINNER, Nancy 11 Mar
1845 Robert JESSE (cmb)

FARMER, Robert G. &
PITTS, Frances 21 Jan
1842 Leonard CLARK
(cmb)

79

FARMER, Samuel & CARTER, Eleanor 17 Mar 1831 Henry CARTER (cmb)

FARMER, William & LOVING, Elizabeth 20 Dec 1801 (cmb)

FARMER, William & LOVERN, Elizabeth 7 Dec 1821 Fredrick FARMER

FERNEYHOUGH, John & SHIP, Ann 25 Apr 1829 H. H. MARTIN (cmb)

FICKLEN, George & DUNLOP, Jane J. 3 Oct 1848 E. B. HILL (cmb)

FICKLIN, George W. & DUNLOP, Jane J. 6 Oct 1848 George F. TRICE (cmb)

FIELDS, James of Caroline & CARTER, Susannah d/o James CARTER 17 Feb 1805 Benjamin PHILLIPS (cmb)

FIELDS, James & CARTER, Susanna 18 Feb 1805 John SORREL - min. (cmb)

FIELDS, John & SAUNDERS, Marinda d/o Betsey SAUNDERS 11 Feb 1828 (cmb)

FIELDS, John & PHILLIPS, Mariah 1 Mar 1805 Leven AYERS (cmb)

FARRISH, Charles T. & WARE, Sarah E. 1 June 1844 Edwin F. WARE (cmb) (cmb)

FARISH, George B. & DILLARD, Clemency B. 22 Dec 1813 (cmb)

FILANDER, Edmund & TARRANT, Polly d/o Thomas TARRANT 24 Feb 1809 Richard TARRANT (cmb)

FISHER, James H. & VENABLE, Matilda P. 28 Sep 1850 Sam D. PEATROSS (cmb)

FISHER, James H. & VENABLE, Matilda P. 3 Oct 1850 John G. NOEL - min. (cmb)

FISHER, John & ALSOP, Nancy 25 Feb 1802 John SORRELL (cmb)

FISHER, Louis & **SALE,** Jane 25 Feb 1833 John LUMPKINS (cmb)

FITZHUGH, Francis & **ESTES,** Lucy Ann U. 2 Mar 1840 Robert HUDGINS (cmb)

FITZHUGH, George & **BROCKENBROUGH,** Mary M. 12 Dec 1829 Norborn TALIAFERRO (cmb)

FITZHUGH, Summerfield & **BUCKNER,** Ann E. 16 May 1853 F. H. CONWAY (cmb)

FLETCHER, John & **GRAY,** M. 5 Aug 1831 W. RICHARDS (cmb)

FLIPPO, Joseph & **WRIGHT,** Pheby 23 Dec 1824 John ABBOTT (cmb)

FLIPPO, Albert & **BURRUS,** Susan T. 28 July 1836 Wm. N. WARD (cmb)

FLIPPO, Joseph A. & **COATS,** Mary Eliza 13 Mar 1848 James **L.**

GOODLOE (cmb)

FLIPPO, Joseph B. & **GOODLOE,** Mary C. 21 Nov 1844 James L. GOODLOE (cmb)

FLIPPO,Littleton & **COLEMAN,** Sarah E. 3 Nov 1845 John W. SCOTT (cmb)

FLIPPO, Robert & **SAMUEL,** Mary F. 8 Dec 1845 John B. FLIPPO (cmb)

FLIPPO, Albert R. & **BARRUSS,** Susan T. 11 Jul 1836 Steven FARRISH (cmb)

FLIPPO, John B. & **WOOD,** Mary T. 13 Oct 1823 John W. ESTIS (cmb)

FOGG, Horace & **PAYNE,** Eliza Jane 24 Dec 1827 John W. BRADDLEY (cmb)

FOGG, Lewis & **LONG,** Sebinnia E. 14 July 1848 B. F. WOODWARD (cmb)

FOGG, Lewis S. & **LONG,** Sabrinia E. 10 Jul

1848 Leonard SAMUEL (cmb)

FOGG, Thomas & **GAINES,** Catherine 12 Dec 1826 Wm. GAINES (cmb)

FOLLY, Armistead & **BORNE,** Ellender 17 Sep 1836 Thomas T. HARRIS (cmb)

FOLLY, Armistead & **BRONE,** Ellender 12 Sep 1836 John Courtney FOLLY (cmb)

FOLLY, John C. & **KAY,** Sina 11 Mar 1822 Nathaniel WARE (cmb)

FONEBLOOM, William & **KELLEY,** Frances 11 Feb 1850 A. BROADDUS (cmb)

FLIPPO, William & **BURRUS,** Rachel T. 8 Feb 1819 Charles BURRUS (cmb)

FLIPPO, William & **BURRUSS,** Rachel T. d/o Thomas BURRUSS 8 Feb 1819 Joseph FLIPPO Jr (cmb)

FORTSON, Richard & **DURRETT,** Caty 18Dec 1804 George DURRETT - f. (cmb)

FORTSON, Richard & **DURRETT,** Caty 25 Feb 1802 H. GOODLOE - min. (cmb)

FORTSON, Robert & **ROBERTS,** Betsy 13 Dec 1804 R. BROADDUS (cmb)

FORTUNE, Armistead & **WELCHER,** Betty 11 Sep 1826 S. H. PARKER (cmb)

FORTUNE, Isaiah & **CARTER,** Elizabeth M. 7 Nov 1848 Leroy BYRD (cmb)

FORTUNE, John & **SAMUEL,** Lucy J. 27 Dec 1815 (cmb)

FORTUNE, Robert & **BIRD,** Mary 5 Jun 1840 W. RICHARDS (cmb)

FORTUNE, Thomas & **CARTER,** Phebe 25 Jan 1818 (cmb)

FORTUNE, Thomas & REAVES, Betsy 18 Mar 1824 Joseph REAVES (cmb)

FOUNTAIN, James & JAMES, Mildred widow Aug 1842 (cmb)

FOUNTAIN, James & JAMES, Mildred (widow of Henry) 6 Aug 1842 Albert JAMES (cmb)

FOVELL, Francis & SEAL, Martha Ann 2 Mar 1835 Archelles SOUTHWORTH (cmb)

FOX, Charles J. & DICKINSON, Othera G. 15 Feb 1826 Wm. W. DICKINSON (cmb)

FOX, Thomas B. & BAYLOR, Courtney Orange 23 Mar 1803 John BAYLOR - f. (cmbc1)

FRANISHAND, John & BIBB, Ann 19 Jan 1805 Garrett BIBB (cmb)

FLAG, Eleazer F. & BURRUS, Elizabeth T. 18 Dec 1828 S. WOOLFOLK - min. (cmb)

FLAGG, Eleazer F. & BURRUSS, Elizabeth 8 Dec 1828 Wm. C. REDD (cmb)

FLETCHER, Edmund & MARTIN, Polly 14 Dec 1805 Benjamin GRAVES (cmb)

FLETCHER, John & GRAY, Margaret 18 May 1828 Richard BOULWARE (cmb)

FRANK, William W. & HOYE, Frances 25 Sep 1843 (cmb)

FRAWNER, James & BEAZELY, Elizabeth 1801 (cmb)

FRAWNER, Joseph & TERRELL, Elizabeth 13 Sep 1812 Alex & Wm. HOUSTON (cmb)

FREDERICK, Moore & RUSSELL, Jane 22 Apr 1793 John SORREL - min. (cmb)

FREEMAN, Benjamin & MONDAY, _____ 17 May 1831 John HACKETT (cmb)

FREEMAN, Benjamin & **MONDAY**, Elizabeth widow 5 Aug 1831 (cmb)

FREEMAN, George POC & **BROWN**, Eliza POC 10 Jan 1853 (cmb)

FREEMAN, George W. & **WALDEN**, Mary L. 29 Jun 1831 Philip L. MUNDAY (cmb)

FREEMAN, Jack & **LANKSTON**, Eliza 13 Sep 1825 Reuben LANKSTON (cmb)

FREEMAN, James W. & **LONG**, Ann 11 Nov 1835 James TURNER (cmb)

FREEMAN, James W. & **LONG**, Ann Dec 1835 Horace WHITE - min. (cmb)

FREEMAN, John & **JONES**, Rachel 17 Dec 1828 James BOWERS (cmb)

FREEMAN, John R. M. & **LANGSTON**, Ellen 2 Aug 1838 John FREEMAN - f. of Ellen (cmb)

FREEMAN, William James & **FREEMAN**, Eliza/Elizabeth 4 Dec 1845 John FREEMAN (cmb)

FRENSLEY, John R. & **ROBINSON**, Sally 9 Feb 1818 Edm'd SALE (cmb)

FRENSLEY, William L. & **PEATROSS**, Amey 23 Nov 1803 John HARRIS (cmb)

FRENSLEY, William L. & **PEATROSS**, May 23 Nov 1803 Abner WAUGH - min. (cmb)

FRENSTEY, John & **ROBINSON**, Sally 12 Feb 1818 (cmb)

FRY, George & **HAMM**, Jane 28 Dec 1833 S. WOOLFOLK - min. (cmb)

FULCHER, John & **SEIZER**, Flower 9 Aug 1792 John WALLER - min. (cmb)

FULLERTON, John & **JONES**, Ann 18 Aug 1804 Sarah SORRILL (cmbc1)

FULLERTON, John & **JONES**, Ann 29 Aug 1804

Abner WAUGH (cmb)

FUNTALOE, Dade & **TINDALL,** Polly 31 Mar 1812 (cmb)

GADBERRY, William & **BARLOW,** Mary 2 Jan 1794 Rev. John YOUNG (cmb)

GAINES, Fontaine & **JETER,** Margaret Ann 14 Aug 1848 R. H. W. BUCKNER - min. (cmb)

GAINES, Fontaine & **JETER,** Margaret Ann 14 Aug 1848 James D. POWERS (cmb)

GAINES, George & **LEWIS,** Jane L. 9 Feb 1835 Thomas BUTLER (cmb)

GAINES, George B. & **LEWIS,** Jane L. 18 Feb 1835 (cmb)

GAINES, William & **HALL,** Jenney 28 Aug 1805 John HALL (cmb)

GAINES, William F. & **SPINDLE,** Jane E. 26 Dec 1831 Albert R. GARNET

(cmb)

GAINS, Edmund & **BROADDUS,** Suckey 1790 Rev. Theoderick NOELL (cmb)

GALE, William & **WALDEN,** Elizabeth 16 Nov 1816 (cmb)

GANT, Armistead & **TAYLOR,** Eliza 26 Jan 1834 W. RICHARDS (cmb)

GANT, Edmond & **SOUTHWORTH,** Nancy 12 Mar 1821 Joel YARBROUGH (cmb)

GANT, Elijah & **HART,** Nancy F. 20 Dec 1850 Wm. T. CARLTON (cmb)

GARNETT, James R. & **CHENAULT,** Mary 13 Nov 1845 R. W. COLE (cmb)

GARNETT, Alfred H. & **HOOMES,** Mary Willis 9 Nov 1839 John HOOMES (cmb)

GARRETT, Henry & **BUCKNER,** Elizabeth 2 Apr 1802 Theo NOELL -

min. (cmb)

GARNETT, Henry & **JORDAN,** Frances 21 Aug 1822 John J. SAMUEL (cmb)

GAINES, William F. M.D. & **SPINDLE,** Jane C. 29 Dec 1831 (hv)

GARNETT, Henry s/o Robert GARNETT & **JORDAN,** Frances 21 Aug 1822 Rivington GARNETT (cmb)

GARNETT, James & **GATEWOOD,** Catharine d/o Elizabeth GATEWOOD 29 Aug 1809 Richard GATEWOOD (cmb)

GARRETT, James M. & **GARRETT,** Catherine 14 Dec 1844 Lawrence A. COGHILL (cmb)

GARNETT, James R. & **CHENAULT,** Mary d/o Thomas CHENAULT 11 Nov 1845 Robert MARTIN (cmb)

GARNETT, John L. & **GANETT,** Lucy 14 Nov 1816 (cmb)

GARNETT, John M. & **BAYLOR,** Ellen A. 14 May 1850 R. W. COLE (cmb)

GARNETT, John Mercer & **BAYLOR,** Ellen A. 14 May 1850 Alfred D. ALLEN (cmb)

GARNETT, L. Henry of Essex Co. & **CARE,** Mary F. 21 Oct 1853 Wm. F. G. GARNETT - guard. , Ritter G. CARE (cmb)

GARNETT, Philip R. & **ATKINS,** Nancy widow Aug 1819 George W. SAMUEL (cmb)

GARNETT, Philip R. & **ATKINS,** Nancy 12 Aug 1819 (cmb)

GARNETT, Reuben & **SAUNDERS,** Maria W. 17 Nov 1823 W. A. PENDLETON (cmb)

GARNETT, Reuben & **FARMER,** Rebecca 22 July 1852 Philip S. FARMER (cmb)

GARNETT, Reuben & **FARMER,** Rebecca 22 Jul 1852 A. BROADUS - min.

(cmb)

GARNETT, Smedley & BALDWIN, Sarah 13 May 1850 Wm. J. MURRAY (cmb)

GARNETT, Smedley & BALDWIN, Sarah 13 May 1850 R. W. COLE (cmb)

GARNETT, William & GARNETT, Lucy 10 Oct 1793 Rev. John SORRELL (cmb)

GARNETT, William & BELL, Betsy 19 Dec 1804 J. SORRELL - min. (cmb)

GARNETT, William & MARTIN, Nancy 23 Mar 1837 Robert JORDAN (cmb)

GARNETT, William & MARTIN, Nancy 23 Mar 1837 W. RICHARDS - min. (cmb)

GARNETT, William F. G. & SUTTON, Susan M. 13 Nov 1830 S. WOOLFOLK (cmb)

GARNETT, William F. G. & SUTTON, Susan Maria 10 Nov 1834 (cmb)

GARNETT, William F. G. & GOODWIN, Mary Ellen 23 Aug 1848 J. A. PENDLETON (cmb)

GARNETT, Woodford & YOUNG, Caroline S. 13 Dec 1848 Wm. J. CHEATHAM (cmb)

GARRATT, Thomas & PICKLE, Kitty 14 Feb 1825 P. LONG - min. (cmb)

GARRETT, James & WRIGHT, Mary C. 28 Jul 1845 (cmb)

GARRETT, James & WRIGHT, Mary C. 28 Jan 1845 Robert BLACKBURN (cmb)

GARRETT, James M. & GARRETT, Catherine 24 Dec 1844 W. A. BRANHAM - min. (cmb)

GARRETT, Lewis W. & BOWERS, Emily Francis 10 Dec 1832 Charles C. BOWERS (cmb)

GARRETT, Reuben & POWERS, Mary E. 15

May 1850 James D. POWERS (cmb)

GARRETT, Reuben & **POWERS,** Mary E. 16 May 1850 George W. TRICE (cmb)

GARRETT, Richard H. & **BOULWARE,** Elizabeth L. 12 May 1836 Musco BOULWARE (cmb)

GARRETT, Richard H. & **HOLLOWAY,** Fanny B. 26 Nov 1853 John P. MASSY W.A. BAYHOR (cmb)

GARRETT, Thomas & **SIRLS ,** Sarah 20 Dec 1822 H.WHITE - min. (cmb)

GARRETT, Thomas & **LOVIN,** _____ 10 Jan 1848 Thomas LOVIN (cmb)

GARRETT, Thomas & **SIRLES,** Sarah 23 Dec 1822 John GAYLE (cmb)

GARRETT, Thomas & **PICKLE,** Hetty 14 Feb 1825 Thomas BELL (cmb)

GARRET, Thomas & **LOVIN,** Jane 19 Jan 1848 (cmb)

GARRETT, Thomas & **WHITTICO,** Susan 14 Oct 1850 J. W. ATKINSON - min. (cmb)

GARRETT, Thomas & **WHITTICO,** Susan 14 Oct 1850 Thomas GRAY (cmb)

GARRETT, William & **BELL,** Betsey 24 Dec 1804 Achilles B. FOSTER (cmb)

GARRETT, William & **GARRETT,** Mary E. 21 Dec 1844 Edwin LUNGSFORD (cmb)

GARRETT, William B. & **CHAPMAN,** Mary Jane 21 Dec 1850 R. W. COLEMAN (cmb)

GARRETT, William F. G. & **GOODWIN,** Mary E. 29 Aug 1848 J. M. BAGBY - min. (cmb)

GARY, William & **ROBINSON,** Maria 18 Dec 1826 Lindsay

WHARTON (cmb)

GASKINS, Richard S. & GATEWOOD, Mary A. 19 Jan 1846 J. L. PENDLETON (cmb)

GASKINS, Richard S. & GATEWOOD, Mary A. 9 Feb 1846 John A. PENDLETON (cmb)

GASKINS, Richard S. & GATEWOOD, Mary A. 19 Feb 1846 John A. PENDLETON (cmb)

GATEWOOD, Alex & DOGGETT, Martha M. 1842 (cmb)

GATEWOOD, Alexander T. & DOGGETT, Martha M. 14 Nov 1842 Henry DOGGETT (cmb)

GATEWOOD, Bartlett & DICKENSON, Frances W. d/o Thomas DICKENSON 22 Dec 1809 Ann H. DICKENSON (cmb)

GATEWOOD, Benjamin & HOOMES, Hannah 14 Sep 1826 W. A. PENDLETON (cmb)

GATEWOOD, Chany & PENDLETON, Elizabeth 16 Dec 1804 J. SORRELL - min. (cmb)

GATEWOOD, Chaney & CHAPMAN, Elizabeth 18 Dec 1804 George CHAPMAN (consent) (cmb)

GATEWOOD, Edmund & GATEWOOD, Judah 1 Feb 1787 Rev. James TAYLOR (cmb)

GATEWOOD, James & DICKINSON, Matilda E. 14 Jan 1822 Edw. TOMPKINS (cmb)

GATEWOOD, James & DICKINSON, Matilda E. 14 Jan 1822 Henry W. DICKINSON - f. (cmb)

GATEWOOD, Josephus & COLEMAN, Frances A. 13 Jan 1846 A.J. BILLINGSLEY (cmb)

GATEWOOD, Josephus & COLEMAN, Frances A. 10 Jan 1848 Edmund NEWTON (cmb)

GATEWOOD, Leonard & GATEWOOD, Clary 20

Sep 1793 Rev. John YOUNG (cmb)

GATEWOOD, LeRoy B. & **GATEWOOD**, Frances H. 11 Apr 1853 Wm. C. GATEWOOD (cmb)

GATEWOOD, Oswald A. & **LOURY** Elizabeth J. 15 May 1841 Jorden B. LOWRY (cmb)

GATEWOOD, Philip & **BROADDUS,** Ann 11 Feb 1819 (cmb)

GATEWOOD, Philip & **ARNALL,** Catharine 26 Dec 1841 R. SCOTT - min. (cmb)

GATEWOOD, Philip & **RICHESON,** Lucy 13 Feb 1809 Thomas RICHESON (cmb)

GATEWOOD, Philip & **BROADDUS,** Ann d/o Mordecai BROADDUS 8 Feb 1819 James BROADDUS (cmb)

GATEWOOD, Philip P. & **SALE,** Fanny 13 Dec 1819 Humphry SALE - (consent) Wm SALE (cmb)

GATEWOOD, Richard & **BOWCOCK,** Elizabeth 27 Dec 1787 Rev. James TAYLOR (cmb)

GATEWOOD, Richard & **GATEWOOD,** Rachel 21 Feb 1803 William GATEWOOD- Guard of Rachel (cmbc1)

GATEWOOD, Robert & **GILMAN,** Talinda L. 11 Oct 1841 Wm GILMAN (cmb)

GATEWOOD, Thomas Q. & **FREMAN,** Elizabeth J. 18 May 1820 (cmb)

GATEWOOD, William B. & **HODGES,** Margaret W. 18 May 1819 Henry H. DICKINSON (cmb)

GATEWOOD, W. H. & **TERRELL,** Mary R. 5 Jan 1850 A. BROADUS - min. (cmb)

GAUNT, Armistead & **TAYLOR,** Eliza 13 Jan 1834 Philip T. MUNDAY (cmb)

GAUNT, Reuben & SULLENGER, Salley (undated) John SHACKLEFORD-min. (cmb)

GAYLE, John M. & SEARLS, Catharine 20 Dec 1823 Lewis COVINGTON (cmb)

GAUNT, Reuben & SULLINGER, Sally 27 Dec 1787 Rev. John SHACKLEFORD (cmb)

GAYLE, Josiah P. & BROADDUS, Fanny 30 Sep 1822 James J. BROADDUS (cmb)

GAYLE, Josiah P. & BROADDUS, Fanny d/o Mordecai BROADDUS 30 Sep 1822 Thos. & James BROADDUS (cmb)

GAYLE, Lewis M. & BEAZLEY Frances A. 3 Nov 1847 Wm. S. LONG (cmb)

GAYLE, Lewis M. & BEAZLEY, Frances 3 Nov 1847 Albert R. FLIPPO - min. (cmb)

GAYLE, Mordicai J. & BROADDUS, America V. 8 Mar 1848 A. BROADDUS - min. (cmb)

GAYLE, Mordicai J. & BROADDUS, America V. 6 Mar 1848 Wm. H. COLE (cmb)

GAYLE, William & DILLARD, Lucy 10 Nov 1797 John SORREL (cmb)

GAYLE, John & PITTS, Betsy 23 Feb 1792 Rev. John SORRELL (cmb)

GEORGE, Henry H. & SAMUEL, Ellen W. 26 Nov 1847 Archabald SAMUEL (cmb)

GEORGE, Henry H. & SAMUEL, Ellen W. 30 Nov 1847 (cmb)

GEORGE, L. M. & SAMUEL, Sarah E. 31 Jan 1831 S. WOOLFOLK - min. (cmb)

GEORGE, Lewis M. & SAMUEL, Sarah E. 30 Jan 1837 Archabald SAMUEL (cmb)

GERVIS, Charles & **CISSEL**, Sarah 27 Dec 1787 John SHACKLEFORD - min. (cmb)

GIBSON, William R. & **BURRUS**, Frances 12 July 1803 Mary HAMPTON (consent), Jonathan JOHNSTON (cmbc1)

GILLIAM, James L. & **LUCK**, Mary Ann 12 Aug 1833 John K. LUCK (cmb)

GILLIAM, William & **HARGRAVE**, Eliza P. d/o Rachel BIBB 11 Dec 1819 (cmb)

GILLMAN, John & **HARRIS**, Sarah 17 Dec 1819 Valentine C. LONG (cmb)

GILMAN, Joseph T. & **SANFORD**, Mary M. 13 Oct 1851 E. SANFORD (cmb)

GILMAN, Joseph T. & **LANSFORD**, Mary M. 14 Oct 1851 G. W. TRICE (cmb)

GILMAN, William & **HARGRAVE**, Eliza P. 15 Dec 1820 (cmb)

GLASSELL, Andrew M. & **DOWNING**, Frances Ann 1 June 1840 John L. PENDLETON (cmb)

GOEN, David & **MIDDLEBROOK**, Jane 9 Feb 1809 A. BROADDUS -min. (cmb)

GOIN, David & **MIDDLEBROOK**, Jane 27 Jan 1809 John MIDDLEBROOK -guard. of Jane (cmb)

GOINGS, John H. & **FARMER**, Emily 1 July 1833 W. RICHARDS -min. (cmb)

GOLDEN, Richard & **BARBEE**, Nancy 9 May 1817 (cmb)

GOLDSBERRY, John & **SMITH**, Eliza 24 Dec 1836 Thomas T. HARRIS -min. (cmb)

GOLDSBY, Caleb & **MOREN**, Martha Ann 14 Apr 1845 (cmb)

GOLDSBY, John, & **SMITH,** Eliza 22 Dec 1836 James W. FREEMAN (cmb)

GOODE, William & **JOHNSON,** Frances 19 Dec 1850 Munford FORTUNE (cmb)

GOODLOE, German & **THORNTON,** Eliza A. H. 22 Feb 1823 Irvine B. THORNTON (cmb)

GOODLOE, German & **THORNTON** Elizabeth F. 7 Mar 1829 Anthony THORNTON (cmb)

GOODLOE, German & **THORNTON,** Elizabeth 10 Mar 1829 A. M. LEWIS - min. (cmb)

GOODLOE, Henry D. & **WINN,** Sally 29 Nov 1824 Jesse WINN (cmb)

GOODLOE, Henry T. & **LEWIS,** Catharine B. 25 Oct 1853 Thomas F. LEWIS - guard. of Catharine (cmb)

GOODLOE, John & **JONES,** Mildred 24 July 1809 James JONES (cmb)

GOODLOE, Robert & **JOHNSON,** Agatha 12 Mar 1809 J. GOODLOE - min. (cmb)

GOODLOE, Sym. B. & **SAMUEL,** Elizabeth d/o Philip SAMUEL 24 Apr 1819 John P. SAMUEL (cmb)

GOODLOE, Thomas E. & **SAMUEL,** Elizabeth 16 Apr 1818 Josiah SAMUEL (cmb)

GOODLOE, William H. & **HOWARD,** Virginia C. 27 Jan 1840 Wm. J. CASON (cmb)

GOODMAN, Roland & **WHITE,** Martha G. 14 Nov 1822 G. WHITE - min. (cmb)

GOODMAN, Roland H. & **WHITE,** Martha G. 14 Nov 1822 James J. WHITE (cmb)

GOODRIDGE, John & **GREER,** Mary Jane 13 Mar 1848 J. L. PENDLETON (cmb)

GOODRIGE, John & GREER, Mary Jane 23 Mar 1848 B. F. WOODWARD - min. (cmb)

GOODWIN, Addison G. & COLEMAN, M. H. 2 Sep 1844 John G. COLEMAN (cmb)

GOODWIN, John & PEATROSS, Jane 23 Nov 1803 John SELF - min. (cmb)

GOODWIN, John & PEATROSS, Jane 22 Nov 1803 Wm. PEATROSS - f. (cmb)

GOODWIN, John & DICKENSON, Sarah Ann 19 Nov 1844 John DICKINSON (cmb)

GOODWIN, John & DICKINSON, Sarah Ann 3 Dec 1844 R. M. COLE - min. (cmb)

GOODWIN, John W. & GOODWIN, Dianna D. 11 Jan 1842 John T. GOODWIN (cmb)

GOODWIN, Littleton & CHILES, Henrietta 29 Oct 1827 Eldred CHILES (cmb)

GOODWIN, Peter D. & COLE, Frances (widow) 11 Feb 1833 Achillis WOOLFOLK (cmb)

GOODWIN, Samuel C. & POLLARD, Margaret A. 26 Dec 1852 W. A. VICK- min. (cmb)

GOODWIN, Samuel C. & POLLARD, Margaret Ann 26 Dec 1852 George B. POLLARD (cmb)

GORDON, Bazel & SKIPWITH, Eliza B. 25 Apr 1840 John TAYLOR Jr. (cmb)

GORDON, Basil & TAYLOR, Lucy Penn 5 Mar 1829 (hv)

GORDON, Bazel Jr. & TAYLOR, Lucy A. 1 Mar 1829 Samuel GORDON Jr. (cmb)

GORDON, Baziel & SKIPWITH, Eliza W. 29 Apr 1840 (cmb)

GORDON, Samuel & FITZHUGH, Patsy Julia

D. 12 Dec 1825 R. S. VOSS (cmb)

GORDON, Samuel & **FITZHUGH**, Patsy Julia D. 15 Dec 1825 P. LONG (cmb)

GOULDEN, John W. & **BROADDUS**, Rebecca M. 28 Feb 1847 R. W. COLE (cmb)

GOULDEN, James & **SORRELL**, Mary 8 June 1837 W. RICHARDS - min. (cmb)

GOULDEN, James & **SORRELL**, Mary 8 June 1837 Robert ANDREWS (cmb)

GOULDIN, William & **MILLER**, Ann E. 12 Mar 1838 John B. TOD (cmb)

GOULDEN, James M. & **GARRETT**, Sarah 17 Feb 1819 Thomas GARRETT (cmb)

GOULDEN, James T. & **KAY**, Emily 11 Sep 1848 Andrew J. PITTS (cmb)

GOULDEN, Simon & **REDD**, Emily 11 Feb 1830 (cmb)

GOULDEN, Thomas W. & **REDD**, Louisa E. 19 Nov 1839 James T. REDD (cmb)

GOULDIN, Henry T. & **SORRELL**, Elizabeth 29 Jan 1827 Samuel PITTS (cmb)

GOULDIN, Philip & **SORREL**, Lucy 23 Oct 1805 John SORRELL (cmb)

GOULDING, Simon & **REDD**, Emily H. 8 Feb 1830 Clinton B. LUCK (cmb)

GOULDMAN, George F. & **ANDERSON**, Mary T. 5 Nov 1851 R.W. COLE - min. (cmb)

GOULDMAN, George F. & **TALIAFERRO**, Mary 30 Oct 1851 Wm. S.. ANDERSON (cmb)

GOULDMAN, Henry B. & **ROBINSON**, Julia Ann 23 June 1843 (cmb)

GOULDMAN, James & **TURNER,** Martha 22 Dec 1836 (hv)

GOULDMAN, James & **TURNER,** Martha d/o Ann TURNER 19 Dec 1836 Robert WRIGHT (cmb)

GOULDMAN, Lunsford & **GOULDMAN,** Catharine P. 9 Feb 1824 Gabriel TOOMBS (cmb)

GOULDMAN, Theodore & **BEASLEY,** Sarah A. 29 Apr 1851 Richard T. STRESHLEY (cmb)

GOULDSLY, Caleb & **MOREN,** Martha Ann 14 Apr 1845 John B. TOD (cmb)

GOULMAN, Fendal & **PERKS,** Lacy 24 Dec 1831 Townsend CARTER (cmb)

GOWING, John H. & **FARMER,** Emily 28 June 1833 Lybon BEAZELY (cmb)

GRANT, Elijah & **HART,** Nancy F. 25 Dec 1850 Horace WHITE -min. (cmb)

GRANTLAND, Samuel & **HACKETT,** Eliza 18 Dec 1819 (cmb)

GRANTLAND, Samuel & **HACKETT,** Elizabeth 11 Dec 1818 John HACKETT - bro. of Elizabeth (cmb)

GRAVATT John & **BROADDUS,** Amanda 25 Apr 1825 John BROADDUS (cmb)

GRAVATT, William B. & **CHAPMAN,** Mary- Jane 9 Dec 1850 George W. MARSHALL (cmb)

GRAVES, Benjamin & **BUTLER,** Jane 8 Sep 1823 Samuel BARRUSS (cmb)

GRAVES, Benjamin & **MARTIN,** Sarah d/o John MARTIN 24 Jan 1804 William GUY. (cmb)(cmbc1)

GRAVES, Daingerfield & **KELLY,** Elizabeth 26 Apr 1800   John SELF - min. (cmb)

GRAVES, George L. & **CHAPMAN,** Lucy C. L. 24 June 1830 (cmb)

GRAVES, George S. & **CHAPMAN,** Lucy C. 14 June 1830 J. O SUTTON (cmb)

GRAVES, Joseph & **WHARTON,** Ann 19 Dec 1830 Manor DYSON (cmb)

GRAVES, Joseph & **HAY,** Rachel 12 Jan 1796 Rev. John SELF (cmb)

GRAVES, Robert & **BARLOW,** Susanna 13 Dec 1824 Joel MASON (cmb)

GRAVES, Robert & **BARLOW,** Susanna 15 Dec 1824 P. LONG (cmb)

GRAVES, William & **WRIGHT,** Sally 12 Sep 1842 Edward KAY (cmb)

GRAY, Thomas & **BEAZLEY,** Ellen 17 Apr 1851 R. W. COLE (cmb)

GRAY, Henry & **FARRELL,** Frances 7 Apr 1846 McKenzie GRAY (cmb)

GRAY, Henry & **GARRETT,** Frances 9 Apr 1846 R. W. COLE - min. (cmb)

GRAY, James & **MERRIT,** Sally 19 Sep 1797 John SORREL - min. (cmb)

GRAY, Jefferson & **PRAGER,** Matilda E. 23 Feb 1827 Charles MILLS (cmb)

GRAY, John & **PRUETT,** Susanna 3 Jul 1838 W. RICHARDS (cmb)

GRAY, John & **PRUETT,** Susanna 30 Jun 1838 Heman CHANDLER (cmb)

GRAY, McKinzie & **BEAZLEY,** Mary 26 Feb 1824 Staton FRAZER (cmb)

GRAY, Morgan & **CHENAULT,** Martha 12 Jan 1843 R. W. COLE (cmb)

GRAY, Morgan & **CHENAULT,** Martha 9 Jan 1843 Samuel GRAY (cmb)

GRAY, Parmenas P. & **JETER**, Virginia 24 Feb 1841 John Z. DISHMAN (cmb)

GRAY, Silas & **CHANDLER**, Maria W. 15 Jan 1850 Morgan GRAY (cmb)

GRAY, Silas & **CHANDLER**, Maria W. 15 Jan 1850 R. W. COLE - min. (cmb)

GRAY, Thomas & **GRAFTON**, America 17 Jan 1828 Oswald BEASLEY (cmb)

GRAY, Thomas Jr. & **BEASELEY**, Ellen 14 Apr 1851 Thomas GRAY (cmb)

GRAY, William F. & **ROWE**, Betsy 4 Nov 1809 Wm. TAYLOR (cmb)

GREEN, Eldred & **WRIGHT**, Suburnah Hawkins d/o Robert WRIGHT 12 Sep 1827 (cmb)

GREEN, George & **NORMENT**, Eliza 21 Aug 1817 (cmb)

GREEN, Philip & **MOTLEY**, Eliza 19 Nov 1824 Henry G. LEGAN (cmb)

GREEN, Theophilis F. & **WALDEN**, Patsy E. 24 Dec 1816 (cmb)

GREEN, William & **WHITE**, Elizabeth 25 Dec 1800 J. SORREL - min. (cmb)

GREEN, William E. & **ANDERSON**, Catharine T. 27 Oct 1828 Herbert ANDERSON (cmb)

GREEN, William E. & **ANDERSON**, Catharine T. abt 1828 (cmb)

GREENSTEAD, Thomas & **WALDEN**, Polly 28 Dec 1825 P. LONG - min. (cmb)

GREENSTREET, James B. & **MERRYMAN**, Mary 8 Jan 1845 Benjamin MERRYMAN (cmb)

GREENSTREET, James B. & **MERRYMAN**, Mary 9 Jan 1845 R. W. COLE - min. (cmb)

GREENSTREET, John & MERRYMAN, Maria R. 23 Feb 1835 Wm. MERYMAN (cmb)

GREENSTREET, Reuben & MOORE, Elizabeth 25 June 1839 Robert JORDAN (cmb)

GREENSTREET, Ruben & MOORE, Elizabeth 27 June 1839 M. W. BROADDUS - min. (cmb)

GREENSTREET, Thomas & SMITH, Catharine 3 July 1833 John GREENSTREET (cmb)

GREENSTREET, Woodford & JETER, Eliza 6 Dec 1853 Eldred GREENSTREET (cmb)

GREGOR, Spilsby & MUSE, Caroline 27 Dec 1787 Rev. John SHACKLEFORD (cmb)

GREGORY, Thomas & MADISON, Patsy d/o John MADISON 2 Apr 1805 John HEWLETT (cmb)

GRESHAM, James & SALE, Polly B. 15 June 1815 W. RICHARDS - min. (cmb)

GRIFFIN, Clinton & JONES, Susanna Jan 1805 H. PITTMAN - min. (cmb)

GRIFFIN, Elijah & CHENAULT, Frances 10 Jan 1826 Richard BOULWARE (cmb)

GRIFFIN, Elijah & CHENAULT, Frances 18 Jan 1826 Wm. RICHARDS - min (cmb)

GRIFFIN, Reuben & TAYLOR, Mary 27 July 1832 Ransom BAXTER (cmb)

GRIFFIN, Reuben & TAYLOR, Mary 27 July 1832 S. WOOLFOLK - min. (cmb)

GRIFFIN, William & INGRAHAM, Susan 28 Sep1840 Wm. GARNETT (cmb)

GRIFFIN, William

99

& **INGREHAM**, Susan 28 Sep 1840 W. RICHARDS (cmb)

GRIMES, Murd & **STUDY**, Mary Jane 16 Mar 1836 Thomas T HARRIS (cmb)

GRIMES, T. C. & **GRIMES**, Frances 6 Nov 1828 (cmb)

GRINSTEAD, Thomas & **WALDEN**, Mary 24 Dec 1825 Anderson TARRANT (cmb)

GROVSENER, William & **GRAVES**, Jane E. 8 Dec 1823 Wm. GRAVES (cmb)

GRUBBS, John N. & **SATTERWHITE**, Jemima d/o Robert SATTERWHITE 11 Aug 1825 (cmb)

GRUBBS, John of Caroline Co. & **BRANAN**, Nelly d/o Thomas & Ann Branan 19 July 1803 Thomas Branan Jr. John HICKS (cmbc1)(cmb)

GRYMES, Edmund & **SOUTHWORTH**, Sally 4 Feb 1809 Joseph SOUTHWORTH (cmb)

GRYMES, Mordica & **STUDDY**, Mary Jane 16 Mar 1838 Thomas T. HARRIS - min. (cmb)

GRYMES, Hiram & **MANN**, Susan 23 Dec 1835 Ewell GRYMES (cmb)

GRYMES, Horace & **WELCH**, Hannah Gibbins 24 Dec 1824 James WELCH (cmb)

GRYMES, Mordacai & **STUDDY**, Mary Jane 14 Mar 1836 Thomas PRUETT (cmb)

GRYMES, Thomas & **CHAPMAN**, Martha E. 24 Dec 1827 Tilman CHANDLER (CMB)

GRYMES, Turner & **GRYMES**, Jane 16 Feb 1821 Thilman CHANDLER (cmb)

GRYMES, Turner & **GRYMES**, Jane 1821 (cmb)

GRYMES, Turrner C. &
GRYMES, Frances 5 Nov
1828 Thomas GRYMES
(cmb)

GRYMES, William B. &
HOWLE, Susanna H. 5
Oct 1829 Fleming CHILES
(cmb)

GUTHRIE, Bartle H. &
SAMUEL, Rosamond 24
Dec 1810 (cmb)

GUTHRIE, Bartlett &
SAMUEL, Rosemond 25
Dec 1816 H. PITTMAN -
min. (cmb)

GUTHRIE, Edmond &
RIGAN, Nancy 24 Jan
1809 H. PITTMAN - min.
(cmb)

GUTHRIE, Edmund &
RAGAN, Nancy 24 Jan
1809 John RAGAN (cmb)

GUTHRIE, Thomas &
ROYSTON, Harriet 27
Sep 1811 (cmb)

GUY, George F. &
HOPKINS, Mahetable J.
W. 16 Dec 1832 George
W. HOPKINS (cmb)

GUY, George F. &
WARE, Nancy 30 Nov
1824 Warner W. GUY
(cmb)

GUY, Warner, W. &
_____, Hannah 10
Dec 1821 Samuel
WORTHAM (cmb)

GUY, Warner, W. &
SCOTT, Hannah 10 Dec
1821 Robert SCOTT- f
consent only (cmb)

GWATHMEY, William
G. & **MOOR,** Ann 20 Oct
1846 (cmb)

GWATHMEY, William G.
& **MOORE,** Anna H. 20
Oct 1846 Wm. FRIEND
(cmb)

GWATHMEY, William G.
& **MOORE,** Anna H. 21
Oct 1846 J. M. DABNEY
(cmb)

HACKETT, Chiles &
WORTHAM, Mary 11 Oct
1819 Pichigru
WOOLFOLK (cmb)

HACKETT, Garrett &
TREVILLIAN, Sophia 19
Jan 1809 A. BROADDUS-
min. (cmb)

HACKETT, Garrett H. & **TREVILLIAN,** Sophia 9 Jan 1809 Thomas TREVILLIAN - f. (cmb)

HACKETT, Pascal & **WOOLFOLK,** Maria 30 Jan 1821 Robert P. CLEERE (cmb)

HACKETT, Rufus C. & **REDD,** Sarah E. 9 Dec 1844 Addison L. COLEMAN (cmb)

HACKETT, Thomas C. & **QUARLES,** Sarah F. 25 Feb 1851 Wm. T. QUARLES (cmb)

HACKNEY, William S. & **GARNETT** Fanny N. 7 May 1827 Richard SHIP (cmb)

HACKNEY, William S. & **GARNETT,** Fanny N. 10 May 1827 R. S. VENTER (cmb)

HAGE, Richard & **BURRUSS,** Sarah C. 25 Dec 1828 (cmb)

HAIL, Robert G. & **JONES,** Elizabeth B. 12 Nov 1821 R. A. BUCKNER (cmb)

HAINES, Louis & **CHINEAULT,** Lucy 19 Apr 1833 George W. HENSHAW (cmb)

HALE, Dudley & **SISSELE,** Sarah 5 Jan 1804 John SISSELE (cmb)

HALEY, William S. & **WRIGHT,** Ann J. 18 Nov 1846 Wm. WRIGHT (cmb)

HALEY, William S. & **WRIGHT,** Ann J. 19 Mar 1846 R. W. COLE (cmb)

HALEY, Winston & **BELL,** Frances H. 29 July 1851 A. DICK (cmb)

HALEY, Winston & **WRIGHT,** Ann 26 Mar 1822 James HARRIS (cmb)

HALEY, Winston & **WRIGHT,** Ann D. 25 Mar 1822 William WRIGHT - f. (cmb)

HALEY, Winston & **YOUNG,** Margaret 9 Aug 1846 R. W. COLE (cmb)

HALEY, Winston & YOUNG, Margaret 8 Aug 1846 (cmb)

HALL, Benjamin & HARTGRAVE, Elizabeth .28 May 1792 Rev. John SORRELL (cmb)

HALL, Dudley & SISSILL, Sarah 3 Jan 1804 (date of consent) John BATES (cmbc1)

HALL, John & WRIGHT, Frances 8 Dec 1786 Rev. James TAYLOR (cmb)

HALL, William & DANIEL Betsy 19 Mar 1801 J. SORRELL (cmb)

HALTON, Thomas & TRIBBLE, Catharine 8 Jan 1804 George G. QUARLES (cmb)

HANES, Elisha M. & MARSHALL, Margaret 23 Dec 1833 Francis MARSHALL (cmb)

HARDGROVE, Joseph & WHITE, Sarah O. 30 Apr 1827 Elijah WHITE (cmb)

HARDMAN, William & JOHNSON, Mary 14 Aug 1840 Simon JOHNSON (cmb)

HARDMAN, William & CARTER, Polly 9 Dec 1822 Brookin CARTER (cmb)

HARDMAN, William & CARTER, Lucy 26 Dec 1822 P. LONG (cmb)

HARDMAN, William & JOHNSON, Mary 20 Aug 1840 W. RICHARDS (cmb)

HARDY, Thomas L. & FARMER, Ann S. 12 May 1853 James FARMER (cmb)

HARDY, William & TIMBERLAKE, Bitsy 25 July 1811 (cmb)

HARGROVE, John D. & GRAVES, Mary W. 7 May 1818 (cmb)

HARGROVE, John D. & GRAVES, Mary W. 5 May 1818 John GRAVES (cmb)

HARPER, Thomas & **TAYLOR,** Martha 24 Dec 1832 Henry HARPER (cmb)

HARRIS, C. M. & **WRIGHT,** Mary C. 13 Dec 1852 Henry WRIGHT - f. (cmb)

HARRIS, Claiborne & **CARNALL,** Martha 21 Oct 1803 Elizabeth CARNALL - mo. , Sally HARRIS, James CARNALL (cmb)

HARRIS, David & **YANCY,** S. abt 1805 Richard BROADDUS (cmb)

HARRIS, Elisha M. & **MARSHALL,** Margarett 25 Dec 1833 (cmb)

HARRIS, James & **REINS,** Nancy 20 Sept 1798 John YOUNG - min (cmb)

HARRIS, John W. & **COGHILL,** Martha E. 6 May 1830 Atwell C. COLEMAN (cmb)

HARRIS, John W. & **COGHILL,** Martha E. 25 May 1830 (cmb)

HARRIS, John W. & **COGHILL,** Martha E. 25 May 1832 A. M. LEWIS (cmb)

HARRIS, Osbane M. & **WHITE,** Sally A. C. m.23 Dec 1852 Col. Ira WHITE (cmb)

HARRIS, Thomas & **DODD,** Nancy 25 Jan 1803 John & James HARRIS (cmb)

HARRIS, Thomas & **DODDS,** Nancy 27 Jan 1803 Wm KENYON M.E.C. (cmb)

HARRIS, Thomas & **DURRETT,** Fanny 10 Nov 1803 Thos. MARSHALL(cmbc1)

HARRIS, Tyree & **BRAME,** Mary Ann O. 24 Mar 1824 Edmund TAYLOR (cmb)

HARRIS, William & **TEMPLE** Agness 24 Apr 1827 L. H. JOHNS (cmb)

HARRIS, William & WRIGHT, Phebe 22 Nov 1821 James HARVY (cmb)

HARRIS, William B. & TEMPLE, Agnes 9 Apr 1827 Festus DICKINSON (cmb)

HARRIS, William B. & TOMPKINS, Frances 1 Oct 1853 (cmb)

HARRIS, William L. & TURNER, Rebecca 27 Jan 1819 (cmb)

HARRIS, William L. & TURNER, Rebecca W. 25 Jan 1819 James TURNER (cmb)

HARRISON, James M. & UPSHER, Caroline V. 24 Feb 1853 J. G. WHITFIELD (cmb)

HARRISON, James W. & UPSHAW, Caroline V. 19 Feb 1853 m..24 Feb 1853 John D. BUTLER (cmb)

HARRISON, L. & GOLDEN, M. Jan 1829 W. RICHARDS (cmb)

HARRISON, Robert & PENDLETON, Judith Page 8 May 1826 Wm A. PENDLETON (cmb)

HARRISON, Spencer & GOULDING, Mary 8 Jan 1829 Henry GOULDING (cmb)

HARRISON, William & HARRISON, Martha S. 20 Nov 1827 R. HUDGEN (cmb)

HARRISON, William J. & NOEL, Polly 8 Mar 1841 James HARRISON (cmb)

HARRISON, William Jr. & PENDLETON, Mary Ann 2 Mar 1831 Madison H. JONES (cmb)

HART, Andrew & ALLEN, Mary Jane d/o George A. ALLEN 2 July 1853 (cmb)

HART, Anthony & HOGAN, Susanna abt 1797 Henry GOODLOE - min. (cmb)

HART, Burwell S. & MASON, Susan S. 22 Dec 1824 Philip CARLTON (cmb)

HART, John & **MASON,** Luna 14 May 1844 H. WHITE (cmb)

HART, John L. & **MASON,** Synia 9 June 1845 Richard H. GARRETT (cmb)

HART, John L. & **TARRANT,** Lucy P. 18 Oct 1849 H. WHITE (cmb)

HART, John L. & **TARRANT,** Lucy P. 17 Oct 1849 James CARLTON (cmb)

HART, Malwin, Jr. & **DICK,** Mary Beverly d/o Archibald DICK Jr. 13 Nov 1804 (cmb)

HART,Fielding &. **PITTMAN**, Ann E. 8 Aug 1836 John E.. PITTMAN (cmb)

HATTON, George A. & **YATES,** Martha 20 Dec 1830 Carter W. DURRETT (cmb)

HATTON, George A. & **YATES,** Martha 23 Dec 1830 (cmb)

HAWES, Thomas & **BUCKNER,** Jane 13 Sep 1824 Wm. S.B. BUCKNER (cmb)

HAWS, Robert S. & **JONES,** Jane P. 25 Aug 1836 M. W. BROADDUS (cmb)

HAYES, Richard & **BURRUSS,** Sarah 15 Dec 1828 George BURRESS (cmb)

HAYNES, Anthony & **ROYSTON,** Rhoda E. 6 Jan 1826 Richard W. ROYSTON (cmb)

HAYNES, Richard & **BEAZLEY,** Sally 9 Jan 1815 H. PITTMAN - min. (cmb)

HAYNES, Stephen & **CONQUEST,** Nancy 25 Dec 1832 A. M. LEWIS (cmb)

HAYNES, Stephen & **CONQUEST,** Nancy 22 Dec 1832 James SAMUEL (cmb)

HAYNES, Thomas & **MARTIN,** Mary Ann 8

Dec 1834 Ira WHITE (cmb)

HAYNES, Thomas & **WRIGHT**, Hannah 2 Jan 1792 Rev. John SORRELL (cmb)

HAZE, Richard & **BURRUSS**, Sarah C. 25 Dec 1828 (cmb)

HENCHER, George & **CHENALT**, Susan 6 Jan 1832 P. LONG (cmb)

HENDERSON, John & **CAMPBELL**, Mary L. 13 Oct 1828 Elliott CAMPBELL (cmb)

HENEDGE, George & **BUCKNER**, Sally m. 6 Mar 1790 Rev. Henry GOODLOE (cmb)

HENNLEY, RobertY. & **WOOLFOLK**, Louisa F. 4 Mar 1853 P. WOOLFOLK (cmb)

HENRY, Stewart & **HURT**, Jane d/o Benjamin HURT 10 Mar 1823 Philip LONG (cmb)

HENSHAW, Charles & **MOTLEY**, Ann S. 10 Sep1829 (cmb)

HENSHAW, Charles L. & **MOTLEY**, Louisiana S. 10 Sep1829 James T. WHITE (cmb)

HENSHAW, George & **CHENAULT**, Susan 25 Dec 1832 (cmb)

HENSHAW, George W. & **CHENAULT**, Susan 3 Jan 1832 Stephen CHENAULT (cmb)

HENSLEY, John & **NAPIER**, Lucy T. 16 Aug 1819 (cmb)

HENSLEY, John & **NAPIER**, Lucy T. 14 Sep 1818 Wm. P. NAPIER (cmb)

HEREFORD, Theodorick & **SALE**, Eliza 7 Jan 1818 Humphry & Wm. SALE (cmb)

HEREFORD, Theodorick & **SALE**, Eliza 9 Jan 1818 (cmb)

HEREFORD, Thomas & **SALE**, Esther S. d/o Wm.

SALE Jr. 19 May 1819 (cmb)

HEREFORD, Thomas S. & **SALE**, Esther S. 20 May 1819 (cmb)

HEWLET, Jesse & **TERRY**, Susanna 17 Jan 1805 A. BROADDUS (cmb)

HEWLETT, Jesse & **TERRY**, Susannah 19 Jan 1805 George MADISON (cmb)

HEWLETT, John C. & **SWANN**, Eleanor A. 20 Dec 1826 Samuel REDD Jr. (cmb)

HICKS, Albert & **WEBSTER**, Margaret 10 Aug 1848 Jefferson HICKS (cmb)

HICKS, Albert & **WEBSTER**, Margaret 10 Aug 1848 R. H. BUCKER (cmb)

HICKS, Benjamin & **SALE**, Sarah B. 22 Nov 1835 W. RICHARDS (cmb)

HICKS, Benjamin A. & **SALE**, Sarah B. 9 Nov 1835 James ANDERSON (cmb)

HICKS, Benjamin C. & **FLIPPO**, Sarah 31 Jul 1846 John CORR (cmb)

HICKS, Benjamin H. & **WINN**, Frances A. 9 Aug 1846 J. A. BILLINGSLY (cmb)

HILL, Chillion E. & **SALE**, Mildred L. 4 Feb 1828 Lorenzo D. HILL (cmb)

HILL, Chillion E. & **TURNER**, Polly 12 Dec 1825 Wm. W. DICKINSON (cmb)

HILL, Cholian E. & **SALE**, Mildred 15 Feb 1828 P. LONG (cmb)

HILL, Edwin & **MINOR**, Eliza 2 June 1834 John CASH (cmb)

HILL, Edwin & **MINOR**, Eliza 10 Mar 1834 Philip SAMUEL Jr. (cmb)

HILL, George & **PAGE,** Elizabeth 11Feb 1828 P. LONG (cmb)

HILL, George W. & **PAGE,** Elizabeth 11 Feb 1828 Lorenzo D. HILL (cmb)

HILL, Henry & **BURRUSS** Sarah Jane 11 Dec 1848 Archibald SAMUEL (cmb)

HILL, Henry & **HICKMAN,** Jane S. 24 June 1826 Archibald SAMUEL (cmb)

HILL, Henry & **WOOLFOLK,** Sarah T. 17 May 1804 Abner WAUGH - min. (cmb)

HILL, Henry & **WOOLFOLK,** Sarah T. 8 May 1804 William ELLIS (cmb)

HILL, James W. & **PAGE,** Lucy G. 17 Sep1835 W. RICHARDS (cmb)

HILL, James W. & **PAGE,** Lucy T. 14 Sep 1835 Charles W. JONES (cmb)

HILL, Lewis & **MAURY,** Mary E. 10 Aug 1846 Robert B. TUNSTALL (cmb)

HILL, Lorenzo D. & **BELL,** Susan 14 Dec 1829 Thomas BELL (cmb)

HILL, Lorenzo D. & **BELL,** Susannah 24 Dec 1829 (cmb)

HILL, Robert & **ROYSTON,** Phebe 14 Dec 1797 Theo NOEL - min. (cmb)

HILL, Robert **G. & DUVAL,** Rebecca 13 Aug 1840 John WRIGHT (cmb)

HILL, Robert G. & **DUVALL,** Rebecka 25 Aug 1840 H. G. WOOD (cmb)

HILLDRUP, Robert & **POWERS,** Elizabeth d/o Catharine L. POWERS 29 Sep1819 (cmb)

HILLDRUP, Robert & **POWERS,** Elizabeth L. 7 Oct 1819 at Port Royal (1812p)

HILLEARD, James & **CHAPMAN**, Maria 20 Oct 1804 William GUY (cmbc1)

HILLYARD, James & **CHAPMAN**, Maria 16 Oct 1804 Reuben CHAPMAN - f. (cmb)

HOCKADAY, John & **HARRIS**, Nancy 7 Dec 1847 William. HARRIS (cmb)

HODGE, George & **TAYLOR**, Ann 28 May 1829 (cmb)

HODGES, George & **TAYLOR**, Ann 23 May 1829 Thomas TAYLOR (cmb)

HODGINS,_____ & **JOHNSON**, Nancy m.24 Dec 1793 Rev. Andrew BROADDUS (cmb)

HOGAN, Walker & **YOUNG**, Martha 13 Dec 1819 John HOPKINS (cmb)

HOGE, Daniel H. & **DEJARNETT**, May Ann H. 15 Feb 1844 George TYLER (cmb)

HOGEN, William & **STANLEY,** Frances 24 Dec 1838 Edmund ENNIS (cmb)

HOLDER, Hudgins & **TOD,** Julia C. 7 Aug 1844 Jos. RAKER (?) (cmb)

HOLLADAY, William & **GOODLOE,** Priscilla J. 3 Oct 1822 Aquilla GOODLOE - f. (cmb)

HOLLADAY, William & **GOODLOE,** Priscilla J. 3 Oct 1822 Aquilla GOODLOE (cmb)

HOLLADAY, William & **WINN,** Kitty 15 Feb 1826 (cmb)

HOLLADAY, William & **WINN,** Kitty m.23 Feb 1826 A. M. LEWIS - min. (cmb)

HOLLEARGE, James & **CHAPMAN,** Maria 21 Oct 1804 J. SORREL (cmb)

HOLLOWAY, Addison L. widower & **GRAVATT**,

Bettie W. 15 Sep 1853 (cmb)

HOLLOWAY, Addison S. & DURRETT, Sarah M. 8 Mar 1841 Addison S. LONG (cmb)

HOLLOWAY, John & _____, Elizabeth M. 26 Jun 1824 John T. DILLARD (cmb)

HOLLOWAY, John & COLLEWAN, Ann 14 Dec 1821 William COLLAWAN - f. (cmb)

HOOMES, George W. & BLONDELL, Susanna P. d/o John M. BLONDELL 18 July 1837 (cmb)

HOOMES, George W. &BLONDELL, Susanna Placette 19 July 1837 S.WOOLFOLK (cmb)

HOOMES, Richard & BATTAILE, Hannah 19 Apr 1804 Abner WAUGH - min. (cmb)

HOOMES, Richard & TALIAFERRO, Betty H. ward of William TALIAFERRO 19 Oct 1836 (cmb)

HOOMES, Richard H. & TELIAFERRO, Betty H. 20 Oct 1836 S. WOOLFOLK - min. (cmb)

HOOMES, Richard s/o John HOOMES of Caroline Co. & BATTAILE, Hannah d/o Hugh BATTAILE 17 Apr 1804 (cmb)

HOPE, Edmund L. & LIVELY, Mary C. m.1 Nov 1846 D. M. WHARTON (cmb)

HOPE, Edmund L. & LIVILY, Mary C. 30 Oct 1846 Thomas LIVELY (cmb)

HOPE, James & TERRILL, Mary 18 Feb 1806 A. BROADDUS (cmb)

HOPKINS, George N. & GUY, Frances 8 Oct 1818 (cmb)

HOPKINS, John & LUCK, Mary Ann m.6 Mar 1790 Rev. Henry GOODLOE (cmb)

111

HOPKINS, John & **VAWTER**, Elizabeth 14 Jan 1799 John SORREL - min. (cmb)

HOSKINS, John & **AUSTIN**, Sally d/o Susanna AUSTIN 23 Dec 1805 Wm. AUSTIN (cmb)

HOSKINS, John T. & **TALIAFERRO**, Gabrilla 17 May 1842 Robert RYLAND - min. (cmb)

HOSKINS, John T. & **TALIAFERRO**, Gavrilla 9 May 1842 John B. TOD (cmb)

HOSKINS, Thomas & **BUCKNER**, Ann 12 Jan 1809 Richard BUCKNER Jr. (cmb)

HOSLIP, Robert & **LONG**, Susan 14 Apr 1817 H. GOODLOE - min. (cmb)

HOUSTON, Addison L. & **ALPORT**, Martha E. 12 Dec 1842 Wm. H. JONES (cmb)

HOUSTON, Churchill & **DALING**, Maria 18 Mar 1832 P. LONG - min. (cmb)

HOUSTON, Churchill & **DULING**, Maria E. 23 Mar 1832 M. R. BROADDUS (cmb)

HOUSTON, George W. & **LOVERN**, Eliza 6 Oct 1845 Lewis L. HOUSTON (cmb)

HOUSTON, George W. & **LOVERN**, Eliza 9 Dec 1845 R. W. COLE (cmb)

HOUSTON, Henry & **SEAL**, Fanny 11 Dec 1816 (cmb)

HOUSTON, Hugh M. S. & **SHADDOCK**, Sarah 7 June 1838 W. RICHARDS (cmb)

HOUSTON, Hugh W. S. & **SHADDOCK**, Sarah d/o William SHADDOCK 7 June 1838 (cmb)

HOUSTON, James & **PAGE**, Molly 7 Jan 1792 Rev. John SORRELL (cmb)

HOUSTON, James R. &
REDD, Caty 17 June 1829
John RIDDLE (cmb)

HOUSTON, James R. &
REDD, Caty 18 June 1829
(cmb)

HOUSTON, James R. P.
& GATEWOOD,
Elizabeth 1 Mar 1841
Robert GATEWOOD
(cmb)

HOUSTON, John &
BROWN, Nancy 24 Dec
1817 (cmb)

HOUSTON, John &
MOORE, Nancy 10 May
1822 (cmb)

HOUSTON, John &
MOORE, Nancy 7 Jan
1822 Bernard MOORE
(cmb)

HOUSTON, Lewis L. &
HOUSTON, Mary C. 14
May 1844 R. W. COLE -
min. (cmb)

HOUSTON, Lewis S. &
HOUSTON, Margaret 11
May 1844 Charles W.
JONES (cmb)

HOUSTON, Mordica &
HOUSTON, Anna 8Dec
1823 Robert HOUSTON
(cmb)

HOUSTON, Robert S. &
JONES, Jane P. 22 Aug
1836 William H. JONES
(cmb)

HOUSTON, Sears &
ROBINSON, Lucy 29 Dec
1831 John S. ROBINSON
(cmb)

HOUSTON, Thomas C. &
SEAL, Marsha 21 Oct
1843 George L. PHILLIPS
(cmb)

HOWARD, Blocksom &
SAMUEL, Rosey 22 Feb
1799 John SORRELL -
min. (cmb)

HOWARD, Blocksome &
JOHNSTON, Elizabeth 27
Sep 1804 A. WAUGH -
min. (cmb)

HOWARD, Bloxsum &
JOHNSTON, Eliza C. d/o
Mary JOHNSTON 22
Sep1804 (cmb)

HOWARD, Charles &
FIELDS, Nelly 13 Oct

1823 Bloxum HOWARD (cmb)

HOWARD, George & **DICKINSON,** Eliza 19 Jan 1811 William GUISEY - min. (cmb)

HOWARD, John & **DICKINSON,** Nancy 20 Mar 1810 William GUISEY (cmb)

HOWARD, Mordicai & **HOWARD,** Virginia 21 Mar 1853 Charles HOWARD, John G. PARISH (cmb)

HOWARD, Robert & **BEAZELEY,** Sarah 21 Mar 1826 Bartlett TOOMBS (cmb)

HOWARD, Robert & **BEAZLEY,** Sarah 23 Mar 1826 William RICHARDS (cmb)

HOWARD, Taliaferro S. & **TINSLEY,** Elizabeth 12 Dec 1825 Robert SCOTT (cmb)

HOWARD, Thomas H. & **SIZER,** Mary Ann 10 Oct

1842 Burwell B. DICKINSON (cmb)

HOWARD, William & **BARBEE,** Matilda 21 July 1819 Richard GOULDEN (cmb)

HOWARD, William & **BARBER,** Matilda 22 July 1819 (cmb)

HOWARD, William & **VAUGHAN,** Mildred 20 Sep 1850 Charles HOWARD (cmb)

HOWARD, William & **VAUGHAN,** Mildred 21 Sep1850 J. W. ATKINSON - min. (cmb)

HOWLES, Epaphroditus & **JONES,** Mary 15 Mar 1798 John SELF - min. (cmb)

HUBBARD, John & **DRURY,** Nancy Apr 1777 (date recorded) (lmo)

HUCKSTEP, Ira & **WHEELY,** Elizabeth 20 Dec1852 William LONG (cmb)

HUDGINS, Holden & **TOD,** Julia C. 7 Aug 1844 Leroy BOULWARE (cmb)

HUDSON, John & **JACKSON,** Nancy d/o Zachariah and Elizabeth JACKSON 29 Mar 1803 Robert JACKSON (cmb)

HUDSON, William & **GUILMORE,** Mary 8 Dec 1786 Rev. John SHACKLEFORD (cmb)

HUDSON, William & **HOLLOWAY,** Frances 5 Oct 1794 John SORREL - min. (cmb)

HUGHES, James & **SEIZER,** Sarah 6 Mar 1790 Rev. John WALLER (cmb)

HUGHES, John & **SMITH,** Mary 6 Jul 1853 Robert S. PEATROSS (cmb)

HUGHES, John & **SOUTHWORTH,** Nancy 8 Mar 1824 Samuel LAURENCE (cmb)

HUGHES, John s/o John & Nancy HUGHES age 25 & **SMITH,** Mary d/o George & Mary SMITH 31 July 1853 (cmb)

HUGHES, William & **ANDERSON,** Eliza 31 Jan 1853 William ANDERSON (cmb)

HULEY, Winston & **BELL,** Frances 29 July 1851 Overton BURRUS (cmb)

HUMPHRIES, Robert & **FLIPPO,** Evelina Susan 12 Jan 1839 Albert R. FLIPPO (cmb)

HUNDLEY, Albert P. & **DEVENPORT,** Jane 8 May 1826 James PEATROSS (cmb)

HUNDLEY, Mathew & **KIDD,** Lucey 31 Jan 1804 Thomas KIDD - f. (cmb)

HUNDLEY, Mathew & **KIDD,** Lucy 17 Jan 1805 R. BROADDUS- min. (cmb)

HUNDLEY, Mathew & **KIDD,** Lucy 31 Jan 1804 Willis KIDD (cmbc1)

HUNDLEY, Richard & **RICHARDSON,** Jane 15

Dec 1814 Jesse BUTLER - min. (cmb)

HUNTER, James & **MORRIS**, Ellen D. 6 Sep 1837 R. W. MORRIS (cmb)

HUNTER, Taliaferro & **LOMAX,** Elizabeth Mary 19 May 1807 James ELLIOTT -min. (cmb)

HURT, Benjamin & **RICHESON,** Frances 16 Jan 1795 Rev. John YOUNG (cmb)

HURT, Benjamin W. & **PHILLIPS,** Jane 11 Nov 1829 George HURT (cmb)

HURT, George & **BAUGHAN,** Jane 11 Dec 1826 George BAUGHAN (cmb)

HURT, Thomas & **PEATROSS,** Mary W. 21 Dec 1829 Benjamin HURT (cmb)

HURT, William & **BROADDUS,** Maria L. 11 Jan 1819 Armenia BROADDUS - pt. (cmb)

HURT, William Y. & **SEAY,** Laura F. 12 Nov 1838 Samuel D. PETROSS (cmb)

HUTCHESON, Richard & **CHILES,** Mary d/o Sarah CHILES 5 Jan 1818 John & Elliott CHILES (cmb)

HUTCHESON, Bennett & **ALSOP,** Joanne 11 Dec 1799 J. SORRELL (cmb)

HUTCHESON, Richard W. & **PEATROSS,** Frances H. 8 Jan 1844 Richard HUTCHENSON (cmb)

HUTCHESON, Robert W. & **PEATROSS,** Frances Ann 14 May 1844 (cmb)

HUTCHESON, Warner W. & **HARRIS,** Mary E. 24 Dec 1846 (cmb)

HUTCHESON, William & **DILLARD,** Milly m. 3 Apr 1795 Rev. John SORREL (cmb)

HUTCHINSON, John & **BROWN,** Mary D 30 Dec 1821 John D. BROWN (cmb)

HUTCHINSON, Warner W. & HARRIS, Mary E. 12 Dec 1846 John T. HARRIS (cmb)

INGRAM, Lindsay & GREENSTREET, Maria 27 Jan 1836 William MARTIN (cmb)

INGRUM, George & VAUGHAN, Frances 17 Nov 1802 J. SORRELL (cmb)

IRELAND, Asa & TOOMBS, Emland m. 2 Jan 1790 Rev. JO SHACKLEFORD (cmb)

IRION, Francis Charles Lewis & PIERCE, Amey Susannah 7 Sep 1786 Rev. James TAYLOR (cmb)

JACKSON, James & WELCH, Lucy Ann 29 Dec 1847 John SATTERWHITE (cmb)

JACKSON, McKinzie & HALL, Elizabeth 11 Feb 1834 Tapley COX (cmb)

JACKSON, McKinzie & HALL, Elizabeth 14 Feb 1835 W. RICHARDS (cmb)

JACKSON, Robert & HUDSON, Sally d/o Richard HUDSON 29 Mar 1803 John HUDSON (cmb)

JAMES, Garland & PEATROSS, Sarah 16 Dec 1813 Alex SALE (cmb)

JAMES, Albert & FOUNTAIN, Mary d/o Wade F. FOUNTAIN 21 Sep 1836 (cmb)

JAMES, Henry & JAMES, Mildred 25 Oct 1836 Joseph SKINNER (cmb)

JAMES, John & DUVAL, Ann 8 Jan 1822 William ALPORT (cmb)

JAMES, John & DUVAL, Ann 8 Jan 1822 Daniel DUVAL - f. (cmb)

JAMES, Jones & FARMER, Nancy 22 Jan 1844 R. W. COLE (cmb)

JAMES, Joseph & SAUNDERS, Sarah 21

Dec 1839 Henry JAMES (cmb)

JAMES, Philip & MILLER, Margaret 16 Dec 1828 Daniel DEMPSEY (cmb)

JAMES, Philip & MILLER, Margaret 8 Dec 1828 (cmb)

JAMES, Philip & PURKS Lucy Feb 1802 Hipkins PITTMAN -min. (cmb)

JAMES, Sherrard & LEWIS, Matilda 19 Nov 1812 H. PITTMAN - min. (cmb)

JAMES, Thornton & LEWIS, Mahala 25 Oct 1822 Sherrod JAMES (cmb)

JARRELL, James & WRIGHT, Rachel 22 Dec 1828 William WRIGHT - f. (cmb)

JARRELL, James & WRIGHT, Rachel 25 Dec 1828 S. WOOLFOLK (cmb)

JENNINGS, John & CAMPBELL, Catharine 4

Feb 1836 Ira E. DICKINSON (cmb)

JENNINGS, John H. & CAMPBELL, Catharine 4 Feb 1836 William N. WARD (cmb)

JERRELL, John C. & MARSHALL, Ann M. C. 3 Mar 1850 Edgar MCKINNEY (cmb)

JERRELL, William J. & GILMAN, Lucy M. 11 Mar 1844 William GILMAN (cmb)

JESSE, John & GRAY, Mary M. 25 Nov 1829 Bennett TOMPKINS (cmb)

JESSE, Joseph & GRAY, Frances Ann 7 Oct 1829 John JESSE (cmb)

JESSE, Robert & THORNTON, Mary Diggs 20 Mar 1837 Thomas G. THORNTON (cmb)

JESSEE, Charles T. & THORNTON, Ann H. 8 Dec 1827 John JESSE (cmb)

JETER, Horatis & ROLANDS, Elizabeth 7

Sep 1786 Rev. John SHACKLEFORD (cmb)

JETER, Elijah & **MARTIN,** Rebecca 12 Oct 1797 J. SORRELL -min. (cmb)

JETER, Ira F. & **GARRITT,** Julia C. 17 Dec 1850 W. A. BAYNHAM -min. (cmb)

JETER, James & **FORTUNE,** Eliza 19 Dec 1836 William HARDMAN (cmb)

JETER, Jeters & **ROAN,** Agness 17 Sep 1834 Thomas O. POWERS (cmb)

JETER, John & **LEFOE,** Elizabeth 20 Jan 1810 H. PITTMAN - min. (cmb)

JETER, Littleton & **ALSOOP,** Jane 7 Sep 1786 Rev. John SHACKLEFORD (cmb)

JETER, Samuel & **PARE,** Elizabeth 9 July 1821 Robert PARE -f. (cmb)

JETER, Thomas & **MINOR,** Martha A. 29

Dec 1831 Robert JORDAN (cmb)

JETER, Washington & **CARTER,** Susan 20 Dec 1832 William HARDMAN (cmb)

JETER, Washington & **CARTER,** Susan 26 Dec 1832 Wm. RICHARDS (cmb)

JOHNS, Edmund & **FARMER,** Phebe 15 Feb 1802 J. SORRELL - min. (cmb)

JOHNSON, Christopher & **ABRAHAM,** Ann M. 11 June 1850 William F. THOMAS (cmb)

JOHNSON, Christopher & **ABRAHAM,** Anna M. 27 June 1850 (cmb)

JOHNSON, Daniel & **NELSON,** Polly 30 Dec 1840 George BIRD (cmb)

JOHNSON, Fauntley & **FARISH,** Sarah 2 Jan 1790 Rev. H. GOODLOE (cmb)

JOHNSON, George & **ADAMS**, Nancy T. 14

Dec 1835 Andrew B. ADAMS (cmb)

JOHNSON, James E. & **CARLTON,** Louisa B. 16 Dec 1853 C.WAGNER (cmb)

JOHNSON, James H. s/o Felicia JOHNSON age 23 & **FORTUNE,** Virginia Ellen d/o Thomas and Judy FORTUNE age 19 25 Aug 1853 R.W.COLE (cmb)

JOHNSON, Lewis & **NELSON,** Lucy 28 Jan 1839 Carter B. NELSON (cmb)

JOHNSON, Phillip P. & **CARDICK,** Sarah 8 Dec 1828 John SUMMERSON (cmb)

JOHNSON, Reuben & **DILLARD,** Mary 8 Oct 1840 H. WHITE (cmb)

JOHNSON, Reuben & **DILLARD,** Mary F. 2 Oct 1840 Joseph R. MASON (cmb)

JOHNSON, Robert & **BEAGELS,** Sarah 29 Nov 1827 Burrell L. HART (cmb)

JOHNSON, Robert & **CLAGETT,** Sara 29 Nov 1829 Martha JOHNSON (cmb)

JOHNSON, Simon & **JOHNSON,** Sarah 25 Jan 1847 Daniel JOHNSON (cmb)

JOHNSON, Thomas & **HARGROVE,** Milisent 6 Mar 1791 Rev. Henry GOODLOE (cmb)

JOHNSON, Thomas C. lawyer age 33 of St. Louis & **SCOTT,** Pattie B. age 19 d/o Rev. Robert SCOTT 21 Nov 1853 (cmb)

JOHNSON, William & **MORAN,** Mary E. 15 Jan 1851 H. WHITE (cmb)

JOHNSON, William & **MOREN,** Mary E. 12 Jan 1852 John MOREN (cmb)

JOHNSON, William & **TRIBLE,** Dine d/o George TRIBLE 20 Dec 1809 (cmb)

JOHNSON, William H. & TAYLOR, Louisa 25 Oct 1836 Frances W. CONNOR (cmb)

JOHNSON, William H. & TAYLOR, Louisa 27 Oct 1836 J. BILLINGSLEY (cmb)

JOHNSTON, Charles & PITTMAN, Sarah W. 19 Oct 1824 Churchill JONES (cmb)

JOHNSTON, Francis & MEREMAN, Mildred 3 Mar 1824 Fortune LAUGHLIN (cmb)

JOHNSTON, P. P. & CARRICK, Sarah 11 Dec 1828 (cmb)

JOHNSTON, Richard & TRIBBLE, Elizabeth 16 Nov 1799 H. GOODLOE - min. (cmb)

JONES, John & PITTMAN, Mary F. 6 Jan 1810 H. PITTMAN (cmb)

JONES, Charles & JONES, Jane E. 16 Sep 1839 Richard G. JONES (cmb)

JONES, Charles & MURRAY, Ellen 23 Dec 1831 George W. MURRAY (cmb)

JONES, Charles W. & COLE, Susan F. 9 Mar 1845 R.W. COLE (cmb)

JONES, Charles W. & YATES, Mildred C. 15 Feb 1834 Samuel O. HILL (cmb)

JONES, Clinton & DUVAL, Susan 10 Dec 1834 George JONES (cmb)

JONES, Edmund & WHITE, Betsy 25 Sep 1800 J. SORRELL (cmb)

JONES, Edmund of Essex Co. & CATLETT, Judith 22 Oct 1804 James JONES -f. (cmb)

JONES, Edward & CATLETT, Judith Oct 1804 H. PITTMAN - min. (cmb)

JONES, Fleming & THOMPSON, Eliza 2 Jun 1831 Robert DICKENSON (cmb)

JONES, Fleming & THOMPSON, Eliza 3 Jan 1831 (cmb)

JONES, George & MOORE, Jane 14 Oct 1833 S. WOOLFOLK (cmb)

JONES, George & MOORE, Jane 14 Oct 1833 Thomas S. MARTIN (cmb)

JONES, Henry A. & CHAPMAN, Cassandra A. 25 Jan 1841 William CHAPMAN (cmb)

JONES, James & BATES, Malinda 21 Dec 1826 Daniel CHAPMAN (cmb)

JONES, James & GRAVATT, Mary d/o Elias GRAVATT 4 Dec 1819 (cmb)

JONES, James & TANNER, Nancy 12 Jan 1844 Ralph JONES (cmb)

JONES, James & TERRILL, Polly 14 Sep 1807 H. GOODLOE -min. (cmb)

JONES, John & CARNALL, Sally 3 Jan 1791 Stephen DAVIS - min. (mb)

JONES, John & DEW, Nancy 6 Dec 1798 Theo NOELL (cmb)

JONES, John & FLETCHER, Sarah 25 Aug 1804 Wm. DOUGLASS (cmbc1)

JONES, John & FLETCHER, Sarah 16 Nov 1799 H. GOODLOE - min. (cmb)

JONES, John & PHILLIPS, Jane 11 Feb 1839 William H. JONES (cmb)

JONES, John & PHILLIPS, Jane E. 14 Feb 1839 (cmb)

JONES, John B. & FRENSLEY, Elizabeth W. 16 Dec1822 John R. TRENSLEY (cmb)

JONES, Jonathan & COLEMAN, Milley m. 18 Apr 1792 Rev. John WALLER (cmb)

JONES, Lee &
BLOXTON, Caty 22 May 1796 John SORRELL (cmb)

JONES, Lewis &
FARMER, Phebe 4 Mar 1823 Thomas CARTER (cmb)

JONES, Madison H. &
GARNETT, __ia ? 11 Mar 1831 Charles TOD (cmb)

JONES, Ralph &
FARMER, Frances 13 Dec 1841 Nicholas FARMER (cmb)

JONES, Richard &
DODD, Mary A. 25 Oct 1828 T. EVANS (cmb)

JONES, Richard &
DODD, Mary Ann 28 Oct 1822 Henry H. DODD (cmb)

JONES, Richard &
WOOLFOLK, Mary P. 12 Feb 1805 Spilsby WOOLFOLK (cmb)

JONES, Richard &
WOOLFOLK, Mary 21 Feb 1805 A. BROADDUS - min. (cmb)

JONES, Robert &
WRIGHT, Elizabeth 20 Nov 1796 John SORRELL (cmb)

JONES, Standfield &
DOGGETT, Elizabeth Mar 1808 H. PITTMAN (cmb)

JONES, Stanfield &
ALSOP, Judith S. 29 May 1826 William LANDRAM (cmb)

JONES, Stanfield &
DOUGLASS, Frances B. 3 Feb 1829 (cmb)

JONES, Stanfield &
DUGLASS, Frances B. 31 Jan 1829 Henry D. STEVENS (cmb)

JONES, Stanfield &
JONES, Lucinda 12 Apr 1824 John JONES (cmb)

JONES, Stanfield C. &
RAINES, Eliza G. L. 14 Feb 1853 Isaac RAINES - f. (cmb)

JONES, Thomas &
SWANN, Mary A. 7 Oct 1830 (cmb)

JONES, Thomas & SWANN, Mary 9 Aug 1830 James T. WHITE (cmb)

JONES, Thomas & THOMAS, Elizabeth 15 Oct 1813 Y. PETTM (?)-min. (cmb)

JONES, Thomas & YARBROUGH, Elizabeth 22 Dec 1836 S. WOOLFOLK (cmb)

JONES, Thomas & YARBROUGH, Elizabeth J. 12 Dec 1836 Henry M. YARBROUGH (cmb)

JONES, Thomas L. & CECIL, Mary S. H. 24 Dec 1835 S. WOOLFOLK (cmb)

JONES, Thomas L. & CECIL, Mary L. H. 22 Dec 1835 Samuel MADISON (cmb)

JONES, Thomas R. & JONES, Ann J. 27 Mar 1838 Nathaniel KENNON (cmb)

JONES, Washington & KIDD, Fanny 6 Nov 1793 Rev. Theo NOELL (cmb)

JONES, William & HOUSTON, Harriet 16 May 1839 (cmb)

JONES, William & PAYNE, Jane 23 Mar 1803 Charles PHILLIPS (cmbc1)

JONES, William & PAYNE, Jane 24 Mar 1803 J. SORREL (cmb)

JONES, William & TRAWNER, Mary d/o Nelly TRAWNER 29 Dec 1843 Gabriel DOLLINS (cmb)

JONES, William H. & HOUSTON, Harriet 30 Apr 1839 Robert S. HOUSTON (cmb)

JONES, William H. of Hanover Co. & TERRELL, Huldah 6 Sep 1819 Charles TERRELL consent (cmb)

JONES, William J. & WHARTON, Sarah 13 Feb 1832 Taliaferro S. HOWARD (cmb)

JONES, William J. &
WHARTON, Sarah 16 Feb 1832 L. BATTAILE - min. (cmb)

JONES, Willis &**LANGSTON,** Rosa 13 Feb 1833 Jack FREEMAN (cmb)

JORDAN, Byrd A. & **ROBINSON,** Louisa 1 Jun 1841 Edw. S. CLARK (cmb)

JORDAN, Henry & **MARTIN,** Sarah d/o Leroy MARTIN 21 Jun 1842 William GARNETT (cmb)

JORDAN, John Jr. & **GORDEN,** Margaret 21 Dec 1844 Samuel R. LAWRENCE (cmb)

JORDAN, Noah & **MARTIN,** Mary 18 Mar 1822 P. LONG - min. (cmb)

JORDAN, Noah & **MARTIN,** Mary 18 Mar 1824 George MARTIN (cmb)

JORDAN, Richard & **MINOR,** Lucy 10 Sep 1821 Sally DENNIS (cmb)

JORDAN, Robert & **GREENSTREET,** Martha 10 Jan 1832 Thomas CONDUIT (cmb)

JORDAN, Robert & **GREENSTREET,** Martha 14 Jan 1832 P. LONG (cmb)

JORDAN, William & **ANDERSON,** Judith 23 Mar 1820 (cmb)

JORDAN, William H. & **RICHESON,** Mary F. 23 Dec 1851 George W. TRICE (cmb)

JORDAN, William H. & **RICHESON,** Mary F. 8 Dec 1851 Elliott M. RICHESON (cmb)

KAY, James & **PUE** (PUGH), Mary 8 Aug 1820 (cmb)

KAY, Joseph W. & **BAYLOR,** Julia A. d/o Nath'l. BAYLOR 12 Dec 1853 Robert K. GARRETT (cmb)

KAY, Robert & **RICHESON,** Ann E. 25

Jan 1844 R. W. COLE (cmb)

KAY, Robert & **RICHESON,** Lucy Ann 8 Jan 1844 William KAY (cmb)

KAY, Walker & **BIRD,** Mary 21 Apr 1844 W. A. BAYNHAM - min. (cmb)

KAY, William & **GREEN,** Mildred A. 15 Jan 1852 A. BROADDUS -min. (cmb)

KAY, William & **GREEN,** Mildred Ann 14 June 1852 Philip GREEN, A. BROADDUS-min. (cmb)

KEAN, John V. & **HILL,** Caroline M. 16 Jan 1826 Samuel REDDUS (cmb)

KEETON, Garratt & **MCDONALD,** Nancy 23 Jan 1792 John WALLER - min. (cmb)

KEHR, Charles H. & **TERRELL,** Ellen E. 28 Jul 1843 Samuel P. TERRELL (cmb)

KELLEY, Elijah & **HUNDLEY,** Sarah P. 8 Sep

1828 Richard LEIGH (cmb)

KELLEY, Franklin M. & **SEAL,** Mary 30 Jul 1836 Achilles SOUTHWORTH (cmb)

KELLEY, George & **BALEY,** Caty 12 Jan 1792 Rev. John YOUNG (cmb)

KELLEY, Henry & **CRAWFORD,** Caty 12 Apr 1819 (cmb)

KELLEY, Henry & **CRAWFORD,** Caty 12 Apr 1819 David BIBB (cmb)

KELLEY, John & **SMITH,** Martha 2 Mar 1831 Temple SOUTHWORTH (cmb)

KELLEY, Richard & **MARTIN,** Elizabeth B. 14 Jun 1824 William BRUMLEY (cmb)

KELLEY, William P. & **POTTER,** Paulina 14 Dec 1846 William A. MONCURE (cmb)

KELLY, Elijah & MASON, Frances W. 27 May 1835 Nelson REYNOLDS (cmb)

KELLY, Elijah & MASON, Frances W. 28 May 1835 S. WOOLFOLK (cmb)

KELLY, Elijah & PEATROSS, Elizabeth A. 13 Dec 1824 H.Y. RAINES (cmb)

KELLY, Elijah & POTTER, Mary F. 18 Nov 1848 James SOUTHWORTH (cmb)

KELLY, Mordicai & SMITH, Mildred 1 Jun 1818 Richard BAILEY (cmb)

KELLY, Richard & CORBETT, Martha A. 22 Dec 1853 Edmund DILLARD (cmb)

KELLY, Richard & HICKS, Mary A. 22 Jan 1825 William PITMAN (cmb)

KELLY, Samuel & CHILES, Jemima 15 Feb 1809 Dabney CHILES (cmb)

KELLY, Thomas & CHILES, Elizabeth Ann 9 Feb 1846 John C. JERRELL (cmb)

KELLY, Thomas & CHILES, Elizabetha 10 Feb 1846 J.A. BILLINGSLEY (cmb)

KELLY, William M. & PHILLIPS, Mary A. 21 Nov 1833 R. CHANDLER (cmb)

KELLY, William Madison & PHILLIPS, Mary Ann 20 Nov 1833 Roland TENY (cmb)

KELLY, William P. & POTTER, Parmelia 24 Dec 1846 R. SCOTT (cmb)

KELSO, Walker & CHAPMAN, Sally 10 May 1803 Edmund CHAPMAN (cmb)

KELSO, Walker & CHAPMAN, Sally 14 Jun 1803 Henry GOODLOE - min. (cmb)

KEMP, Oswald & **HARRISON,** Ann E. 28 Nov 1837 Robert T. TURNER (cmb)

KEMP, Hazlewood & **GATEWOOD,** Catharine 3 Sep 1839 Thomas L. LYNE (cmb)

KENNON, Robert & **DICKINSON,** Martha Ann 15 June 1843 James KENNON (cmb)

KIDD, Benjamin Jr. & **DUNN,** Mary 13 Jan 1823 Benjamin HUNT (cmb)

KIDD, Edmund & **JONES,** Salley 1792 Theodorick NOELL - min. (cmb)

KIDD, Henry & **BULLOCK,** Maria 7 May 1822 John T. BULLOCK (cmb)

KIDD, Joell & **SAUNDERS**, Sally 15 Nov 1797 John SORRELL (cmb)

KIDD, Philip & **CONNER,** Ann Connor 8 Nov 1803 William EDMUND, Willis KIDD, Edmund KIDD, Walker KIDD (cmbc1)

KIDD, Thomas M. & **PAGE,** Sarah A. H. 10 July 1848 Joel H. KIDD (cmb)

KIDD, William & **WRIGHT,** Harriet M. 10 Dec 1821 Robert WRIGHT (cmb)

KILLEY, Thomas & **HEWLETT,** Susanna 15 Dec 1818 Robert MCBRIDE (cmb)

LAFOE, Daniel & **MERREMAN,** Polly 21 Apr 1827 William LONG (cmb)

LAFOE, John F. & **BEASELEY,** Jane F. 14 Nov 1849 Anthony THORNTON (cmb)

LAFOE, John F. & **BEAZLEY,** Jane F. 14 Nov 1849 R. W. COLE (cmb)

LAFOE, Thomas & **ROSE,** Emily P. 25 Jan

1844 Allen S. ROSE (cmb)

LAFOE, Zachariah & SAMUEL, Emily 20 Sep 1821 James SAMUEL -f. (cmb)

LAFONG, Nicholas & PHILLIPS, Anny 11 Jan 1830 Horace FOGG -her guard. (cmb)

LANA, John & LANA, Mary 30 May 1827 J. S. PENDLETON (cmb)

LANDRUM, Joseph & GARRETT, Ann Maria 3 Oct 1853 B. PENDLETON (cmb)

LANDRUM, Walker & ALSOP, Mary 19 Mar 1824 Willis SAUNDERS (cmb)

LANE, Francis & MARTIN, Rebecca 23 Dec 1834 R. CHANDLER -min. (cmb)

LANE, Thomas & MARTIN, Rebecca 10 Dec 1834 John MARTIN (cmb)

LATHAM, D. V. R. & THORNTON, Mildred M. 21 Dec 1840 Thomas G. THORNTON (cmb)

LAUGHLIN, James & COLEMAN, Sarah m. 18 Dec 1788 John WALLER- min. (cmb)

LAUGHLIN, John & CHILES, Lucy 23 Jan 1805 Hawes COLEMAN (cmb)

LAUGHLIN, John & CHILES, Lucy 25 Jan 1805 Andrew BROADDUS (cmb)

LAURENCE, Joseph & PEATROSS, Joanna 20 Sep 1815 J. BUTLER (cmb)

LAWRENCE, Samuel & SAUNDERS, Susanna 17 Sep 1829 Lorenzo SAUNDERS (cmb)

LAWSON, Carter & SORRELL, Sary 20 Feb 1812 (cmb)

LAWSON, Lewis & CARNALL, Betsy 21 Aug 1845 Robert CHAPMAN (cmb)

LAWSON, William & **JONES,** Nancy 6 Feb 1811 Hipkins PITTMAN (cmb)

LAYNE, William & **REDD,** Fanna 25 Dec 1793 T. NOELL - min. (cmb)

LEACH, James H. & **WINN,** Sally C. 27 Sep1842 Jesse WINN (cmb)

LEAR, Thornton K. & **WILKINSON,** Mary C. 25 Dec 1849 Joseph LEAR (cmb)

LEE, Baldwin & **LOVIN,** Joanna 6 Sep1851 John LOVIN (cmb)

LEE, Baldwin & **LOVING,** Johanna 6 Sep 1851 R. W. COLE (cmb)

LEE, Lewis & **LOVING,** Susan 11Sep 1826 Lewis COVINGTON (cmb)

LEFOE, James & **EVANS,** Sarah 7 Oct 1839 Allen ROSE (cmb)

LEFOE, John & **PEMBERTON,** Phebe 10 Feb 1840 W. H. BUCKNER (cmb)

LEFOE, John & **TUPMAN,** Ann 22 Apr 1822 H. W. TUPMAN (cmb)

LEFOE, Thomas E. & **THOMAS,** Mary Ann 15 Aug 1847 James A. CASH (cmb)

LEMMES, Thomas & **BERNARD,** Eliza 18 Nov 1839 George FITZHUGH (cmb)

LETCHFIELD, Larkin & **TOD,** Margaret 17 Dec 1840 J. BAKER - min. (cmb)

LEWCORD, John & **CARLTON,** Mary 25 Jan 1836 James CARLTON (cmb)

LEWCORD, John & **CARLTON,** Mary 27 Jan 1836 Horace WHITE (cmb)

LEWIS, Charles A. Jr. & **WOODFORD**, Elizabeth D. 28 Nov 1829 Robert HUDGIN (cmb)

LEWIS, Charles A. L. &
LEWIS, Mary W. 29 Oct
1822 Charles A. LEWIS
Sr. (cmb)

LEWIS, John &
TANKERSLEY, Caroline
d/o Dorothy
TANKERSLEY 2 Oct 1805
George TANKERSLEY
(cmb)

LEWIS, John T. &
LEWIS, Rebecca E. 22
Mar 1839 Charles A. L.
LEWIS (cmb)

LEWIS, Lawrence B. &
COLEMAN, Sophia F. 19
Mar 1833 John
WOOLFOLK (cmb)

LEWIS, Lee &
COVINTON, Caty 1787
Rev. J. SHACKLEFORD
(cmb)

LIGHTFOOT, Philip &
BERNARD, Sally S. 28
Aug 1804 William
BERNARD -f. (cmb)

LIGHTFOOT, Philip &
BERNARD, Sally 31 Aug
1804 A. WAUGH - min.
(cmb)

LIGHTFOOT, Philip &
BERNARD, Sally S. 28
Aug 1804 Robert G. ROBB
(cmbc1)

LIGHTFOOT, Philip &
BERNARD, Sally S. d/o
William BERNARD 24
Aug 1804 (consent)

LIPSCOMB, Thomas H.
& ANDERSON, Ann T. 8
Aug 1851 William W.
DICKERSON (cmb)

LIPSCOMB; Henry C. &
DICKERSON, Polly 8
Feb 1804 Thomas
DICKERSON -f. (cmb)

LITCHFIELD, Larkin &
TOD, Margaret 17 Dec
1840 A. M. BOULWARE
(cmb)

LITCHFIELD, Larkin &
TOD, Margaret 17 Dec
1840 J. BAKER - min.
(cmb)

LIVINGSTON, Justice &
LEFOND, Angelica Aug
1777 (date recorded) (lmo)

LOMAX, Isaac &
BUNDY, Polly 31 Mar
1848 William FREEMAN
(cmb)

LONG, Addison & **DURRETT**, Letty W. 21 June 1838 Allison BILLINGSLY (cmb)

LONG, Addison L. & **WHITE**, Nouraly A. 18 May 1852 John B. WINN (cmb)

LONG, Anderson J. & **ROBINSON**, Nancy 9 Oct 1843 Patrick CARNAL (cmb)

LONG, Andrew J. & **MOREN**, Sarah Jane 31 Jan 1846 William LONG (cmb)

LONG, Andrew J. & **MOREN**, Sarah Jane 7 Feb 1846 H. WHITE (cmb)

LONG, Benjamin & **BERRY**, Ann 15 Sep 1787 John WALLER -min. (cmb)

LONG, Benjamin & **CARTER**, Rachael 29 May 1813 Hipkins PITTMAN - min. (cmb)

LONG, Ellis & **DISON**, Sarah 20 Dec 1837 Horace WHITE (cmb)

LONG, Ellis & **DYSON**, Sarah 16 Dec 1837 William CHECK (cmb)

LONG, James & **BOULWARE**, Lucy 13 Oct 1814 S. WOOLFOLK (cmb)

LONG, James & **DUNAY**, Elisabeth 15 Feb 1815 H. PITTMAN (cmb)

LONG, James G. & **SALE**, Ann 11 Sep 1809 Richard SALE (cmb)

LONG, John & **BLANTON**, Elizabeth 1Dec 1814 Jesse BUTLER - min. (cmb)

LONG, John & **DYSON**, Catharine 30 Dec 1814 Anderson LONG (cmb)

LONG, John & **DYSON**, Catherine 2 Jan 1842 (cmb)

LONG, John & **SMITH**, Frances 28 Dec 1847 R. W. COLE (cmb)

LONG, John C. &
DEMURE, Frances A. 14
May 1849 John C. LONG
(cmb)

LONG, John C. &
KELLEY, Sarah E. 22
May 1850 William M.
KELLEY (cmb)

LONG, John J. &
SHADDOCK, Catharine P.
27 Feb 1843 Addison L.
LONG (cmb)

LONG, Philip &
GATEWOOD, Fanny 14
Nov 1804 (cmb)

LONG, Philip &
GATEWOOD, Frances 15
Nov 1804 J. SORREL
(cmb)

LONG, Reuben &
FORTUNE, Neomi d/o
Lucy FORTUNE 19 Dec
1818 John LONG (cmb)

LONG, Reuben &
SULLINGER, Patsy Jan
1807 Hipkins PITTMAN -
min. (cmb)

LONG, Reuben &
SUMMERSON, Fanny d/o
Ann SUMMERSON 11
Sep 1804 Henry
GOODLOE -
min. (cmb)

LONG, Reuben &
SUMMERSON, Fanny 11
Sep 1804 Robert
REYNOLDS, Henry ROSE
(cmb)

LONG, Richard &
GAYLE, Gabriella 11 Jan
1831 S. WOOLFOLK
(cmb)

LONG, Richard &
GAYLE, Gabrilla 11 Jan
1831 Josiah P. GAYL
(cmb)

LONG, Valentine C.
&CARNALL, Betsy 19
Mar 1818 Lighton &
Mahaly HARRIS (cmb)

LONG, William &
SOUTHWORTH,
_____ d/o John
SOUTHWORTH 9 Aug
1831 (cmb)

LONG, William &
EDMUNDS, Nancy 17
Nov 1814 H. PITTMAN
(cmb)

LONG, William &
SOMMERSON, Fanny 15

Nov 1804 E. GOODLOE - min. (cmb)

LONG, William & **SUMMERSON**, Fanny 11 Sep 1804 Robert RENNOLDS (cmbc1)

LONG, William Jr. & **SUMMERSON,** Fanny d/o Ann SUMMERSON 11 Sep 1804 (cmb)

LONG, William Jr. & **SUMMESON**, Fanny d/o Ann SUMMESON . undated, in 1804 bonds (cmbc1)

LONGEST, Lewis & **ROUSE,** Julia 26 Dec 1833 Edw. CLARK (cmb)

LONGWELL, John & **MASON,** Martha A. 7 Apr 1851 John O. SALE (cmb)

LOPAS, Joseph & **MASON,** Lucinda 2 Jan 1834 Samuel CHILES (cmb)

LORING, Pittman & **TINSLEY,** Ankey 21 Apr 1809 Joshua TINSLEY- consent, Davi d TINSLEY (cmb)

LOVEN, Barnett & **SMITH,** Eliza 30 May 1842 Richard B. PRUITT (cmb)

LOVEN, Leland & **ENGLAND,** Jane T. 25 Jan 1845 Edwin B. LOVERN (cmb)

LOVEN, Leland & **ENGLAND,** Jane T. 30 Jan 1845 George W. TRICE (cmb)

LOVEN, Solomon & **SAMUEL,** Nancy A. 12 Jun 1851 George SAMUEL (cmb)

LOVEN, William & **CLARK,** Elizabeth 8 Oct 1845 George W. TRICE (cmb)

LOVEN, Willis & **CLARK,** Elizabeth 3 Oct 1845 Edwin LOVEN (cmb)

LOVERING, George & **SAMUEL,** Larinia d/o Edmund SAMUEL 17 Apr 1821 William & John SAMUEL (cmb)

LOVERN, Solomon & **SAMUEL,** Nancy A. 15

June 1851 George W. TRICE (cmb)

LOVING Burkin & **LOVING**, Elizabeth 27 Sep 1851 Edwin B. LOVING (cmb)

LOVIN, John & **MARTIN**, Martha 8 Jan 1828 Henry MARTIN (cmb)

LOVING, Booking & **LOVING**, Sally 9 Nov 1825 Robert ANDREWS (cmb)

LOVING, Brookes & **LOVING**, Elizabeth 2 Oct 1851 A. BROADDUS - min. (cmb)

LOVING, Carter & **LOVING**, Phobe 20 Sep 1853 Richard LANE (cmb)

LOVING, Edwin B. & **LOVEN**, Mary Frances 31 May 1845 Henry M. ALSOP (cmb)

LOVING, Horace & **LOVING**, Polly 11 Dec 1829 William FARMER (cmb)

LOVING, James & **SAMUEL**, Lucy 30 May 1827 Lindsay LOVING (cmb)

LOVING, John & **SMITH**, Frances 13 Dec 1847 Robert WRIGHT (cmb)

LOVING, John Jr. & **BROADDUS**, Sally 11 Feb 1821 Baylor MARTIN (cmb)

LOVING, John Jr. & **LOVING**, Rhoda 4 Sep 1821 Christopher TAYLOR (cmb)

LOVING, Joseph & **LOVING**, Dolly d/o James LOVING 23 May 1835 Horace LOVING (cmb)

LOVING, Josiah & **SAMUEL** Susan 22 Jan 1830 Willis LOVING (cmb)

LOVING, Lindsay & **FARMER**, Elizabeth 10 Jan 1821 Fredrick FARMER -f. William & Henry FARMER (cmb)

LOVING, Lindsay & **FARMER**, Elizabeth 1821 (cmb)

LOVING, Mordecai & **COVINGTON**, Sarah 12 Sep 1839 Robert WHARTON (cmb)

LOVING, Mordecai & **COVINGTON**, Sarah 12 Sep 1839 M. W. BROADDUS - min. (cmb)

LOVING, Mordicai & **JOHNSON**, Dolly 21 Jan 1819 (cmb)

LOVING, Mordicai & **JOHNSTON**, Dolly 19 Jan 1819 Thomas LOVING (cmb)

LOVING, Nelson E. & **HARGRAVE**, Cathy T. 15 Nov 1831 R. CHANDLER (cmb)

LOVING, Pitman & **LEE**, Maria 29 Sep 1824 P. LONG (cmb)

LOVING, Pittman & **LEE**, Maria 29 Sep 1824 Mordecai LOVING, James COX (cmb)

LOVING, Thomas & **TINSLEY**, Maria 18 Dec 1816 (cmb)

LOVING, Uriah & **LOVING**, Nancy 24 Dec 1828 Josiah PARKER (cmb)

LOWDON, John Henry & **RIVES**, Ellen 22 Jan 1847 Joseph RIVES (cmb)

LOWRY, Albert & **WATKINS**, Sarah Jane 19 Dec 1842 Hastings WATKINS (cmb)

LOWRY, Edmund & **RIDDLE**, Tabba 10 Jan 1804 John SALE, Berraman KING (cmbc1)

LOWRY, Edmund & **STUBBS**, Sarah 24 Apr 1824 Fleming BIBBS (cmb)

LOWRY, Edward & **RIDDLE**, Tabba 10 Jan 1804 Jesse TERRELL (cmb)

LOWRY, Edward & **RIDDLE**, Tabitha abt. 1800 (no date was given) Henry GOODLOE (cmb)

LOWRY, Nelson E. & HARGRAVE, Cathrine 14 Nov 1831 John D. DOSWELL (cmb)

LOWRY, Nelson E. & HARGRAVE, Catharine T. 15 Nov 1831 (cmb)

LOWRY, William & WINSTON, Jane 24 Dec 1833 S. WOOLFOLK (cmb)

LOWRY, William & WINSTON, Jane 9 Dec 1833 Mich.G. YARBROUGH (cmb)

LUCAS, Edwin & DAVIS, Ellen H. 8 Mar 1850 Edw. ENNIS (cmb)

LUCK, George P. & WATKINS, Elizabeth 9 Feb 1852 Edmund S. DUNN (cmb)

LUCK, Joel T. & TERRILL, Nice Lynch 8 Jun 1835 Samuel TERRELL (cmb)

LUCK, Napoleon P. & COBBS, Elizabeth S. 4 Oct 1841 R. T. COBB (cmb)

LUCK, Napolinn P. & COBBS, Eliza N. 15 Oct 1853 James E. COBBS, John G. PARRISH (cmb)

LUCK, Richard J. & CARLTON, Ann E. 31 Dec 1850 H. WHITE (cmb)

LUCK, Robert & LUCK, Lucy 7 Jan 1805 Samuel LUCK (cmb)

LUCK, Robert & LUCK, Lucy d/o George LUCK 17 Nov 1804 William LUCK (cmb)

LUCK, Robert S. & WOOD, Eleanor 2 Jun 1834 Henry E. DAVIS (cmb)

LUCK, Robert S. & WOOD, Eleanor 4 Jun 1834 S. WOOLFOLK - min. (cmb)

LUCK, Samuel & EUBANK, Sarah 15 Feb 1808 Wm. GUISEY (cmb)

LUCK, Samuel P. & WOOD, Lydia 13 Aug 1819 Nelson COBB (cmb)

LUCK, William & **CHILES,** Judah 8 Jan 1804 Samuel LUCK (cmb)

LUCK, William & **CHILES,** Judith 13 Feb 1805 Andrew BROADDUS (cmb)

LUMKIN, A. Andridge & **DOWLE,** Patsey 17 Dec 1819 (cmb)

LUMPKIN, Dandredge & **BOWLES**, Patsey 15 Dec 1819 Silas BOWLES (cmb)

LUMPKIN, Isaac & **SAUNDERS,** Fanny 29 Mar 1844 Spilsby SALE (cmb)

LUMPKIN, John & **BEAZLEY,** Phebe 3 Oct 1842 Thomas D. LUMPKIN (cmb)

LUMPKIN, John & **SALE,** Sarah 23 Jan 1827 Spilsbe SALE (cmb)

LUMPKIN, John & **SAUNDERS,** Susan 8 SEPT 1845 John LUMPKIN (cmb)

LUMPKIN, John & **SAUNDERS,** Susan ll Sep 1845 H. WHITE (cmb)

LUMPKIN, Thomas & **OLIVER,** Elizabeth 27 Nov 1804 John OLIVER - f. (cmb)

LUMPKIN, Thomas & **SCANTLAND,** Ellen C. 27 Mar 1839 W.RICHARDS (cmb)

LUMPKIN, Thomas & **TERRELL,** Frances E. 22 Dec 1842 Pleasant TERRELL (cmb)

LUMPKIN, Thomas D. & **SCANDLAND,** Ellen 25 Mar 1839 Spilsbe SALE (cmb)

LUNSFORD, Edwin & **ANDERSON,** Sarah 26 Mar 1828 Samuel ANDERSON (cmb)

LYON, James & **WILLIAMS,** Elizabeth P. 22 Sep 1808 A. BROADDUS (cmb)

MADDISON, George N. & **BIBB,** Elizabeth C. 25 Feb 1841 J. HALL -min. (cmb)

MADDISON, James & **MOORE**, Ann 23 Jan 1840 F. W. SCOTT (cmb)

MADISON, George W. & **BIBBS**, Elizabeth C. 25 Feb 1841 J.. HALL (cmb)

MADISON, Austin & **PARE**, Rebecca 11 July 1825 William BULLARD (cmb)

MADISON, George & **PARE**, Lucy 31Dec 1818 S. WOOLFOLK (cmb)

MADISON, George & **PARE**, Nancy 30 Dec 1818 William H. BULLARD (cmb)

MADISON, George T. & **SOUTHWORTH**, Jane E. 14 Jan 1851 William J. MADISON (cmb)

MADISON, George W. & **BIBB**, Elizabeth C. 23 Feb 1841 Samuel H. BURRUS (cmb)

MADISON, Henry W. & **KELLEY**, Frances 15 Oct 1816 (cmb)

MADISON, Henry W. & **KELLY**, Frances 15 Oct 1816 S. WOOLFOLK (cmb)

MADISON, James & **MOORE**, Ann 22 Jan 1840 Ambrose BAUGHAN (cmb)

MADISON, James & **YARBROUGH**, Martha Ann 8 Oct 1851 Thomas JONES (cmb)

MADISON, James C. & **MADISON**, Margaret d/o Sally MADISON m. 21 Mar 1852 Margaret & Thomas MADISON (cmb)

MADISON, James C. & **MADISON**, Margaret 21 Mar 1852 W. A.DICK - min. (cmb)

MADISON, John & **CARNAL**, Melissa 17 Sep 1847 Thomas J. THACKER (cmb)

MADISON, John & **COATS**, Nancy 14 May 1827 Leland REYNOLDS (cmb)

MADISON, John M. & **BROWN**, Mary 26 Sep

1811 Robert _____ - min. (cmb)

MADISON, Joseph R. & **MADISON,** _____ 9 Oct 1841 John G. PAVEY (cmb)

MADISON, Joseph R. & **MADISON,** Mary D. 23 Dec 1841 R. SCOTT (cmb)

MADISON, Lewis & **GANT,** Margaret 26 Mar 1818 (cmb)

MADISON, Melvin & **CHANDLER,** Mary Frances 1851 "license returned with no certificate of minister" (cmb)

MADISON, Melvin & **CHANDLER,** Mary Frances 15 Dec 1851 Thomas MADISON (cmb)

MADISON, Peter & **SEAL,** Theresa 23 Oct 1851 E. C. SEAL (cmb)

MADISON, Robert & **MADISON,** Sarah 3 Sep 1824 Garland HARGRAVE (cmb)

MADISON, Samuel & **FORTSON,** Jane P. 16 Dec 1833 James SOUTHWORTH (cmb)

MADISON, Samuel & **FORTSON,** Jane P. 19 Dec 1833 (cmb)

MADISON, Samuel & **PARE** Dorothea 17 June 1836 Spilsbe WOOLFOLK (cmb)

MADISON, Samuel & **PARE,** Dorothea 17 June 1836 Joseph HUTCHINSON (cmb)

MADISON, Samuel & **WHITLOCK,** Sally 10 Feb 1813 (cmb)

MADISON, Thomas & **SATTERWHITE,** Rebecca 19 June 1839 Joseph C. WINGFIELD (cmb)

MAGRUDER, Sublett & **WOOLFOLK,** Mary 20 Nov 1817 S. WOOLFOLK - min. (cmb)

MAHAM, William & **STUART,** Elizabeth 14 May 1801 J. SORREL (cmb)

140

MAHON Temple & WHITE, Nancy W. 17 Jan 1827 John W. FORTUNE (cmb)

MAHON, Acquilla & VAUGHAN, Peggy 26 Dec 1803 Chillion WHITE (cmb)

MAHON, Acquilla & VAUGHAN, Peggy 26 Dec 1803 Caleb SALE (cmbc1)

MAHON, Richard & GARDNER, Elizabeth 21 Feb 1799 John SORREL (cmb)

MAHORNEY, Daniel & FORTUNE, Harriet 3 Oct 1831 Jenny FORTUNE - mo. (cmb)

MAJOR, Robert & SHADDOCK, Ann 12 Jan 1835 James ANDERSON (cmb)

MALLORY, William & CHILES Pamela 5 Aug 1819 S. WOOLFOLK - min. (cmb)

MALLORY, William & CHILES, Pamela 13 July 1819 John CHILES (cmb)

MALONE, James & PARE, Jane 23 Dec 1833 John PARE (cmb)

MALONE, James & PARE, Jane 24 Dec 1833 S. WOOLFOLK - min. (cmb)

MANN, Edward POC b.p. Virginia & WARE, Ellen POC 22 Dec 1853 (cmb)

MANN, Garnett & ROUSE, Sally 18 May 1837 Taliafero PARKER (cmb)

MANN, Garnett POC & RONISE, Eliza POC 26 Mar 1837 (hv)

MARABEE, Edward & SAUNDERS, Lucy 30 Sep 1833 George SAUNDERS (cmb)

MARMADUKE, Montraville & MADISON, Ann F. 12 Jan 1843 Wm. RICHESON (cmb)

MARROW, Samuel & TOOMBS, Elizabeth 16 Apr 1802 J. SORRELL (cmb)

MARSHAL, Francis & **CARNAL,** Keziah 1Oct 1829 (cmb)

MARSHALL Carter & **CAMPBELL,** Nancy 19 Dec 1804 Wm. CAMPBELL (cmb)

MARSHALL, Benjamin & **COLEMAN,**Eliza R. 14 Apr 1817 H. GOODLOE (cmb)

MARSHALL, David & **CHANDLER,** Sally 26 June 1800 H. PITTMAN- min. (cmb)

MARSHALL, Francis & **CARNALL,** Keziah 29 Sep 1829 Hay CARNALL (cmb)

MARSHALL, Francis & **HANES,** Lucy S. 23 Dec 1833 Elisha M. RANES (cmb)

MARSHALL, Francis & **HANES,** Lucy S. 25 Dec 1833 S. WOOLFOLK (cmb)

MARSHALL, Francis & **SACRA,** Kesiah 29 Dec 1814 S.WOOLFOLK - min. (cmb)

MARSHALL, George & **BROADDUS,** Thirza 13 Dec 1824 M. W. BROADDUS (cmb)

MARSHALL, George & **SAUNDERS,** Sally m. Oct 24, 1787 John SHACKEFORD - min. (cmb)

MARSHALL, George W. & **CHAPMAN,** Judith E. 22 Dec 1846 R.W. COLE - min. (cmb)

MARSHALL, George W. & **MOTLEY,** Polly S. 12 Dec 1853 Nathaniel MOTLEY - f. (cmb)

MARSHALL, James & **TAYLOR,** Margaret 26 Dec 1846 (cmb)

MARSHALL, John F. & **VAUGHAN,** Martha d/o Silas VAUGHAN 26 May 1852 George W. MARSHALL

MARSHALL, John F. & **VAUGHN,** Martha 26 May 1852 R. W. COLE (cmb)

MARSHALL, Thomas & DURRETT, Fannia 11 Jan 1804 (no date was actually listed. This was the date immediately preceeding the entry) Henry GOODLOE (cmb)

MARSHALL, Thomas & DURRETT, Fanny 10 Nov 1803 (cmb)

MARSHALL, William & GRIFFIN, Dorothy 24 Oct 1787 John SHACKLEFORD - min. (cmb)

MARTIN, George & SPINDLE, Martha G. 27 Jan 1813 S. WOOLFOLK (cmb)

MARTIN, John of "Clifton" & BURWELL, Martha d/o James BURWELL of "Kingsmill", Gloucester Co. d.d. 27 May 1738 age 36 (onkc)

MARTIN, Andrew & JORDAN, Delila d/o Francis JORDAN 8 Aug 1818 Leroy & Robert MARTIN (cmb)

MARTIN, Bay & JORDAN, Sally 26 Dec 1821 Wm. JORDAN (cmb)

MARTIN, Baylor & JORDAN, Sally d/o Sally JORDAN 20 Dec 1821 (cmb)

MARTIN, Baylor & MARTIN, Sarah 5 Mar 1818 John LOVIN (cmb)

MARTIN, George & CHENAULT, Ellender 26 Apr 1850 Lindsey C. PITTS (cmb)

MARTIN, George & MOORE Nancy (widow) 1 May 1822 (cmb)

MARTIN, Henry & BELL, Mary W. 23 Dec 1824 S. WOOLFOLK (cmb)

MARTIN, Henry & BELL, Mary W. 23 Dec 1824 Wm. K. STUART (cmb)

MARTIN, Henry P. & COBB, Mary E. 10 Mar 1851 W. T. NOEL (cmb)

MARTIN, Humphrey H. & GUY, Mary Ann 4 Mar 1830 (cmb)

MARTIN, Humphrey H. & **GUY,** Mary Ann 25 Feb 1830 Samuel A. GUY (cmb)

MARTIN, J. Y. & **LEWIS,** Rebecca 26 Dec 1851 A. J. BOULWARE (cmb)

MARTIN, James & **CHENAULT,** Ellen 9 May 1850 Jos. LEAR (cmb)

MARTIN, James & **GARNETT,** Elizabeth 19 May 1838 Wm. MARTIN (cmb)

MARTIN, James & **HUSTEN,** Ann 5 Nov 1794 Rev. John SORREL (cmb)

MARTIN, John & **DONAHOE,** Caty 10 Jan 1804 Reuben DONAHOE (cmb)

MARTIN, John & **DONAHOE,** Caty 11 Jan 1804 A. WAUGH (cmb)

MARTIN, John & **HACKETT,** Mary E. 8 Mar 1841 Garrett HACKETT (cmb)

MARTIN, John & **HACKETT,** Mary S. 11 Mar 1841 F. W. SCOTT (cmb)

MARTIN, John **& PITTS**, Elizabeth 20 Jan 1830 Robert WRIGHT (cmb)

MARTIN, John & **SAUNDERS,** Mary 10 Dec 1827 John SAUNDERS (cmb)

MARTIN, John & **VAUGHAN,** Nancy 23 Nov 1830 Corbin VAUGHAN (cmb)

MARTIN, Mordecai & **MOORE,** Patsy 13 Dec 1824 Phillip LONG (cmb)

MARTIN, Obadiah & **TURNER**, Ann 24 Oct 1787 John SHACKLEFORD - min. (cmb)

MARTIN, Robert & **BIBB,** Mary Ann S. 19 Dec 1822 John BIBB (cmb)

MARTIN, Robert & **BIBB,** Mary Ann S. 24

Dec 1822 S. WOOLFOLK - min. (cmb)

MARTIN, Thomas & BOULWARE, Frances A. 8 Dec 1884 Musco BOULWARE (cmb)

MARTIN, Thomas & CHENAULT, Nancy 11 Feb 1824 Samuel CHENAULT (cmb)

MARTIN, Thomas & CHENAULT, Nancy 11 Feb 1824 P. LONG (cmb)

MARTIN, Thomas & CLARK, Matilda B. 16 Dec 1827 Edmond CLARK (cmb)

MARTIN, William & TURNER, Letty 18 Nov 1798 John SORRELL (cmb)

MARTIN, William & BRUMLEY, Nancy d/o Elizabeth BRUMLEY age 21 23 Jun 1803 Nichodemus FARMER (cmbc1)

MARTIN, William & BRUNLEY, Nancy Jun 1803 H. PITTMAN (cmb)

MARTIN, William & HARGROVE, Caty 5 Feb 1794 John SORREL - min. (cmb)

MARTIN, William P. & SEAL, Margaret G. 2 Jan 1844 (cmb)

MARTIN, William P. & SEAL, Margaret G. 28 Dec 1843 Wm. SEAL (cmb)

MARTIN, William T. & GARRETT, Laura 20 Dec 1836 Wm. GARRETT (cmb)

MARTIN, Wren & HOUSTON, Malissa 20 Dec 1841 Wm. S. HOUSTON (cmb)

MARTIN, Wren & HOUSTON, Malissa 23 Dec 1841 Robert SCOTT - min. (cmb)

MARTIN, Younger & BOWLER, Betty 24 Oct 1798 J SORRELL (cmb)

MARTIN, Younger & MOTLEY, Sarah 10 Dec 1832 Phillip GREEN (cmb)

MASON, James & CHEWNING, Fanny 29 Nov 1788 Rev. J. WALLER (cmb)

MASON, Joell & KELLY, Jenney 14 Dec 1798 John SELF - min. (cmb)

MASON, Joseph R. & ATKINSON, Mary 10 Apr 1827 Edmund WEST (cmb)

MASON, Major W. M. & PEATROSS, Sarah E. 19 July 1853 James E. WEST (cmb)

MASON, Nathaniel D. & BURRUSS, Frances 1803 Richard BROADDUS - min. (cmb)

MASON, Richard & CHANDLER, Nancy 25 Feb 1824 James CHANDLER (cmb)

MASON, Robert & SHADDOCH, Ann 15 Jan 1835 W. RICHARDS (cmb)

MASON, Smith & MADISON, Nancy F. 22 Dec 1848 Charles S. TERRY (cmb)

MASON, Warner M. & PEATROSS, A. F. 26 Feb 1834 G.W. TRICE - min.(cmb)

MASON, Warner M. & PEATROSS, Mary A. F. 10 Feb 1834 Richard PEATROSS (cmb)

MASON, Willis & KELLY, Sally 2 Feb 1797 John SELF (cmb)

MASSEY, John P. & FARISH, Malinda D. 12 Apr 1841 George B. FARISH (cmb)

MASSEY, John P. & HOLLOWAY, Elizabeth C. 18 Dec 1848 L. A. COGHILL (cmb)

MASSEY, John P. & ROANE, Sarah Ann 6 Mar 1837 Reuben T. ROANE (cmb)

MASSIE, James R. & ESTES, Elizabeth 25 Dec 1825 Thomas F. GREEN (cmb)

MASSIE, James R. & ESTES, Elizabeth 26 Dec 1825 (cmb)

MASSY Ishmael S. & PHILLIPS, Elizabeth 16 Oct 1824 Henry HOUSTON (cmb)

MATHEWS, John A. & TERRELL, Sarah B. R 13 Nov 1843 Samuel TERRELL (cmb)

MAURY, Stillman & BECKHAM, Mary H. 13 Sep 1842 John WOOLFOLK (cmb)

MAY, Joseph & MILLER, Maria 30 Dec 1830 (cmb)

MAY, Allen & ALLEN, Polly 11 Dec 1822 S. WOOLFOLK (cmb)

MAY, Allen & SATTERWHITE, Polly 10 Dec 1822 Robert SATTERWHITE - f. (cmb)

MAY, Joseph & MILLER, Maria 28 Dec 1830 Richard BOULWARE (cmb)

MAY, Joseph & MILLER, Maria 30 Dec 1830 A. M. LEWIS (cmb)

MAYFIELD, Henry & DAVEY, Milley 2 Jan 1791 Henry GOODLOE - min. (cmb)

MAYLANE, James & DISMUKES, Betty 24 Oct 1787 Rev. James TAYLOR (cmb)

MCBRIDE, Robert & GREGORY, Betsy 6 Jan 1823 Thomas GREGORY (cmb)

MCCLUSKAY, James & CHILES, Amanda F. 9 Aug 1830 (cmb)

MCCLUSKAY, James & CHILES, Amanda 9 Aug 1830 Samuel CHILES (cmb)

MCGOULDEN, James & GARRETT, Sarah 25 Feb 1819 (cmb)

MCGRAW, John & PURKS, Mary 23 Nov 1793 Rev. John SORRELL (cmb)

MCGRUDER, Charles & MAURY, Ann H. 1 Dec 1847 John G. PARRISH- min. (cmb)

MCGRUDER, Charles & **MAURY,** Ann H. 1 Dec 1847 Lewis HILL (cmb)

MCGRUDER, Richard W. F. & **WOOLFOLK,** Angelina 16 Nov 1848 John WOOLFOLK (cmb)

MCGRUDER, Sublett & **WOOLFOLK,** Mary 20 Nov 1818 (cmb)

MCGUIRE, William & **SAUNDERS,** Maria 21 Dec 1818 David S. EVANS (cmb)

MCGUIRE, William & **SAUNDERS,** Maria 22 Dec 1818 S. WOOLFOLK (cmb)

MCKEE, Thomas & **CARNALL,** Ellis 8 Sep 1790 John SHACKLEFORD - min. (cmb)

MCKENNEDAY, Martin & **GOODLOE,** Elizabeth D. 16 Dec 1831 George M. MCLAUGHLIN (cmb)

MCKENNEY, Edgar & **WALLER,** Elizabeth P. 21 June 1851 J.L. PENDLETON (cmb)

MCKENNY, William M. & **CARR,** Sa____ 8 May 1832 Charles R. CARR (cmb)

MCKINNEY, Champe & **CARR,** Frances 20 Nov 1826 Washington CARR (cmb)

MCKINNEY, Edgar & **WALLER,** Elizabeth P. 29 June 1851 D.M. WHARTON -min. (cmb)

MCLAUGHLIN, George M. & **DUKE,** Huldah 23 Aug 1850 R. W. SCOTT (cmb)

MCLAUGHLIN, John & **JOHNSON,** Sarah M. C. 8 Oct 1827 Richard D. CONNER (cmb)

MCLAUGHLIN, John V. & **JOHNSON** Sarah M. C. 17 Oct 1827 (cmb)

MCLAUGHLIN, Thomas & **HACKETT,** Mary T. 10 Jan 1834 Peter QUARLES (cmb)

MCLAUGHLIN, Thomas & **HACKETT,** Mary T. 5 Mar 1834 R. CHANDLER - min. (cmb)

MCLELLAN, Thomas C. & **SAUNDERS,** Bettie R. 28 Nov 1853 Ellis G. SAUNDERS -f. (cmb)

MCPHERSON, William & **ROYSTON,** Seranda 23 Oct 1826 James ROYSTON (cmb)

MCPHERSON, James & **MARTIN,** Sarah Ann 29 Dec 1829 George MARTIN (cmb)

MEAUSE, John W. & **CONNOR,** Mary D. 11 May 1830 (cmb)

MEAUSE, John W. & **CONNOR,** Mary D. 10 May 1830 Richard D. CONNOR (cmb)

MELONE, Richard & **BROOKS,** Elizabeth d/o Bluford BROOKS 10 Dec 1805 Phillip & Thomas BROOKS (cmb)

MEREDITH, John A. & **BERNARD,** Sarah Ann 24 Oct 1838 William FRIEND (cmb)

MEREDITH, John A. & **BERNARDS,** Sarah Ann 23 Oct 1838 J. B. LIGHTFOOT (cmb)

MEREMAN, Prestey & **BERRY,** Catharine 12 Apr 1824 Charles S. JONES Jr. (cmb)

MERIWEATHER, Richard & **THORNTON,** Susanna F. 8 July 1823 John H. F. THORNTON (cmb)

MERRETT, James & **PAGE,** Lucy 27 Feb 1792 Rev. J. SORRELL (cmb)

MERRETT, Silas & **TIGNOR,** Eliza 28 Jan 1817 S. WOOLFOLK - min. (cmb)

MERRILL, Joseph M. & **BOULWARE,** Amelia P. 23 May 1829 Faverner WINN (cmb)

MERRILL, Joseph M. & **BOULWARE,** Amelia P. 25 Mar 1829 (cmb)

MERRINER, James & **BOULWARE,** Sarah 11 Dec 1809 Muscoe BOULWARE (cmb)

MERRYMAN, Presley & **OLIVER,** Elizabeth 26 June 1800 H. GOODLOE - min. (cmb)

MERRYMAN, Thomas & **CROSLY,** Amelia 15 Sep 1847 Francis CROSLY (cmb)

MERRYMAN, Thomas & **CROSLY,** Amelia 16 Sep1847 W. FRIEND (cmb)

MERRYMAN, William & **JOHNSON,** Ann A. 20 Dec 1821 Churchill JONES (cmb)

MICON, Roy & **ROSE,** Ann 20 Dec 1823 Wm. EDWARDS (cmb)

MIDDLEBROOK, John & **CROWLEY,** Catharine 6 July 1839 Robert MIDDLEBROOK (cmb)

MIDDLEBROOK, Thomas & **MILLER,** Martha 13 Sep 1821 Peggy MILLER - mo. (cmb)

MIDDLEBROOKS, John & **CANNON,** Ann 9 Aug 1830 Richard B. WHITE (cmb)

MILLER, Alex P. & **TOD,** Mary E. 2 Jan 1844 (cmb)

MILLER, Alexander P. & **TOD,** Mary E. 12 Feb 1844 John B. TOD (cmb)

MILLER, Conrad P. & **JAMES,** Ann S. 18 Dec 1850 James FOUNTAINE (cmb)

MILLER, John A. & **BURKE,** Margaret S. 14 Jan 1839 Robert S. BROADDUS (cmb)

MILLER, John P. & **BOWIE,** Sarah P. 20 May 1835 Robert HUDGIN (cmb)

MILLER, Larken & **WRIGHT,** Frances 9 July 1790 Rev. John WALLER (cmb)

MILLER, Lewis F. & **YOUNG,** Mary E. 12 Jan 1847 Wm. YOUNG (cmb)

MILLER, William & DURRETT, Mary 2 Jan 1791 Rev. Henry GOODLOE (cmb)

MILLER, William & JETER, Nancy 20 Dec 1792 Rev. John SORREL (cmb)

MILLS Wyatt & MILLS, Polly Mar 1807 H. PITTMAN (cmb)

MILLS, Benjamin & WHITE, Melissa W. 2 Dec 1847 Wm. WHITE (cmb)

MILLS, Benjamin J. & WHITE, Milisa 9 Dec 1847 J. A. BILLINGSLY - min. (cmb)

MINOR, Garrott & MCWILLIAMS, Elizabeth 9 Mar 1803 George FRENCH - guard. of Elizabeth (cmbc1)

MINOR, Garrott & MCWILLIAMS, Elizabeth 9 Mar 1803 Wm. W. BUCKNER (cmb)

MINOR, Lancelot & SWANN, Mary Ann 23 Nov 1852 John V. KEAN (cmb)

MINOR, Reuben & ELLIOTT, Mary 11 Sep 1802 Theo NOELL (cmb)

MINOR, Thomas H. & CONNER, Sarah T. 15 Nov 1824 Paul CONNER (cmb)

MINOR, Warner, W. & TIMBERLAKE, Maria M. 25 Jan 1819 Lewis TIMBERLAKE - f. (cmb)

MITCHELL, ? & ESTES, Emily 12 Nov 1838 John M. WADDY (cmb)

MITCHELL, Hickman & CHILES, Judith W. 8 Feb 1837 Wm. HUMP (cmb)

MITCHELL, Hickman & CHILES, Judith W. 9 Feb 1837 S. WOOLFOLK - min. (cmb)

MITCHELL, Hickman & WRIGHT, Letty 22 Dec 1797 John SORRELL - min. (cmb)

MITCHELL, James & ESTES, Emily 12 Nov

1838 John L. PENDLETON (cmb)

MITCHELL, James & ESTIS, Emily 12 Nov 1838 John M. WADDY - min. (cmb)

MITCHELL, James & HARRIS, Rachel 8 Feb 1831 Phillip DURRETT (cmb)

MITCHELL, James & HARRIS, Rachel 9 Feb 1831 S. WOOLFOLK - min. (cmb)

MITCHELL, Loveless & MITCHELL, Sally age 21 14 Mar 1803 John & Mark MITCHELL (cmb) (cmbc1)

MITCHELL, Pascal & WRIGHT, Buelah 28 Dec 1826 James MITCHEL (cmb)

MITCHELL, Thomas & WINSTON, Mary J. 14 Nov 1832 (cmb)

MITCHELL, Thomas & WINSTON, Sary J. 13 Nov 1832 Achelles DURRETT (cmb)

MOLEN, John & PICKETT, Polly 16 Dec 1840 W. RICHARD (cmb)

MOLEN, John & PICKETT, Polly 16 Dec 1840 George W. DONAHOE (cmb)

MOLEN, William & TINSLEY, Margaret 8 Sep 1790 Rev. J SHACKLEFORD (cmb)

MOLLEY, Edwin & REDD, Elizabeth 13 Nov 1794 Rev. Theodk. NOEL (cmb)

MONCURE, William A. & GATEWOOD, Lucy A. 6 Mar 1828 Reuben GATEWOOD (cmb)

MONDAY, Beverly & CARTER, Betsy 20 May 1822 James PHILLIP (cmb)

MONDAY, Harrison & SNEED, Patsy 19 Dec 1799 (cmb)

MONDAY, Phillip T. & WALDEN, R. A. P. 17 Dec 1818 S. WOOLFOLK - min. (cmb)

MONROE, Andrew & ROBERTS, Sarah m.21 Dec 1786 Rev. James TAYLOR (cmb)

MONROE, William & BUCKNER, Kitty 23 Apr 1805 A. WAUGH - min. (cmb)

MONROE, William W. & BUCKNER, Kitty 9 Apr 1805 Andrew MONROE - guard. (cmb)

MOODY, Carter & EUBANK, Lucy 11 Jan 1804 R. BROADDUS - min. (cmb)

MOODY, Carter & EUBANK, Lucy d/o Wm EUBANK 24 Jan 1803 (cmbc1)

MOOR, James & MALLIN Peggy 7 Apr 1815 (cmb)

MOORE, Edward & COOPER, Nancy 8 Aug 1842 John COOPER (cmb)

MOORE, Gregory & BRAME, Patsy B. 18 May 1827 John L. PENDLETON (cmb)

MOORE, James & MOLIN, Peggy 7 Apr 1815 (cmb)

MOORE, James & PEATROSS, Mary W. 20 Dec 1830 Wm.WEST

MOORE, Jeremiah & DABBS, Nancy 14 Oct 1830 George W. DABBS (cmb)

MOORE, Jeremiah & DABBS, Nancy 18 Oct 1830 (cmb)

MOORE, John & GAUNT, Sally 12 Apr 1802 (cmb)

MOORE, John & JONES, Salina 10 Jan 1831 Phillip LONG (cmb)

MOORE, John & JONES, Lelind 13 Jan 1831 (cmb)

MOORE, Lansford & SATTERWHITE, Marsia 25 Nov 1847 A. ANDERSON (cmb)

MOORE, Lunsford & SATTERWHITE, Narsia 25 Nov 1847 George T. RICHESON (cmb)

153

MOORE, Turner & MADISON, Susan 4 May 1826 Garland HARGRAVE (cmb)

MOORING, John & THACKER, Susanna Jan 1803 Wm. THACKER (cmb)

MOREN, Ellick & DUKE, Helen 8 Jan 1844 John B. TOAD (cmb)

MOREN, Elliott & DUKE, Helen 18 Jan 1844 H. WHITE (cmb)

MOREN, James & CARLTON, Nancy 2 May 1831 Phillip CARLTON (cmb)

MOREN, James & SMITH, Sarah 2 Jan 1851 H. WHITE- min. (cmb)

MOREN, James & SMITH, Sarah 31 Dec 1850 John HUGHES (cmb)

MOREN, John & SHIP, Frances 5 June 1851 H. WHITE (cmb)

MOREN, John & SHIP, Nancy Frances 9 June 1851 H. WHITE- min. (cmb)

MOREN, John & SHIP, Nancy T. 17 May 1851 James MOREN (cmb)

MORGAN, Henry & SHACKLEFORD, Mildred 23 Feb 1832 (cmb)

MORGAN, Henry & SHACKLEFORD, Mildred J. 23 Feb 1832 William BLANTON (cmb)

MORGAN, John & MCDONALD, Elenor Jan 1791 H. GOODLOE - min. (cmb)

MORGAN, Simon & CLATOR, Sarah 7 May 1796 J. SORREL - min. (cmb)

MORGAN, Simon & HUTSON, Polly 10 May 1798 J. SORREL (cmb)

MORNEN, John & THACKER, Susannah 15 Jan 1803 S. LUCK (cmb)

MORRIS, B. W. & WOOLFOLK, A. F. 18

Nov 1847 John WOOLFOLK (cmb)

MORRIS, Barton W. & WOOLFOLK, Anna F. 18 Nov 1847 W. FRIEND (cmb)

MORSON, Hugh & LIGHTFOOT, Rosalia V. 20 July 1848 J. B. LIGHTFOOT (cmb)

MORSON, Hugh & LIGHTFOOT, Rosalie V. 10 Aug 1848 W. FRIEND (cmb)

MOSLEY, Thomas & MARTIN, Catharine A. 16 Apr 1845 W. A. BAYNHAM (cmb)

MOTLEY, Edmund & THORNTON Elvira J. Aug 1836 W. FRIEND - min. (cmb)

MOTLEY, Edmund G. & THORNTON, Elvira J. 9 Aug 1836 William S. ROYSTON (cmb)

MOTLEY, Henry & SEGAR, Ann 13 Dec 1794 Rev. Andrew BROADDUS - min. (cmb)

MOTLEY, James L. & TOD, Louisa 24 June 1841 George T. TOD (cmb)

MOTLEY, Thomas & MARTIN, Catherine A. 14 Apr 1845 Phillip GREEN (cmb)

MULLEN, James & HENRY, Catharine 26 Sep 1826 John S. ROBINSON (cmb)

MULLEN, James M. & STEVENS, May 8 Dec 1821 James H. STEVENS (cmb)

MULLEN, Mosely M. & FARMER, Susan 10 Jan 1853 Samuel FARMER- f. (cmb)

MULLIN, Charles & DISHUZOR, Peggy Apr 1805 H. PITTMAN (cmb)

MULLIN, James M. & STEVENS, Nancy 8 Dec 1821 James H. STEVENS - Bro. of Nancy (cmb)

MULLIN, Joseph & HAYNES, Lucy 20 Jan 1803 J. SORREL (cmb)

MULLIN, Joseph & **HAYNES,** Lucy age 22 19 Jan 1803 William MULLINS, Samuel CHENAULT (cmb)

MULLIN, Mosley M. & **DESHAZO**, Mary m. Jan 1809 H. PITTMAN- min. (cmb)

MULLIN, Mosley M. & **DESHAZO,** Mary 26 Jan 1809 William DESHAZO - f. ,Charles, William & James Jr. MULLIN (cmb)

MULLIN, Samuel & **HOUSTON,** Salley 11 Apr 1809 Abraham MULLIN (cmb)

MULLIN, William & **CHENAULT,** Nancy 1 Jan 1798 J. SORREL (cmb)

MULLIN, William & **MULLIN,** Henrietta 7 July 1835 James DUVAL (cmb)
MULLIN, William & **ROBINSON,** Lucy 27 May 1817 S. WOOLFOLK - min. (cmb)

MULLIN, William & **SORRELL** Ann Jan 1809 H. PITTMAN (cmb)

MULLIN, William & **SORRELL,** Ann 5 Jan 1809 James MULLIN (cmb)

MUNDAY, Benjamin H. & **HARRISON** , Mary H. 10 Aug 1844 Madeson H. JONES (cmb)

MUNDAY, James & **MASON,** Mary 15 Feb 1833 P. LONG (cmb)

MUNDAY, James & **MASON,** Nancy 13 Feb 1833 John KELLY (cmb)

MUNDAY, James & **PEATROS,** Agness A. 15 Dec 1841 Waren M. MASON (cmb)

MUNDAY, James & **PEATROSS,** Agnes 19 Dec 1841 F. W. SCOTT (cmb)

MUNDAY, John & **BATES,** Eliza 13 Feb 1817 (cmb)

MUNDAY, John R. & **DUNN,** Martha W. 29 Sep 1846 Lewis SIRLES (cmb)

MUNDAY, John R. & **DUNN,** Martha W. 1 Oct 1846 R.W.COLE (cmb)

MUNDAY, Meriday & GRAVES, Susan H. 1 June 1826 William GRAVES (cmb)

MUNDAY, Phillip T. & WALDEN, Rachel A.M. 14 Dec 1818 George WALDEN (cmb)

MUNDAY, Silas & CARTER, Jane 14 Sep 1823 John MUNDAY (cmb)

MURRAH, , Henry & SHENAULT, Elizabeth 14 Nov 1839 W. RICHARDS (cmb)

MURRAH, Benjamin & CARTER, Molly 24 Oct 1787 John SHACKLEFORD- min. (cmb)

MURRAH, William & ALSOP, Elizabeth 24 Oct 1787 Rev. John SHACKLEFORD (cmb)

MURRAY, Charles & BEAZLEY, Thomas (?) 6 Jan 1829 William BEAZLEY (cmb)

MURRAY, Charles & BEAZLEY, Fanny 8 Jan 1829 (cmb)

MURRAY, Henry & CHENAULT, Elizabeth 19 Oct 1839 Samuel CHENAULT

MURRAY, Hiram & LONGEST, Mary 4 Sep1832 (cmb)

MURRAY, Hiram & LONGEST, Mrs. Mary 4 Sep 1832 James SAMUEL (cmb)

MURRAY, James & SALE, Louisa C. 7 Nov 1837 H. WRIGHT (cmb)

MURRAY, James & SALE, Louisa C. 9 Nov 1837 M. W. BROADDUS (cmb)

MURRAY, Samuel J. & BROADDUS, Elizabeth A. 21 Oct1847 R. W. COLE (cmb)

MURRAY, Samuel J. & BROADDUS, Elizabeth A. 19 Oct 1847 John O. SALE (cmb)

MURRAY, William J. &
SALE, Sarah F. 14 Nov
1831 Albert G. SALE
(cmb)

NAPIER, William P. &
SOUTHWORTH, Harriett
18 May 1837 M. W.
BROADDUS (cmb)

NAPIER, William P. &
SOUTHWORTH, Harriet
8 May 1837 John
SOUTHWORTH (cmb)

NAPIER, William P. &
SOUTHWORTH, Nancy
17 Dec 1828 S.
WOOLFOLK - min. (cmb)

NAPIER, William P. Jr. &
SOUTHWORTH, Nancy
16 Dec 1828 Horace
COLEMAN- ward ,
Edmund SALE (cmb)

NASH, James & HART,
Margaret C. 18 Dec 1822
Joel MASON (cmb)

NELSON, John &
RIGHT, Mary 30 Apr
1840 William GRAVES
(cmb)

NELSON, Joshua &
BIRD, Lucy d/o George
BIRD 17 Apr 1840 (cmb)

NELSON, Robert A. &
CONNER, Sarah M. 8 Dec
1834 James T. WHITE
(cmb)

NELSON, Thomas C. &
BIRD, Martha 1 Apr 1839
George BIRD (cmb)

NELSON, William &
JOHNSTON, Mary d/o
Benjamin JOHNSTON 13
Mar 1803 Fauntly & Philip
JOHNSON (cmb)

NELSON, William &
JONES, Agness 9 Jan
1795 Francis SELF (cmb)

NEWMAN, James M. &
GREEN, Elizabeth F. 2
Mar 1835 Thomas F.
GREEN (cmb)

NEWTON, Edward &
COLEMAN, Ann E. P. 25
Mar 1833 Zachariah
COLEMAN (cmb)

NEWTON, Henry &
COLEMAN, Mary C. 9
Mar 1830 (cmb)

NEWTON, James M. &
GREEN, Elizabeth 5 Mar
1835 S. WOOLFOLK
(cmb)

NEWTON, John & HARRIS, Rachel A. 26 Jan 1844 Bluford DURRETT (cmb)

NEWTON, John & HARRIS, Rachel A. 3 Jul 1844 William E. LEE (cmb)

NEWTON, John & HARRIS, Rachel A. 3 July 1844 W. W. & Acellias DURRETT (cmb)

NEWTON, Johnson & SIZAR, Catherine H. 29 May 1843 Leroy GATEWOOD (cmb)

NOEL, David & TOD, Sally 8 Dec 1820 (cmb)

NOEL, Fielding & TAYLOR, Sophia 12 Nov 1827 Robert P. TAYLOR (cmb)

NOEL, James & GARRETT, Annie M. 22 Mar 1815 (cmb)

NOEL, James & HOUSTON, Martha 19 Oct 1835 Wm. H. JONES (cmb)

NOEL, James & HOUSTON, Martha 5 Nov 1835 (cmb)

NOEL, John & REDD, Nancy 12 Nov 1821 James BELL (cmb)

NOEL, John & REDD, Nancy 25 Nov 1805 (cmb)

NOEL, John J. & DICKENSON, Matilda 23 Dec 1828 Richard OLIVER (cmb)

NOEL, McKenzie & TAYLOR, Sally 9 Feb 1830 LeRoy TAYLOR (cmb)

NOEL, S. G. & DICKINSON, M. 24 Dec 1828 (cmb)

NOEL, William T. & COGHILL, Barbara G. 17 May 1838 Archibald SAMUEL (cmb)

NOELL, Alexander & AYERS, Sarah 8 Sep 1790 Rev. J. SHACKLEFORD (cmb)

NOELL, David & TOD, Sally 3 Dec 1818 William MARTIN (cmb)

NOELL, James & **BOWIE,** Judith 9 Mar 1797 T. NOELL - min. (cmb)

NOELL, James & **ELLIOTT,** Martha 12 Feb 1855 Lemuel CRITTENDEN (cmb)

NOELL, John & **REDD,** Lucy 13 Feb 1805 Thomas BELL (cmb)

NOELL, Samuel & **SATTERWHITE,** Elizabeth 28 Nov 1793 Rev. J. SORRELL (cmb)

NOELL, Taylor & **WOOLFOLK,** Agathy 6 Sep 1798 John SORRELL (cmb)

NOKES, Gilbert & **TIGNOR,** Caty 6 Mar 1794 Rev. James YOUNG (cmb)

NOOT, William & **GRYMES,** Ann 8 Jan 1805 Wm. GRIMES (consent) (cmb)

NOOT, William & **GRYMES,** Ann 11 Feb 1805 Samuel LUCK- min. (cmb)

NORMAN, George & **FORTUNE,** Angelee 28 Nov 1846 (cmb)

NORMAND, John & **KELLY,** Eliza J. 12 Feb 1833 Peter LONG (cmb)

NORMENT, Albert & **FANCHAN,** Elizabeth 17 Feb 1848 George NORMENT (cmb)

NORMENT, Albert & **FRANCHAN,** Elizabeth 25 Feb 1848 R. W. COLE (cmb)

NORMENT, Daniel W. & **MONCURE,** Anna G. 10 Jan 1853 Wm. T. HARRIS (cmb)

NORMENT, John & **GUNNILL,** Sally 24 Nov 1798 John YOUNG (cmb)

NORMENT, John & **KELLY,** Eliza Jane 11 Feb 1833 Richard KELLY (cmb)

NORMENT, Nathaniel & **NORMENT,** Laurinda S.

2 Dec 1826 John SALE (cmb)

NORMENT, Nathaniel E. & **BRIDGES,** Amelia 25 Oct 1803 Richard BRIDGES - f. (cmb)

NORMENT, Nathaniel E. & **BRIDGES**, Amelia 27 Oct 1803 Abner WAUGH - min. (cmb)

NORMENT, Richard & **DEJARNETT,** Frances F. 31 Aug 1820 (cmb)

NORMENT, Richard & **SAMUEL,** Charlotte F. 23 Oct 1826 Archibald SAMUEL (cmb)

NORMENT, Samuel & **FARRISH,** Mary J. 11 Nov 1833 Thomas B. FARRISH (cmb)

NORMENT, Samuel F. & **TALIAFERRO,** Mary F. 17 Oct 1842 M. W. BROADDUS (cmb)

NORMENT, Samuel T. & **TALIAFERRO,** Mary T. 10 Oct 1842 John L. PEMBERTON (cmb)

NOTT, William & **CHILES,** Susanna 25 Nov 1808 W. GUIREY (cmb)

NUTGRASS, Gray & **PUGH,** Edney 8 Sep 1790 Rev. J. SHACKLEFORD (cmb)

OLIPHANT, John & **LONG,** Fanny 1790 Rev. Henry GOODLOE (cmb)

OLIVER, Hiram & **GATEWOOD,** Cassandra 8 June 1843 Wm. W. DICKENSON JR. (cmb)

OLIVER, John & **GRAVES,** Elizabeth 16 Dec 1828 (cmb)

OLIVER, John & **GRAVES,** Elizabeth 8 Dec 1828 Wm. P. NAPIER - guard. of Elizabeth (cmb)

OLIVER, John B. & **WHITLOCK,** Mary 25 May 1846 Albert G. BENDALL (cmb)

OLIVER, John G. & **MARSHALL,** Mary E. 3 Jan 1825 Samuel WINSTON (cmb)

OLIVER, Marshall & **ROBERTS,** Mary 28 Dec 1803 B. ROBERTS - f.

OLIVER, Marshall & **ROBERTS,** Mary 28 Dec 1803 Joel MASON (cmbc1)

OLIVER, Marshall & **ROBERTS,** Mary 29 Dec 1803 John SELF (cmb)

OLIVER, Marshall & **SHIP,** Ann 7 Aug 1841 Anderson LONG (cmb)

OLIVER, Marshall & **SHIP,** Ann widow 8 Aug 1841 (cmb)

OLIVER, Peter & **WRIGHT,** Nancy 20 Mar 1813 H. GOODLOE - min. (cmb)

OLIVER, Peter & **WRIGHT,** Nancy 5 Nov 1814 Richard WRIGHT (cmb)

OLIVER, Phillip & **TOMPKINS,** Elizabeth K. 25 Feb 1839 Frances TOMPKINS (cmb)

OLIVER, Reuben & **TALIAFERRO,** Lucy 8 Feb 1832 S. WOOLFOLK (cmb)

OLIVER, Reuben & **TALIAFERRO,** Lucy 6 Feb 1832 John OLIVER (cmb)

OLIVER, Samuel B. & **MASON,** Martha Ann 25 May 1830 Warner MASON (cmb)

OLIVER, Thomas & **BERRY,** Mary Ann 24 Oct 1793 Rev. John YOUNG (cmb)

OLIVER, Thomas & **EASTIN,** Lucy 5 Oct 1797 John YOUNG (cmb)

OLIVER, Thomas P. & **LIPSCOMB,** Parthena A. 25 Sep 1829 (ward of Richard B. WHITE) (cmb)

OLIVER, Thurston & **DICKENSON,** Martha 13 Feb 1809 Thomas BELL (cmb)

OLIVER, William & **CALL,** Sally 25 Mar 1813 (cmb)

OVERTON, Cobb & TERRELL, Rhoda 24 Dec 1818 (cmb)

OWENS, William P. & DENNIS, Mary F. 21 Mar 1851 Thomas D. LUMPKIN (cmb)

OWEN, Wm. P. & DENNIS, Mary F. 24 Mar 1851 B. H. JOHNSON - min. (cmb)

PACKER, James & PRUETT, Catharine 6 Sep1832 John L. FARMER (cmb)

PAGE, James N. & MARSHALL, Mary Jane 15 Aug 1853 George MARSHALL (cmb)

PAGE, John & CRUTCHFIELD, Rebecca 16 Dec 1786 Rev. John YOUNG (cmb)

PAGE, John & WHITE, Sally 4 Dec 1794 Rev. Theod. NOEL (cmb)

PAGE, John W. & HOUSTON, Sally 2 Dec 1842 Wm. PAGE (cmb)

PAGE, Robert & DOGGET, Sarah A. H. 23 Dec 1839 F. W. SCOTT (cmb)

PAGE, Robert & DOGGETT, Sarah A. H. 9 Dec 1839 Henry DOGGETT (cmb)

PAGE, William & VAUGHAN, Peggy 15 May 1797 John SORRELL (cmb)

PAINE, Richard & SAMUEL, Lucy 6 Sep 1803 J. SORREL - min. (cmb)

PAINE, Robert & HALL, Peggy 27 Jan 1803 J. SORRELL (cmb)

PAIR, Richard of Caroline & JARRELL, Lucy 5 Sep 1803 Wm HOPKINS (cmbc1)

PAIR, William & RENNOLDS, Ann 3 Sep 1822 Thomas B. FARISH (cmb)

PALLER, George & SHACKLEFORD, Sarah 15 Jul 1820 (cmb)

PALLER, John B. & **SALE,** Elizabeth A. 30 Oct 1833 Wm. RICHARDS - min. (cmb)

PARE, Henry & **WHARTON,** Elizabeth 13 Nov 1843 Wm. J. JONES (cmb)

PARE, Henry S. & **CARTER,** Harriet E. 13 Nov 1826 McKinzie RENNOLDS (cmb)

PARE, John & **HALL,** Sucky 29 Oct 1805 Samuel BARLOW (cmb)

PARE, John & **KAY** Mary 15 Jan 1829 (cmb)

PARE, John & **PETERMAN,** Eliza 26 Jan 1816 (cmb)

PARE, Richard & **WRIGHT,** Rebecca 25 Feb 1824 Edmund WRIGHT (cmb)

PARE, Robert & **HALL,** Peggy 26 Jan 1803 John HALL (cmb)

PARE, William & **RENNOLDS** Ann P. 2 Sep 1822 McKinzie

REYNOLDS (cmb)

PARE, William & **GARNETT** Affiah J. 31 Mar 1827 P. R. GARNETT (cmb)

PARKE, John T. & **TALIAFERRO,** Ann R. d/o Eliza H. TALIAFERRO 22 Dec 1819 Lewis & Walker TALIAFERRO (cmb)

PARKER, James & **PRUETT** Cathy 4 Sep1832 (cmb)

PARKER, John E. & **POWERS** Mary B. 10 Apr1819 John SUMMERSON (cmb)

PARKER, John S. & **ROBERTSON** Ann B. & 18 Jan 1830 Robert P. TAYLOR (cmb)

PARKER, Robert & **SCANDLAND** Sucky 4 Jan 1803 (cmb)

PARKER, Robert & **SCANDLAND,** Sucky 4 Jan 1805 Thomas CLAYTOR (cmb)

PARKER, Stafford & PEARSON Sarah B. 9 Nov 1814 Edw. MCGUIRE - min. (cmb)

PARKER, Taliaferro & FORTUNE, Polly 22 June 1835 Garrett MAN (cmb)

PARKER, Thomas & WHARTON, Melinda 8 Jan 1833 P. LONG (cmb)

PARRISH, Albert M. & TERRELL Mary E. 10 Jan 1843 J. M. BAGBY (cmb)

PARRISH, John & HEWLETT, Polly 19 Aug 1792 Rev. John WALLER (cmb)

PATTERSON, James & TERRY, Eliza 24 Dec 1839 J. D. FARISH (cmb)

PATTERSON, Thomas & THOMAS, Susanna d/o James THOMAS Sr 12 May 1822 (cmb)

PARKER, Taliaferro & FROHME, Polly 25 Jun 1835 (hv)

PATTERSON, Thomas & THOMAS, Susanna 13 May 1822 Wm. S. MUNDAY (cmb)

PATTERSON, Thomas & THOMAS, Susanna 22 May 1822 (cmb)

PATTIE, John & DANIEL, Lucy m.3 Jan 1794 Rev. John SORRELL (cmb)

PAVEY, John G. & MADISON, Jane A. 16 June 1836 Wm. RICHERSON (cmb)

PAVEY, John G. & MADISON, Jane A. 18 June 1836 S. WOOLFOLK (cmb)

PAVVY, Gilam & ALPORT, Nancy 30 Jan 1817 (cmb)

PAVY, Joseph & BARLOW, Sarah 13 Mar 1851 Wm. L. SEARLES (cmb)

PAVY, Thomas L. & SOUTHWORTH, Margaret 21 July 1853 R.W. COLE -min. (cmb)(rwc)

PAVY, Thomas L. s/o Wm. & Nancy PAVY age 18 & **SOUTHWORTH,** Margaret F. or A. d/o Achellis & Catharine SOUTHWORTH age 21 19 Jul 1853 (cmb)

PAYNE, Daniel & **WASHINGTON,** Salina 27 Dec 1826 Thomas H. BURKE (cmb)

PAYNE, James & **JOURDAN,** Fanny 24 Dec 1805 Amistead JOURDAN (cmb)

PAYNE, Joseph E. & **PRUETT,** Peggy 2 Oct 1795 John SORREL - min. (cmb)

PAYNE, Thomas & **FORTUNE,** Fanny 5 Dec 1788 John YOUNG -min. (cmb)

PEAKE, William B. & **BUCKNER,** Elizabeth S. 14 June 1841 Wm. H. BUCKNER (cmb)

PEARSON, Hartwell & **THOMPSON,** Ann 23 May 1829 Lawson J. NOEL (cmb)

PEARSON, Thomas & **WALDEN,** Mrs. Sally 11 June 1830 John SALE (cmb)

PEARSON, Thomas & **WALDING,** Sarah 18 June 1831 (cmb)

PEARSON, William B. & **JACOB,** Louisa 11 Jan 1816 (cmb)

PEATROS, Henry C. & **CAMPBELL,** Frances A. 2 Nov 1852 F.W. SCOTT (cmb)

PEATROS, Richard & **JOHNSON,** Lucy 3 Feb 1798 R. BROADUS - min. (cmb)

PEARTOSS, Richard (this may be PEATROSS) & **PEATROS,** Mary F. 11 Jan 1849 Jos. LEAR - min. (cmb)

PEATROS., James W. & **DAVENPORT,** Eliza Ann 30 Oct 1822 Samuel LAWRENCE (cmb)

PEATROS, Richard & **GUY,** Mary M. 23 Dec 1823 Albert S. HANDLEY

(cmb)

PEATROS, Robert S. & **SCOTT,** Elizabeth 15 Dec 1828 Francis W. SCOTT (cmb)

PEATROSS, George W. & **PEATROSS,** Mary L. 24 Dec 1844 John E. BOWERS (cmb)

PEATROSS, Henry & **JONES,** Jane R. 13 Mar 1809 Richard BRIDGES (cmb)

PEATROSS, Henry C. & **CAMPBELL,** Frances A. 23 Oct 1852 Seth CAMPBELL - f., Feliz W. CAMPBELL (cmb)

PEATROSS, James W. & **DAVENPORT,** Eliza Ann 29 Oct 1822 Richard DAVENPORT - f. (cmb)

PEATROSS, John & **DEJARNETTE,** Mary 22 Feb 1818 ELLIOTT - Uncle of Mary (cmb)

PEATROSS, John W. & **SAUNDERS,** Laberta E. 26 Nov 1849 Ira SAUNDERS (cmb)

PEATROSS, Mathew D. & **RAWLINS,** Elizabeth 3 Dec 1818 John T. RAWLINS (cmb)

PEATROSS, Robert & **SCOTT,** Elizabeth 9 Dec 1829 (cmb)

PEATROSS, Samuel D. & **SEAY,** ____ (widow of Flurry) 12 Oct 1829 Albert S. HUNDLEY (cmb)

PEATROSS, Samuel D. & **SEAY,** Sarah P. 16 Nov 1829 Robert SORRELL (cmb)

PEATROSS, William H. & **CROUGHTON,** Mary N. 26 Oct 1826 Robert CROUGHTON (cmb)

PEATROSS, William R. & **PEATROSS** Mary F. 8 Jan 1849 Warner M. MASON (cmb)

PEMBERTON, W. Guin & **REYNOLDS,** Elizabeth 8 Nov 1803 William REYNOLDS - f. , Thomas ROBINSON (cmb) (cmbc1)

PEMBERTON, Reuben & **CROUCHER,** Betty m.21 Dec 1786 Rev. James

TAYLOR (cmb)

PEMBERTON, Reuben & **BIBB,** Elizabeth P. 15 Dec 1823 Robert MARTIN (cmb)

PEMBERTON, Reuben & **BLUNT,** Martha A. 16 Dec 1850 Edward M. CARTER (cmb)

PEMBERTON, William R. & **BURRUS** Melvina F. 19 Apr 1852 Charles BURRUS - f. (cmb)

PENDLETON, Edm'd A. & **PENDLETON,** Mildred 14 Nov 1825 Wm. A. PENDLETON (cmb)

PENDLETON, Frances & **TURNER,** Sarah T. 27 Jan 1833 (cmb)

PENDLETON, Francis M. & **TURNER,** Sarah Frances 7 Jan 1834 George P. TURNER (cmb)

PENDLETON, John H. & **GERRELL,** Margaret 20 Nov 1844 R. W. COLE - min. (cmb)

PENDLETON, John L. & **MAGRUDER,** Elizabeth

26 May 1820 S. B. WILLIS (cmb)

PENDLETON, John M. & **GERRELL,** Margaret 21 Mar 1844 Edm' d. GERRELL (cmb)

PENDLETON, N. P. H. & **TURNER,** Ann M. 22 Dec 1838 Robert PENDLETON (cmb)

PENDLETON, N. P. H. & **TURNER,** Ann 27 Dec 1838 (cmb)

PENDLETON, Robert & **HOOMES** Judith A. 5 Feb 1829 C. M. MCGUIRE - min. (cmb)

PENDLETON, Robert T. & **HOOMES,** Judith A. 5 Feb 1829 Wm. A. PENDLETON (cmb)

PENNEY, Joseph & **PARE,** Elizabeth 8 Dec 1823 Wm. PARE (cmb)

PENNEY, William & **PENNEY,** Mary S. 15 Aug 1843 Joseph E. PENNY (cmb)

PENNEY, William & **PENNEY,** Mary S. 6 Sep

1843 (cmb)

PENNY, Edward M. E. & **COBBS**, Sophia Jane 29 Jan 1841 Charles W. BLANTON (cmb)

PENNY, Lincefield S. & **YARBROUGH**, Sally 23 Dec 1802 H. GOODLOE (cmb)

PENNY Lincefield S. & **YARBROUGH**, Sally 17 June 1805 Jeremiah YARBROUGH (cmb)

PERKINS, John A. & **COGHILL**, Ann H. 11 Nov 1835 Reuben COGHILL (cmb)

PERKS, Coleman & **WHARTON**, Fanny 24 June 1809 Reuben WHARTON (cmb)

PERKS, Coleman & **HAMBLETON**, Susan 11 Nov 1826 John BROOKS (cmb)

PERKS, John & **MERRYMAN**, Judy C. 9 Sep 1841 John GREENSTREET (cmb)

PERKS, Starks & **SKINNER**, Susan 18 Apr 1825 Wm. SKINNER (cmb)

PERRY, William & **SINDAL**, Sally 25 Aug 1826 Wm. SMALL (cmb)

PETROS, John & **DEJARNETT**, Mary 25Feb 1819 (cmb)

PETROS, Mathew & **RAWLINS**, Eliza 7 Dec 1818 (cmb)

PETTIS, Beverly & **REYNOLDS**, Margarett H. 12 Nov 1802 J. SORRELL (cmb)

PETTIS, John & **FIELDS**, Milley 21 Apr 1815 (cmb)

PETTIS, Jourdan & **REYNOLDS**, Frances 22 Aug 1853 Lewis C. PICARDAT, Jno. G. PARRISH -min. (cmb)

PETTIS, Major & **MINOR**, Mary Ann 19 Feb 1838 Wm. WRIGHT (cmb)

PETTIS, William & **WELDEN**, Peggy 31 Aug

1800 J. SORRELL (cmb)

PETTIS, William & **EDMUNDSON**, Priscilla P. 3 Jan 1818 Lewis W. EDMUNDSON (cmb)

PETTIS, William & **COMMANDERSON**, Procila 4 Jan 1818 (cmb)

PEYTON, John G. & **GOODLOE**, Patsy E. 7 Dec 1833 Aquilla GOODLOE (cmb)

PHELPS, Charles & **ALSOP**, Lucy 1 Oct 1816 (cmb)

PHILLIPS, George L. & **WEST**, Mary Ann 10 Apr 1848 Joseph E. WEST (cmb)

PHILLIPS, George S. & **WEST**, Mary Ann 20 Apr 1848 (cmb)

PHILLIPS, Henry & **HARGROVE**, Catharine 25 Sep 1816 T. COOPER (cmb)

PHILLIPS, James & **THORPE**, Susan 14 May 1838 M. W. BROADDUS

(cmb)

PHILLIPS, John & **EMMERSON**, Elizabeth 1788 Rev. H. GOODLOE - min. (cmb)

PHILLIPS, Thomas E. & **ANDREWS**, Catharine Ann 10 Mar 1849 Wm. S. BRUCE (cmb)

PHILLIPS, Thomas E. & **ANDREWS**, Cathy Ann 14 Mar 1849 A. BROADDUS (cmb)

PICARDOT, Morris & **JONES** Lucy 6 Nov 1823 Edmund ENNIS (cmb)

PICKETT, Joseph E. & **TIMPKINS**, Amanda Eliza 8 Nov 1852 Curtis W. DURRETT (cmb)

PICKETT, Williamson & **QUISENBERRY** Mary July 1850 Rufus PICKETT (cmb)

PILCHER, Fredrick & **ALSOP**, Margaret 9 Sep1796 John SORREL (cmb)

PITCHER, Benjamin & **PLUNKETT**, Alice 23

Dec 1813 H. PITTMAN - min. (cmb)

PITTMAN, Dandridge G. & **FISHER,** Mary 29 Apr 1828 (hv)

PITTMAN, Thomas H. & **WHARTON,** Mary C. 4 Feb 1842 Wm. J. JONES (cmb)

PITT, Coleman & **VAUGHAN,** Polly 3 Feb 1798 J. SORRELL (cmb)

PITTS, Joseph & **DANIEL,** Sally 19 Aug 1792 Rev. Andrew BROADUS (cmb)

PITTMAN, Hipkins & **ADAMS,** Phebe 10 May 1819 Edm'd SAMUELS (cmb)

PITTMAN, John H. & **EVANS,** Dorothy S. Dec 1808 R. PITTMAN (cmb)

PITTMAN, Dandridge G. & **FISHER,** Mary 11 Apr 1828 John JETER (cmb)

PITTS, Andrew J. & **GREEN,** Sarah E. 21 Jan 1850 Robert S. PITTS

PITTS, Andrew J. & **GREEN,** Sarah E. 21 Jan 1850 A. BROADUS - min. (cmb)

PITTS, Benjamin F. & **JONES,** Sarah T. 17 Oct 1825 Richard BUCKNER (cmb)

PITTS, Benjamin F. & **SALE,** Susan M. 30 Nov 1830 Henry E. SALE (cmb)

PITTS, COLEMAN & **GRAVES,** Sally 1788 Rev. Theoderick NOELL (cmb)

PITTS, Dandridge & **GARRETT,** Mary E. 19 Sep 1851 James B. GREENSTREET (cmb)

PITTS, Dandridge & **GARRETT,** Mary E. 21 Sep 1851 R. W. COLE (cmb)

PITTS, Henry & **PARE,** Nancy 14 July 1818 (cmb)

PITTS, Henry & **TALIAFERRO,** Mary 17 Dec 1823 Bloxum

HOWARD (cmb)

PITTS, James & **FARMER**, Mary Frances 1May 1847 Lewis FARMER (cmb)

PITTS, Levi & **TAYLOR**, Elizabeth 23 Nov 1793 Rev. Theod NOELL (cmb)

PITTS, Lindsey C. & **SHINALT**, America 1 Jan 1848 Wm. SEAL (cmb)

PITTS, Lindsey C. & **CHENAULT**, America 31 Jan 1848 (cmb)

PITTS, Musco & **HUTCHERSON**, Sally 31 Aug 1802 J. SORRELL (cmb)

PITTS, Norborne & **MOREN**, Malinda 14 Oct 1839 John KELLY (cmb)

PITTS, Norborne & **MOREN**, Malinda 23 Oct 1839 (cmb)

PITTS, Robert & **SAMUEL**, Ann B. 13 June 1825 Humphry SALE Jr. (cmb)

PITTS, Robert & **BROADDUS**, Elizabeth C. 10 Dec 1849 A. BROADDUS (cmb)

PITTS, Robert S. & **BROADDUS**, Elizabeth C. 10 Dec 1840 Richard A. PULLER (cmb)

PITTS, Samuel & **SORREL**, Caroline 5 Feb 1827 James SORREL (cmb)

PITTS, William & **INGRAM**, Salley M. 1788 Rev. T. NOELL (cmb)

PITTS, Willis & **GOULDEN**, Ann d/o Jane GOULDAN 11 Dec 1818 (cmb)

PITTS, Willis & **GOULDEN**, Ann 14 Dec 1818 (cmb)

PITTS, Willis & **BROADDUS**, Mahala d/o John BROADDUS 12 Dec 1825 (cmb)

PITTS, Willis & **WRIGHT**, Susan 28 Jan 1834 Wm. SEAL (cmb)

POATES, William L. &
COVINGTON, Sarah 4
Feb 1852 William
COVINGTON (cmb)

POLLARD, Ambrose E. &
SALE, Mildred Ann 17
Oct 1843 G. B. POLLARD
- guard.of Mildred (cmb)

POLLARD, Ambrose S. &
SALE, Mildred Ann 19
Oct 1843 W. R. YOUNG
(cmb)

POLLARD, George B. &
BRIDGES, Frances 11
Nov 1833 Wm.
NORMENT (cmb)

POLLETT, George &
SHACKLEFORD, Sarah
12 July 1819 Abner
CHAPMAN (cmb)

POLTNEY, William &
VAUGHAN, Betsy 13
Sep1799 J. SORREL
(cmb)

POPE, Richard
COLLINS, Jenny 11 Dec
1790 Rev. Stephen DAVIS
(cmb)

POPE, William D. &
SKINKER, Elizabeth 5
Apr 1811 James ELLIOTT

- min (cmb)

PORTCH, Yelverton B. &
CORBIN, Latita Lee July
1806 H. PITTMAN- min.
(cmb)

PORTCH, Yelverton B. &
CORBIN, Latiha L. July
1806 R. PITTMAN- min.
(cmb)

POWERS, Daniel &
LAMBETH, Elizabeth 28
May 1786 Rev. John
TAYLOR (cmb)

POWERS, James D. &
ROLLINS, Mildred B. 16
Mar 1847 R. W. COLE
(cmb)

POWERS, Thomas O. &
CONDUIT, Fanny 10 Sep
1821 John L. PENDLETON
(cmb)

POWERS, William &
SAUNDERS, Alice 9 May
1812 (cmb) H.PITTMAN -
min. (cmb)

PRETLOW, Lancelot &
DICKENSON, Nancy
Henry 12 Sep1825 Henry
H. DICKENSON (cmb)

PRICE, John & SORRELL, Eliza 12 Jan 1810 H. PITTMAN - min. (cmb)

PRIDDY, Robert & BAUGHAN, Lucy 17 Dec 1817 Benjamin BAUGHAN & Benjamin BAUGHAN Jr. (cmb)

PROCTOR, Lewis & CHILES, Martha 11 Dec 1849 Chandle CHILES (cmb)

PROCTOR, William & DUVAL, Polly 1 Jan 1813 (cmb)

PROCTOR, William & STEVENS, Ellen 24 Dec 1833 John STEVENS (cmb)

PROCTOR, William & PARE, Eliza 10 June 1839 Wm. PARE (cmb)

PRUET, Henry & FARMER, Cathy 8 Jan 1837 W. RICHARDS (cmb)

PRUET, Richard & LOVEN, Phebe 22 Aug 1838 W. RICHARDS (cmb)

PRUETT, Edmund & WATERS, Amey 23 Dec 1802 (cmb)

PRUETT, Edmund & WATERS, Amey 23 Dec 1802 J. SORRELL (cmb)

PRUETT, Elijah & WILLIAMS, Elizabeth 20 Dec 1795 John SORREL (cmb)

PRUETT, Henry & FARMER, Cathy 4 May 1837 Lewis FARMER (cmb)

PRUETT, James & MEADOWS, Rody 30 Mar 1824 Bernard MOORE (cmb)

PRUETT, Moses & ELINGTON, Frances m.5 Dec 1788 Rev. John YOUNG (cmb)

PRUETT, Moses & HALL, Amey 23 May 1797 John YOUNG (cmb)

PRUETT, Moses & BELL, Ursula 27 Jan 1825 Jarnes BARLOW (cmb)

PRUETT, Richard & MASON, Elizabeth 5 Feb 1823 Robert & William TAYLOR (cmb)

PRUETT, Richard & MASON, Elizabeth 10 Feb 1823 Wm. TAYLOR (cmb)

PRUETT, Richard B. & LOVEN, Phebe 22 Aug 1838 Thomas LOVEN (cmb)

PRUETT, Thadeus & BELL, Sally 14 Jan 1800 J. SORRELL (cmb)

PRUETT, Uriah & CREDLE, Alice 1 Aug 1798 John YOUNG (cmb)

PRUETT, William & CHENAULT, Mary 11 Jan 1836 TURNER CHENAULT (cmb)

PRUITT, Richard & MASON, Elizabeth 13 Feb 1823 (cmb)

PUGH, Gouldan & DONAHOE, Cathrine 22 Dec 1835 David ROBINSON (cmb)

PUGH, Goulden & DONAHOE, Catharine 23 Dec 1835 S. WOOLFOLK (cmb)

PUGH, Henry & RAGAN, Catharine 3 Oct 1835 PITTMAN Thomas (cmb)

PUGH, James & COX, Susan 11 Feb 1832 John DONAHOE (cmb)

PUGH, James & COX, Susan 15 Feb 1832 L. BATTAILE -min. (cmb)

PUGH, John & SKINNER, Synda 19 May 1827 John SKINNER (cmb)

PUGH, Richard & SORREL, Polly 4 May 1820 (cmb)

PUGH, Thomas & COX, Joanna 13 July 1836 Tapley COX - f. (cmb)

PUGH, Thomas & COX, Joanna 13 July 1836 S. WOOLFOLK -min. (cmb)

PUGH, William & SKINNER, Lucy 19 May 1827 John SKINNER

(cmb)

PUGH, William & **SKINNER** Lucy 29 Sep1828 (cmb)

PULLEN, Edwin R. & **ANDERSON**, Sarah C. 4 Jan 1853 H. ANDERSON - f. (consent) (cmb)

PULLEN, Edwin R. & **ANDERSON**, Sarah C. 4 Jan 1853 Jno. G. PARRISH -min. (cmb)

PULLER, James & **BROADUS**, M. A. 9 Feb 1828 Mordecai BROADDUS (cmb)

PULLER, John B. & **SALE**, Elizabeth A. 26 Oct 1833 Wm. BROADDUS (cmb)

PULLER, Richard A. & **UPSHAW**, Sarah Ann 8 Jan 1849 R. W. COLE - min. (cmb)

PULLER, Richard A. & **UPSHAW**, Sarah Ann 8 Jan 1849 Robert L. PITTS (cmb)

PULLER, Robert J. & **PAGE,** May E. d/o William

PAGE 20 Dec 1853 (cmb)

PULLER, Thomas & **BROADDUS,** Salley d/o Thomas BROADDUS 18 Jan 1804 Mordecai BROADDUS (cmb) (cmbc1)

PURKES, Coleman & **WHARTON,** Fanny June 1809 R. PITTMAN - min.

PURKS, Atwell & **PURKS,** Elizabeth 8 Jan 1849 Charles CITES (cmb)

PULLER, Robert L. & **PAGE,** Mary 22 Dec 1853 R.W. COLE (rwc)

PURKS, Henry & **MILLS** Sarah W. 27 Apr 1848 WM. MILLS (cmb)

PURKS, Henry & **MILLS,** Sarah W. 27 Apr 1848 R. H. W. BUCKNER (cmb)

PURKS, Joseph P. & **MARSHALL,** Betsy 23 Feb 1810 H. PITTMAN (cmb)

PURKS, Thornton & **WHARTON,** Malinda 8 Jan 1833 Albert

WHARTON (cmb)

PURVIS, Strother & **STERN,** Elizabeth E. 3 Mar 1824 Richard B. STERN (cmb)

PUTTIS, Thomas & **BROADDUS,** Sally 3 Feb 1798 R. BROADUS (cmb)

QUARLES, William F. & **SMITH,** Ann M. 23 Nov 1852 Benjamin F. COLMAN (cmb)

QUARLES, William T. & **REDD,** Mary E. 5 Feb 1847 J. M. BAGBY (cmb)

QUISENBERRY, John L. & **BOWIE,** Ann 8 July 1840 Thomas MONTAGUE - min. (cmb)

QUISENBERRY, John S. & **BOWIE,** Lucy Ann 23 Apr 1840 N. P. H. PENDLETON (cmb)

QUISENBERRY, William S. & **DEJARNETT,** Elizabeth M. G. 5 June 1827 Robert FORD (cmb)

RADDISH, John & **SAMUEL,** Nancy 31 Mar 1800 J. SORREL (cmb)

RAGAN, Thompson & **SAMUEL,** Sally 21Sep 1824 Benjamin SAMUEL (cmb)

RAGAN, William & **ROBINSON,** Jane 14 Dec 1812 (cmb)

RAINES, Giles & **AUSTIN,** Dorothy 10 Jan 1799 (cmb)

RAINES, Henry Y. & **PEATROS,** Sarah B. 21 Jan 1822 Samuel D. PEATROS (cmb)

RAINES, Isaac & **PITTMAN,** Elizabeth L. 27 Dec 1824 D. G. PITTMAN (cmb)

RAINES, Isaac & **JETER,** ____ 10 Jan 1842 John JETER (cmb)

RALLS, Fredrick & **HURT,** Harriet F. 10 Dec 1827 Edrnund CHILES (cmb)

RAMSSAY, William P. C. & **RAMSAY,** Sarah C. 6 Dec 1841 M. W. B. (cmb)

RAMSEY, Andrew & BRANSOM, Patsey 12 Dec 1804 (cmb)

RAMSAY, Wm. P.C. & RAMSEY, Sarah C. 6 Dec 1836 M.W. BROADDUS (cmb)

RANDOLPH, Benjamin & CARBIN, Ann R. 4 Feb 1829 Robert HUDGIN (cmb)

RANDOLPH, Benjamin & CORBIN, Anna P. 10 Feb 1829 (cmb)

RANES, Jesse & DODD, Molly 1Dec 1796 (cmb)

RATCLIFFE, Robert B. & BUCKNER, Winefred E. 9 Feb 1830 Edmund T. THORNTON (cmb)

RATCLIFFE, Robert B. & BUCKNER, Winifred 9 Feb 1830 (cmb)

RAWLINS, Marshall & ROWE, Eliza 12 July 1819 Susanna ROWE - mo. (cmb)

RAWLINS, Marshall & ROWE, Eliza 29 July 1819 (cmb)

RAWLINS, Peyton & TAYLOR, Polly 21 June 1810 H. PITTMAN (cmb)

RAWLINS, Ruben & LEFOE, Nancy 19 Sep 1817 (cmb)

RAWLINS, William & BRAME, Sally 27 Nov 1788 Rev. John LELAND (cmb)

RAY, Franklin & SORRELL, Susan 8 Jan 1818 George DONAHUE (cmb)

RAY, Franklin & SORREL, Susanna 17 Jan 1818 (cmb)

REDA, Mordicai B. & COLEMAN, Elizabeth L. 10 Sep 1840 Benjamin F. COLEMAN (cmb)

RED, Turner & FLOYD, Nancy 29 Sep 1797 John SELF - min. (cmb)

REDD, James & PULLER, Peggy 1803 Richard BROADDUS - min. (cmb)

REDD, James & PULLAR, Peggy 9 June 1803 Goalder PULLAR (cmbc1)

RAMSEY, Andrew & BRAMOMDO, Patsy 30 Dec 1804 (cmb)

RAMSEY, Jesse & MASSIE, Elizabeth 23 Oct 1827 J. S. MASSIE (cmb)

RAMSEY, William P. C. &RAMSEY, Sarah C. 2 Dec 1836 John SAUNDERS (cmb)

REDD, James & REDD, Nancy 12 Dec 1804 John REDD - brother of Nancy (cmb)

REDD, James & REDD, Nancy 20 Dec 1804 R. BROADDUS - min. (cmb)

REDD, James T. & ANDERSON, Tomasia 23 Apr 1838 Thomas B. ANDERSON (cmb)

REDD, James T. & ANDERSON, Tomasia 10 May 1838 (cmb)

REDD, John & BABER, Elizabeth 15 Jan 1816 (cmb)

REDD, John & FITZHUGH, Lucy R. 23 Apr 1838 James T. REDD (cmb)

REDD, John M. & FITZHUGH, Lucy R. 24 Apr 1838 M. L. JONES (cmb)

REDD, Samuel & MCLAUGHLIN, Cornelia 10 Dec 1827 John MCLAUGHLIN (cmb)

REDD, Thomas W. & HOUSTON, Mary 3 Mar 1832 John RIDDER (cmb)

REDD, William & HACKETT, Fanny 12 Nov 1803 Mary HACKETT - mo. (cmb)

REDD, William & HACKETT, Fanny 12 Nov 1805 consent

REDD, William & LINDSAY, _____ 11 Feb 1822 Atwell COGHILL (cmb)

REDD, William & LINDSAY, Matilda 14 Feb 1822 A. M. LEWIS

(cmb)

REDFORD, Frank W. & **REDD,** Ann 11 June 1806 Hugh C. BOGGS - min. (cmb)

REDFORD, Frank William & **REDD,** Ann 14 Feb 1822 H. C. BOGGS - min. (cmb)

REED, John & **BLADES,** Mary 8 May 1832 Rev. Rufus CHANDLOR (cmb)

REED, Samuel & **MCLAUGHLIN,** Cornelia 13 Dec 1827 A. M. LEWIS (cmb)

REED, John & **BLADES,** Mary 28 Apr 1832 Rufus CHANDLER - min. (cmb)

REEL, John & **BLADES,** Mary 7 May 1832 Joseph DICKINSON (cmb)

REEL, John & **BLADES,** Mary 8 May 1832 Rufus CHANDLER (cmb)

REEVES, Joseph & **BRADDOCK,** Sarah 24 Oct 1842 John SCRANGE (cmb)

REEVE, Reuben & **WRIGHT,** Sukey 19 June 1788 Rev. J. SHACKLEFORD (cmb)

REINS, Richard & **WORTHAM,** Jane d/o Charles WORTHAM 11 Feb 1818 Samuel WORTHAM

RENNINGTON, Dollin & **FRAWNER,** Mary 26 Dec 1846 R. W. COLE - min. (cmb)

RENNOLD, McKenzie & **MARSHELL,** Martha M. 20 Sep 1822 Wm. P. CARTER (cmb)

RENNOLDS, Robert & **ROBINSON,** Dolly 3 Nov 1786 John WALLER- min. (cmb)

RENNOLDS, William & **BEAZLEY,** Fanney 18 July 1835 Edm'd TAYLOR (cmb)

RENNOLDS, William & **BEAZLEY,** Fanny 29 July 1835 W. RICHARDS (cmb)

REYNOLDS, Edmund & **ALLEN,** Elizabeth 17 May

1828 Charles JARVIS (cmb)

REYNOLDS, James & **BEAZLEY,** Betsy 26 Feb 1803 A. BEAZLEY - f. , Wm. WRIGHT (cmb)

REYNOLDS, James & **THORP,** Francis 20 Apr 1815 H. PITTMAN (cmb)

REYNOLDS, John & **PAVEY,** Elizabeth 10 Aug 1840 Hiram BROOKS (cmb)

REYNOLDS, John & **PAVY,** Elizabeth 15 Oct 1840 M. W. BROADDUS - min. (cmb)

REYNOLDS, Leland & **HOWLE,** Jane V. 13 Sep1827 Wm. W. DICKINSON (cmb)

REYNOLDS, Nelson & **CLURE,** Sarah A. 8 Sep 1830 Thomas BURRUS (cmb)

REYNOLDS, Nelson & **CARNALL,** Jane 3 June 1837 John CARNALL (cmb)

REYNOLDS, Nelson & **CARNALL,** Jane 8 June 1837 Spilsbe WOOLFOLK (cmb)

REYNOLDS, Phillip G. & **CAMPBELL,** Sarah Jane 20 May 1850 Joseph TOD (cmb)

RENNOLDS, A. J. & **TERRELL,** Rhoda Ann 9 Oct 1843 Lemuel TERRELL (cmb)

RENNOLDS, Battaile & **BEAZLEY,** Mary F. 17 Dec 1823 James BEAZLEY (cmb)

RENOLDS, Edm'd & **ALLEN,** E. 22 May 1828 (cmb)

RENNOLDS, Eldred C. T. & **HOPE,** Elizabeth A. T. 3 June 1840 Wm. B. GRYMES (cmb)

RENNOLDS, Eldred H. T. & **LONG,** Eliza Ann 28 Mar 1825 Valentine LONG (cmb)

RENNOLDS, Jacob & **BURRUS,** Martha 15 Nov 1793 Rev. A. BROADDUS

(cmb)

RENNOLDS, James & BEAZLEY, Betsy Feb 1803 H. PITTMAN - min. (cmb)

RENNOLDS, James & RENNOLDS, Sophia 4 Sep 1832 Henry PARE (cmb)

RENNOLDS, James C. & RENNOLDS, Sophia 6 Sep 1832 S. WOOLFOLK-min. (cmb)

RENNOLDS, John & PEMBERTON, Molly 27 Nov 1788 John SHACKLEFORD - min. (cmb)

RENNOLDS, John & DONAHOE, Elizabeth 9 Nov 1841 John DONAHOE (cmb)

REYNOLDS, Richard & CLIFT, Ann d/o Wm. CLIFT 11 Mar 1804 James CLIFT (cmb)

REYNOLDS, Richard & CLIFT, Ann 12 Mar 1804 J. SORRELL (cmb)

REYNOLDS, Thomas & CARTER, Lucy m. 25 Dec 1794 John SORRELL - min. (cmb)

REYNOLDS, Thornton & CHAPMAN, Fanny 23 Dec 1813 S. WOOLFOLK (cmb)

RICH, Andrew & KEY, Milley 26 Dec 1834 Warner MCDOWNEY (cmb)

RICHARD, Thomas & PENDLETON, Lucy 7 Feb 1805 (cmb)

RICHARDS, Horace A. & DOGGETT, Jemima L.S. 8 May 1848 Henry DOGGETT (cmb)

RICHARDS, Richard & JAMES, Ellis 8 Jan 1838 Ann JAMES (cmb)

RICHARDS, Thomas & PENDLETON, Lucy 7 Feb 1805 A. WAUGH - min. (cmb)

RICHARDS, William & WHITE, Patsy 14 Dec 1818 Phillip LONG (cmb)

RICHARDSON, Joseph A. & CHILES, Ann G. 22 Aug 1838 Joseph T. YOUNG (cmb)

RICHARDSON, Thomas Jr. & BROWN, Frances B. 10 Feb 1819 George RICHESON (cmb)

RICHARDSON, William & CARTER, Susan 3 Jan 1824 Thomas B. FARISH (cmb)

RICHARDSON, William & YOUNG, Maria J. 16 Dec 1833 John YOUNG (cmb)

RICHESON, Alvin S. & BOULWARE, Mary 10 Feb 1823 Mark BOULWARE (cmb)

RICHESON, Elliott & GUY, Sally d/o Ann GUY 22 Mar 1803 (cmb)

RICHESON, Jesse & CHILES, Celina G. 19 Feb 1835 R. CHANDLER -min. (cmb)

RICHESON, John A. & RICHESON, Lucy 14 Dec 1835 George B. GAINES (cmb)

RICHESON, John A. & RICHESON, Lucy 24 Dec 1835 S. WOOLFOLK (cmb)

RICHESON, Joseph A. & CHILES, Ann G. 27 Aug 1838 Thomas T. HARRIS (cmb)

RICHESON, Reuben B. & SAUNDERS, Susan F. 1 Nov 1830 Nathaniel MOTLEY (cmb)

RICHESON, William Jr. & SOUTHWORTH, Martha 4 Oct 1839 Joseph BLUNT (cmb)

RIDDLE, John & SHADDOCK, Rosanna 19 July 1839 James ANDERSON (cmb)

RIDDLE, John & SHADDOCK, Rosamond 21 July 1839 Wm. RICHARDS -min. (cmb)

RICHESON, Elliott & GUY, Sally 22 Mar 1803 John LAUGHLIN (cmbc1)

RICHESON, Elliott & KAY, Mary F. 4 Dec 1843

Robert KAY (cmb)

RICHESON, Elliott & KAY, Mary F. 7 Dec 1843 (cmb)

RICHESON, George & THOMPSON, Frances 21 Dec 1819 John W. BRODUS (cmb)

RICHESON, George T. & MADISON, Cassandra 10 Oct 1842 Samuel MADISON (cmb)

RICHESON, George T. & MADISON, Cassandria 12 Oct 1842 B. H. JOHNSON (cmb)

RICHESON, James & STILL, Peggy 3 May 1803 (cmb)

RICHESON, James & MADISON, Lucy d/o William MADISON 10 Mar 1813 (cmb)

RICHESON, James & MADISON, Lucy 17 Mar 1813 S. WOOLFOLK - min. (cmb)

RICHESON, Jesse & CHILES, Celina G. 18 Feb 1835 George RICHESON

(cmb)

RICHESON, John & ANDERSON, Mary B. 18 Apr 1831 George RICHESON (cmb)

RIDDLE, Lewis & BARBE, Elizabeth 24 Feb 1803 Thomas RIDDLE, Elijah BARBEE (cmb)

RIDDLE, Lewis & BARBY, Eliza 14 June 1803 (cmb)

RIVES, Joseph & RUNDAY, Nelly 12 Apr 1802 J. SORREL - min. (cmb)

RIXEY, Thomas C. & DOWNING, Mary E. 9 Oct 1845 Wm. S. DOWNING (cmb)

ROACH, James T. & FARISH, Alice D. 27 Jan 1845 James L. ROBINSON (cmb)

ROANE, Elliott C. & WHITE, Judith R. 13 Oct 1829 (cmb)

ROANE, Elliot C. & WHITE, Judith R. 13 Oct

1829 Charles ROANE (cmb)

ROANE, John & OLIVER, Martha 25 June 1815 Jesse BUTLER (cmb)

ROANE, Thomas B. & MATTOX, Elizabeth 6 Jan 1812 (cmb)

ROBB, Robert G. & LIGHTFOOT, Fanny B. 2 Mar 1832 Charles URGUHART (cmb)

ROBERTSON, Daniel M. & GAYLE, Elizabeth P. 26 Nov 1825 John W. VALENTINE (cmb)

ROBERTSON, Larkin & SHACKLEFORD, Sarah M. 13 June 1833 S. WOOLFOLK (cmb)

ROBERTSON, Powhaten & BERNARD, Lelia B. 17 Dec 1853 Bolling ROBERTSON (cmb)

ROBB, Robert G. USN & LIGHTFOOT, Fanny B. 7 Mar 1832 (hv)

ROBERTSON, William & TAYLOR, Nancy d/o Betsy TAYLOR 30 May 1809 Major TAYLOR (cmb)

ROBINSON, Austin & JONES, Sarah P. 3 Mar 1823 John JONES (consent), Thomas ROBINSON (cmb)

ROBINSON, Austin & JONES, Sarah 3 Mar 1823 Thornton ROBINSON (cmb)

ROBINSON, David & HUSTON, Margarett 1 Dec 1796 J. SORRELL (cmb)

ROBINSON, Gabriel & PITTMAN, Doritha 23 Apr 1828 Dandridge G. PITTMAN (cmb)

ROBINSON, Gabriel & BATES, Elizabeth 27 Jan 1832 Henry PARE (cmb)

ROBINSON, Gabriel & BATES, Elizabeth 7 Feb 1832 L. BATTAILE - min. (cmb)

ROBINSON, George & DISHMAN, Elizabeth 27 Nov 1788 Rev. John SHACKLEFORD (cmb)

ROBINSON, George & **LONG,** Elizabeth d/o Wm. LONG 26 Apr 1819 (cmb)

ROBINSON, George & **BURRUSS,** Lucy 25 Feb 1824 Wm. FLIPPO (cmb)

ROBINSON, George & **THOMPSON,** Frances 23 Dec 1827 (cmb)

ROBINSON, James & **CARTER,** Frances 24 Dec 1818 (cmb)

ROBINSON, John & **HUSTON,** Elizabeth 18 Nov 1796 J. SORRELL - min. (cmb)

ROBINSON, John S. & **MULLINS,** Sarah 22 Oct 1809 (cmb)

ROBINSON, John S. & **MULLEN,** Sarah 11 Oct 1819 Wm. MULLEN (cmb)

ROBINSON, Joseph & **CARTER,** Frances 14 Dec 1818 Charles CARTER (cmb)

ROBINSON, Joseph F. & **MALONE,** Jane 26 Nov 1842 John PARE (cmb)

ROBINSON, Larkin & **SHACKLEFORD,** Sarah 12 June 1833 John A. C. BURRUSS (cmb)

ROBINSON, Slaughter & **SLAUGHTER,** Polly B. Dec 1808 H. PITTMAN - min. (cmb)

ROBINSON, Slaughter & **SLAUGHTER,** Polly Buckner m. Dec 1808 H. PITTMAN- min. (cmb)

ROBINSON, Thomas & **GATEWOOD,** Polly Nov 1803 John GATEWOOD - f. (cmb)

ROBINSON, William & **ROBINSON,** Frances 20 Mar 1823 George W. SLAUGHTER (cmb)

ROBINSON, William & **ROBINSON,** Frances d/o John ROBINSON 28 Mar 1823 (cmb)

ROBINSON, William & **ROBINSON,** Frances E. d/o John ROBINSON 21 Mar 1823 John Jr. & Ann ROBINSON (cmb)

ROE, Kuling & **DILLARD,** Rebecca 10 Jan 1811 H. PITTMAN (cmb)

ROLLENS, John T. A. & **JOHNSON,** Margaret W. 4 Aug 1841 Wm. TAYLOR Jr. (cmb)

ROLLINS, Reuben & **LAWSON,** Nancy 12 Oct 1812 (cmb)

ROOTES, Thomas R. & **MINOR,** Mary O. 15 Jan 1838 W. G. MINOR (cmb)

ROPER, W. W. & **WOOLFOLK,** Betty Carr 1 Jan 1843 John WOOLFOLK (cmb)

ROSE, Allen & **THOMAS,** Ann 2 Apr 1832 Thomas THOMAS (cmb)

ROSE, Allen & **THOMAS,** Ann 30 Apr 1832 Sam. BATTAILE - min. (cmb)

ROSE, George T. & **LONG,** Eleanor 2 Oct 1828 (cmb)

ROSE, George T. & Eleanor ---- ng. 29 Oct 1828 Benj. F. TANKERSLEY (cmb)

ROSE, Phillip M. & **BLACKBURN,** Sarah S. 14 Jan 1847 R.W. COLE (cmb)

ROSE, Reuben & **TANKERSLEY,** Nancy 20 Dec 1804 A. BROADDUS - min. (cmb)

ROSE, Reuben R. & **TANKERSLEY,** Nancy m.20 Dec 1804 Andrew BROADDUS - min. (cmb)

ROSE, William & **ESTES,** Mary Ann 2 Apr 1829 (cmb)

ROSE, William B. & **ESTES,** Mary Ann 2 Apr 1829 Charles W. ESTES (cmb)

ROSS, George & **FARISH** Mary 7 Feb 1805 T. GOODLOE - min. (cmb)

ROTHROACH, William C. J. & **TALIAFERRO,** Mary R. 23 Jan 1826 John T. PARKS (cmb)

ROTHROAK, William C. J. & **TALIAFERRO**, Mary R. 24 Jan 1826 E.C. MCGUIRE - min. (cmb)

ROUSE, Haydon & **PITTS**, Matilda 28 Dec 1819 James PITTS - f. (cmb)

ROUSE, William & **PITTS**, Eliza 25 Sep 185_ (cmb)

ROWE, Clark & **DICKINSON**, Elizabeth 25 Feb 1851 James L. PENDLETON (cmb)

ROWE, Keeling & **BRUMLEY**, Fanny 27 Mar 1822 Wm. BRUMLEY (cmb)

ROWE, Keeting & **BATES**, Fanny 8 Feb 1836 Charles JESSE (cmb)

ROWE, Thomas & **THORNTON**, B. 21 Jan 1822 Anthony THORNTON (cmb)

ROWE, Thomas & **CONWAY**, Ann H. 11 July 1842 R.B. TUNSTALL (cmb)

ROWZEE, John & **WHITE**, Jane C. 5 Nov 1835 Lipscomb SALE (cmb)

ROY, Hugh & **MARSHALL**, Elizabeth 19 June 1788 John WALLER - min. (cmb)

ROY, William & **BERTIER**, Mary 1 May 1810 James ELLIOTT - min. (cmb)

ROYSTON, Marshall R. & **CASH**, Martha 12 Feb 1838 Oscar F. CASH (cmb)

ROYSTON, Theo. & **THORNTON**, Susanna F. 23 May 1815 A. M. LEWIS - min. (cmb)

ROYSTON, Thomas & **HOLLOWAY**, Susanna 27 Nov 1788 Rev. John SHACKLEFORD (cmb)

ROYSTON, William & **THORNTON**, Mary A. D. 5 Apr 1826 Wm. F. THORNTON (cmb)

ROYSTON, William & **THORNTON**, Mary A. D. 6 Apr 1826 A. M. LEWIS -

min. (cmb)

ROZEL, Nehemiah & **MITCHELL,** Ann 1786 Rev. Henry GOODLOE (cmb)

RYLAND, Robert & **THORNTON** Betty P. 8 Jan 1848 Anthony THORNTON (cmb)

RYLAND, Robert & **THORNTON,** Betty P. 8 June 1848 J.B. JESTER - min. (cmb)

SACRA, Benjamin & **MADISON,** Eliza Ann 30 Dec 1830 (cmb)

SACRA, Benjamin & **TERRY,** Maria 26 Jan 1835 C.W. COLEMAN (cmb)

SACRA, Benjamin & **TERRY,** Maria 5 Feb 1835 J.W. WHITE (cmb)

SACRA, Charles & **BELL,** Susan 24 Dec 1817 (cmb)

SACRA, Thomas & **MADISON,** Susanna 26 Dec 1849 Wm. MADISON

(cmb)

SACREE, Benjamin & **MADISON,** Eliza 22 Dec 1830 Elijah KELLEY (cmb)

SALE, Anthony & **HAYNES,** Mary 14 Sep 1824 Richard SALE (cmb)

SALE, Caleb & **JONES,** Elizabeth 22 Dec 1803 George SALE (cmb)

SALE, Caleb & **JONES**, Elizabeth 22 Dec 1803 Thomas WHITE (cmb)

SALE, Edmund & **WHITE,** Sarah E. 20 Dec 1830 Turner CHAPMAN (cmb)

SALE, Edmund & **BROADDUS,** Martha A. 5 Dec 1839 A. BROADDUS - min. (cmb)

SALE, Edmund & **BROADDUS,** Martha A. 11 Nov 1839 Silas J. BROADDUS (cmb)

SALE, John & **SAMUEL,** Fanny 31Mar 1801 J. SORREL (cmb)

SALE, John Jr. & **NORMENT**, Ann 22 Jan 1825 Edmund SALE (cmb)

SALE, John W. & **YATES**, Lucy 23 Apr 1832 Josiah SAMUEL (cmb)

SALE, John W. & **YEATES**, Lucy 23 Apr 1832 S. WOOLFOLK (cmb)

SALE, John W. & **ATKINSON**, Julia Ann 4 Dec 1845 (cmb)

SALE, John W. & **ATKINSON**, Julia Ann 27 Mar 1845 Joseph W. ATKINSON (cmb)

SALE, Joseph & **GRAY**, Peggy 23 Feb 1815 (cmb)

SALE, Lewis & **WHITE**, Elizabeth 10 July 1826 Elijah WHITE, John SALE (cmb)

SALE, Lewis & **WHITE**, Elizabeth 19 July 1826 Wm. RICHARDS (cmb)

SALE, Redd & **BROADDUS**, Harriett 16 Sep 1820 (cmb)

SALE, Richard Jr. & **SAMUEL** Susanna 2 Oct 1824 Robert SAMUEL (cmb)

SALE, Robert & **BROADDUS**, Ann 27 Nov 1794 Rev. Theodk. NOELL (cmb)

SALE, Robert & **BROADDUS**, Caty S. d/o Thomas BROADDUS 13 Dec 1823 (cmb)

SALE, Spilbe & **HAYNES**, Delilah 29 Mar 1833 John LUMPKIN (cmb)

SALE, Thomas B. & **CAMBELL**, Harriet 11 Feb 1819 (cmb)

SALE, Thomas B. & **BROADDUS**, Elizabeth F. 13 Feb 1843 James J. BROADDUS (cmb)

SALE, Thomas B. & **BROADDUS**, Elizabeth F. 16 Feb 1845 R. W. COLE (cmb)

SALE, Wade H. & **MILLER**, Susan S. 19 Feb

1841 Wm D. TURNER (cmb)

SAMPSON, James & STEVENS, Molly 8 Sep 1790 John SHACKLEFORD - min. (cmb)

SAMPSON, Richard & STEVENS, Nancy 8 Mar 1787 Rev. James TAYLOR (cmb)

SAMUEL, Andrew & BROADDUS, Sally 3 Sep 1805 Mordecai BRODUS - guard. Edmund SAMUEL. (cmb)

SAMUEL, Andrew B. & SALE, Lucy 19 Jan 1835 Henry H. BLACKBURN (cmb)

SAMUEL, Archibald & WOOLFOLK, Ann K. 8 Dec 1814 (cmb)

SAMUEL, Atwell & FISHER, Fanny 13 Dec 1824 Hy. RAMSAY (cmb)

SAMUEL, Churchill & PARKER, Catharine 8 July 1831 George SAMUEL (cmb)

SAMUEL, Garland & DICKINSON, Mary C. 2 Nov 1841 Gray BOULWARE (cmb)

SAMUEL, Garland & MOTLEY, Elizabeth S. 7 Jan 1845 A. BROADDUS Jr. (cmb)

SAMUEL, Garland & MOTLEY, Elizabeth G. 9 Jan 1845 R. W. COLE - min. (cmb)

SAMUEL, George & SAUNDERS, Jane 3 Jan 1833 Thomas HAYNES (cmb)

SAMUEL, George R. & WHITE, Virginia N. 11 Sep 1843 James WHITE (cmb)

SAMUEL, Gray & GARNETT, Elizabeth 22 Feb 1800 (cmb)

SAMUEL, Henry & BOULWARE, Nancy 14 Dec 1799 J. SORREL (cmb)

SAMUEL, Henry & JAMESON, Sally 8 May 1801 J. SORRELL - min.

(cmb)

SAMUEL, Henry H. &
CLIFT, Sabernia F. 9 Aug 1844 Edwin LUNSFORD (cmb)

SAMUEL, James &
SAMUEL, Betsey 25 Feb 1799 J. SORRELL (cmb)

SAMUEL, James &
LONG, Elizabeth 3 May 1828 John L. PENDLETON (cmb)

SAMUEL, James &
LONG, Elizabeth 8 May 1828 (cmb)

SAMUEL, James &
FARMER, Feba 12 June 1828 (cmb)

SAMUEL, James &
FARMER, Phebe 9 June 1828 Nelson FARMER (cmb)

SAMUEL, John &
ACREE, Nancy 29 May 1826 Robert SALE (cmb)

SAMUEL, John F. &
MICON, Ann 22 Feb 1813 (cmb)

SAMUEL, John R. &
COOKE, Ellen H. 8 May 1843 Richard F. STHRESHLEY (cmb)

SAMUEL, Josiah &
WOOLFOLK, Sarah 1812 J. GOODLOE (cmb)

SAMUEL, Leonard &
JOHNSTON, Alice 22 Oct 1811 H. PITTMAN - min. (cmb)

SAMUEL, Leonard &
JOHNSTON, Elica 22 Oct 1811 (cmb)

SAMUEL, Leonard &
LONG, Paulina A. 15 Oct 1842 James BROADDUS (cmb)

SAMUEL, Leonard S. &
CATLETT, Aley 5 June 1828 Ruben LONG (cmb)

SAMUEL, Phillip C. &
STERN, Lucy 2 Nov 1840 Garland SAMUEL (cmb)

SAMUEL, Phillip Jr. &
HILL, Sarah W. 10 Dec 1831 Phillip SAMUEL (cmb)

SAMUEL, Phillip Jr. &
SAMUEL, Agness A. 29

Dec 1851 John P. SAMUEL (cmb)

SAMUEL, Presley & LOVING, Mary 6 Feb 1845 John FARMER (cmb)

SAMUEL, Presley & LOVING, Mary 9 Feb 1845 W. A. BRYANT (cmb)

SAMUEL, Temple & LOVIN, Julia 15 Feb 1831 Wm. PITTS (cmb)

SAMUEL, Thomas & HUNTER, Nancy 5 Oct 1803 J. SORREL - min. (cmb)

SAMUEL, Thomas L. & ANDERSON, Sarah F. 8 Nov 1853 Robert BURKE, W. A. BAYNHOR (cmb)

SAMUEL, William & JONES, Nancy 5 Mar 1805 Edmund SAMUEL (cmb)

SAMUEL, William & GARNETT, Nancy 12 Sep 1822 P. LONG (cmb)

SAMUEL, William & GARNETT, Nancy 14 Sep 1824 Pliney GARNETT (cmb)

SARRELL, James & ENNIS, Susan 12 June 1828 (cmb)

SATTERWHITE, Enoch & CARNALL, Matilda 30 July 1827 Joseph May (cmb)

SATTERWHITE, Franklin & LONG, Clemmy 18 Dec 1847 Thomas MADISON (cmb)

SATTERWHITE, Franklin & LONG, Clemmey 19 Dec 1847 (cmb)

SATTERWHITE, Hugh & JONES, Lucinda 15 Apr 1837 Richard WHITE (cmb)

SATTERWHITE, James &AYLETT, Sarah 16 Oct 1802 Rice HAGGARD (cmb)

SATTERWHITE, John & HARDAMAN, Phebe 9 Apr 1852 Robert HARDAMAN (cmb)

SAUNDERS, Allen & BEAZILEE, Becky 8 July 1800 J. SORREL -min. (cmb)

SAUNDERS, Alvin & SALE, Mary 10 Mar 1834 John LUMPKIN (cmb)

SAUNDERS, Hay & KIDD, Lavinia widow 27 Apr 1836 Charles A. HOLLOWAY (cmb)

SAUNDERS, Ira & HENDERSON, Lucy Ann 8 Nov 1852 Benson M. WRIGHT (cmb)

SAUNDERS, James & TANKERSLEY, Sarah 12 Oct 1819 John BALL (cmb)

SAUNDERS, James & WILSON, Mary 3 Nov 1828 (cmb)

SAUNDERS, James & WILSON, Mary 3 Nov 1828 Henry H. DODD (cmb)

SAUNDERS, John & PRUETT, Diana 8 Jan 1825 Charles PRUETT (cmb)

SAUNDERS, John G. & BURRUSS, Ann E. 14 Dec 1846 John W. PETROSS (cmb)

SAUNDERS, Reuben & GRAY, Fanny 9 Dec 1809 John M. GRAY- Brother of Fanny (cmb)

SAUNDERS, Reuben & SAUNDERS, Livinia J. 15 Nov 1825 Benjamin F. PITTS (cmb)

SAUNDERS, Richard & HODGE, Sarah 12 Jan 1832 (cmb)

SAUNDERS, Richard & HODGE, Sally 9 Feb 1832 Reuben ROANE (cmb)

SAUNDERS, Richard & WHARTON, Ann 12 June 1834 Robert SALE (cmb)

SAUNDERS, Robert Bruce & SUTTON, Maria C. 11 Dec 1848 Frances W. SCOTT (cmb)

SAUNDERS, Seth & WRIGHT, Catharine 16 Feb 1825 Richard SAUNDERS (cmb)

SAUNDERS, Wren & PEATROSS, Mary D. 27 May 1842 Ira SAUNDERS (cmb)

SAUNDERS, Wren & PEATROSS, Mary D. 2 June 1842 F. W. SCOTT (cmb)

SAUNDERSON, John E. & FLOYD, Elizabeth 18 May 1804 R. BROADDUS (cmb)

SCANDLAND, James & JONES, Tabitha 18 July 1794 Rev. John SORRELL (cmb)

SCANDLAND, John & TAYLOR, Ruth 29 Oct 1792 John SORRELL - min. (cmb)

SCANDLAND, John Jr. & BEAZLEY, Sally 26 Dec 1803 Joseph BEAZLEY -f. (cmb)

SCANNAGE, Richard & SMITH, Patsy 13 Dec 1830 John SUMMERSON (cmb)

SCHOOLER, Samuel & DOWNER, Ann Williams 14 June 1796 Rev. J. GOODLOE (cmb)

SCHOOLER, Younger & SMITH, Nancy Feb 1806 H. PITTMAN - min. (cmb)

SCHOOLS, Thomas & WILMORE, Fanny d/o Christopher WILMORE 21 Jan 1809 Reuben & John WILMORE (cmb)

SCRANAGE, George & JACKSON, Eliza 31 Dec 1840 Henry JACKSON (cmb)

SCOTT, John & TODD, Lucy 10 Dec 1818 (cmb)

SCOTT, John & WOOLFOLK, Patty 27 Dec 1787 Rev. J. TAYLOR (cmb)

SEAL, Bennett & SEAL, Elizabeth 8 Dec 1800 J. SORREL -min. (cmb)

SEAL, Edmund C. & PITTS, Eliza 28 Feb 1826 John SEAL (cmb)

SEAL, Ira & REYNOLDS, Martha 21 Apr 1851 Festus T. CLAY (cmb)

SEAL, Ira & **RENNOLDS,** Martha 1 May 1851 A. BROADDUS (cmb)

SEAL, John E. & **EDMUNDSON,** Malissa 27 Nov 1834 Lewis W. EDMUNDSON (cmb)

SEAL, John E. & **EDWARDS,** Milisa 5 Mar 1835 J. W. WHITE (cmb)

SEAL, Thornton & **BELL,** Molly 9 Oct 1795 John SORRELL - min. (cmb)

SEAL, Thornton & **JONES,** Amelia 16 Dec 1803 Willis KIDD (cmb)

SEAL, Thornton & **JONES,** Amelia 17 Dec 1803 J. SORREL (cmb)

SEAL, Edmund C. & **PITTS,** Eliza 28 Feb 1826 John SEAL (cmb)

SEAL, Willard & **MOORE,** Lucy widow of Barnett 20 Dec 1830 Bennett SEAL (cmb)

SEARLS, George & **BARLOW,** Polly 20 Dec 1822 Ishmail S. MASSIE (cmb)

SEARS, William G. & **WILLIS,** Mildred B. 10 July 1809 Hay Ballaile - consent (cmb)

SEAY, Joseph M. & **ADAMS,** Elizabeth G. 12 Aug 1844 Charles C. BOWERS (cmb)

SEAY, William B. & **PEATROSS,** Jemima L. 12 Sep 1836 Joseph WHITE (cmb)

SEAY, William B. & **PEATROS,** Jemima 15 Sep 1836 George W. TRICE (cmb)

SEE, Benjamin & **BURRUS,** Wilmoth 3 Mar 1800 (cmb)

SEGAR, Henry G. & **MOTLEY,** Precilla 16 Feb 1815 (cmb)

SEIZOR, George & **HICKS,** Nancy 3 Mar 1800 H. GOODLOE - min. (cmb)

SELF, William & **COVINGTON,** Mary 28 Mar 1852 William

COVINGTON- consent (cmb)

SEMPLE, Robert B. & **BUCKNER**, Virginia 12 May 1835 Richard BUCKNER Jr. (cmb).

SELF, Francis & **BOULWARE**, Sally 22 Dec 1796 John SORRELL - min. (cmb)

SELF, John & **BOWLER**, Aggy 25 May 1798 J. SORRELL - min. (cmb)

SELF, John & **EDWARDS**, Jane 13 Dec 1824 William COVINGTON (cmb)

SELF, John & **ALPORT**, Mary 21 Dec 1830 William ALLPORT (cmb)

SELF, John A. & **PAVEY**, Sarah Ann 8 Dec 1852 (cmb)

SELF, Job & **SELF**, Eliza 10 Jan 1847 William COVINGTON (cmb)

SELF, Job & **SELF**, Eliza 11 Jan 1848 R. W. COLE - min (cmb)

SELF, Muscoe & **EDWARDS**, Susanna 12 Apr 1824 Mereday EDWARDS (cmb)

SELF, William & **SELF**, Sarah 8 Oct 1849 Samuel BARNES (cmb)

SELF, William & **SELF**, Sarah 8 Oct 1849 R. W. COLE (cmb)

SEMES, Thomas & **BERNARD**, Eliza T. 27 Nov 1839 W. FRIEND (cmb)

SEYSEL, Isaac & **DILLARD**, Betty Page 28 Sep 1794 John SORRELL min. (cmb)

SHACKLEFORD, Christopher & **FLIPPO**, Mary 12 Sep 1842 William C. FLIPPO (cmb)

SHACKLEFORD, John L. & **LONG**, Mary E. 9 June 1845 Nelson REYNOLDS (cmb)

SHACKLEFORD, William M. & **FLIPPO**, Mary Dec 1851 Christopher C.

SHACKLEFORD (cmb)

SHACKLEFORD, William & **FLIPPO,** Mary 21 Jan 1852 L. W. ALLEN (cmb)

SHADDOCK, James A. L. & **ROLLINS,** Ann E. 9 Sep 1844 James M. ROLLINS (cmb)

SHADDOCK, James A. L. & **ROLLINS,** Ann E. 2 Oct 1844 R. W. COLE (cmb)

SHADDOCK, John & **SATTERWHITE,** Ann 16 June 1810 H. PITTMAN (cmb)

SHADDOCK William & **SAMUEL,** Patsy 31 Dec 1800 J. SORREL (cmb)

SHADDOCK, William & **ROBINSON,** Mary 14 Feb 1831 David ROBINSON (cmb)

SHADDOCK, William M. & **COLE,** Martha S. 11 Nov 1839 M. W. BROADDUS (cmb)

SHADDOCK, William M. & **COLE,** Martha S. 21 Nov 1839 (cmb)

SHENAULT, Burwell & **DUNN**, Sally 1May 1822 Obediah MARTIN (cmb)

SHENAULT, Gray & **SAUNDERS,** Lilyann 17 Jan 1839 William RICHARDS (cmb)

SHEPHERD, John & **SUTTON,** Julia 28 Aug 1843 Robert C. SUTTON (cmb)

SHEPPARD, William & **HUGGINS,** Elizabeth 15 Apr 1828 Conrad P. MILLER (cmb)

SHEPPARD, William & **HOGAN,** Elizabeth 17 Apr 1828 (cmb)

SHERARD, James & **LEWIS,** Matilda 19 Nov 1812 (cmb)

SHINAULT, Thomas & **COVINGTON,** Mary 7 Jan 1837 Samuel BARNES (cmb)

SHIP, John & **FARRISH,** Lucy 2 Jan 1790 Rev. John SHACKLEFORD (cmb)

SHIRLEY, Thomas & **YATES,** Molly 5 Apr 1788 Rev. J. WALLER (cmb)

SIRLES, George & **BARLOW,** Polly 24 Dec 1822 John BARLOW -f. (cmb)

SIRLS, George & **BARTON,** Lucy 26 Dec 1822 P. LONG (cmb)

SIRLS, James & **COLLIER,** Elizabeth 25 Apr 1825 P.LONG - min. (cmb)

SIRLS, James & **COLLIER,** Elizabeth 23 Dec 1823 James WHARTON (cmb)

SIRLS, John & **FRAWNER,** Tabitha 9 Dec 1839 James EDWARDS (cmb)

SIRLS, John & **COVINGTON,** Ann 23 Dec 1840 Armstead BEAZLEY (cmb)

SIRLS, John & **COVINGTON,** Ann 31 Dec 1840 William RICHARDS (cmb)

SIRLS, William L. & **POWERS,.** Ellen C. 23 Sep 1837 James M. NEWMAN (cmb)

SIRLES, William L. & **YATES,** Martha W. 22 Dec 1851 Thomas DUNN (cmb)

SIZER, Mordicai & **NORMENT,** Susan 1 Jan 1831 James NORMENT (cmb)

SIZER, John T. & **DICKINSON,** Ann Maria 10 Mar 1836 R. H. DICKINSON (cmb)

SIZER, John T. & **DICKENSON,** Ann Maria 12 Mar 1836 M. L. JONES (cmb)

SKINKER, James B. & **MERRYMAN,** Martha J. 20 May 1848 R. W. COLE - min. (cmb)

SKINNER, Henry & **PERKS,** Susan 27 Apr 1843 James SKINNER (cmb)

199

SKINNER, John & **SORRELL,** Milley 14 Jan 1810 H. PITTMAN (cmb)

SKINNER, Joseph T. & **ATKINSON,** Eleanor 16 Feb 1836 William SKINNER (cmb)

SKINNER, William & **SORRELL,** Maria 22 Dec 1825 William YOUNG (cmb)

SKINNER, William & **JAMES,** Nancy 13 Sep 1842 James SKINNER (cmb)

SLAUGHTER, Gabriel & **HORD,** Sally 1797 Thomas NOEL (cmb)

SLAUGHTER, Gabriel & **TERRELL,** Ann Elizabeth 11 Feb 1828 F. TERRELL (cmb)

SLAUGHTER, Gabriel & **TERRELL,** Ann E. 12 Feb 1828 (cmb)

SLAUGHTER, George & **ROBINSON,** Elizabeth S. 23 Dec 1818 (cmb)

SLAUGHTER, Jesse & **SLAUGHTER,** Lucy Thornton 25 Nov 1787 Rev. James TAYLOR (cmb)

SLAUGHTER, Pleasants & **JOHNSTON** Polly d/o Reuben JOHNSTON 8 Dec 1825 (cmb)

SLEDD, William & **PAYNE,** Betsy 5 Feb 1804 William JONES (cmb)

SLEDD, William & **PAYNE,** Elizabeth 23 Feb 1804 John SELF - min. (cmb)

SMITH, Bennett & **CLAYTOR,** Mary 11 Apr 1825 William H. SMITH (cmb)

SMITH, Fountaine & **BURRUSS,** Elizabeth J. 8 Jan 1849 John BURRUSS (cmb)

SMITH, Garrett & **BURRUS,** Elizabeth 18 June 1824 William SMITH (cmb)

SMITH, George & **MIDDLEBROOK,** William 5 Feb 1849 William MIDDLEBROOK

(cmb)

SMITH, James & WATERS, Sally 20 July 1786 Rev. James TAYLOR (cmb)

SMITH, James & CHANDLER, Lucy 10 Feb 1822 Thomas C. CHANDLER (cmb)

SMITH, John & CHANDLER, Rebecca d/o William CHANDLER 30 June 1821 (cmb)

SMITH, John T & DURRETT, Sarah E. 18 Nov 1850 Bluford DURRETT (cmb)

SMITH, John T. & DURRETT, Sally E. 21 Dec 1850 L.W. ALLEN - min. (cmb)

SMITH, Madison & COLEMAN, Mary W. 22 Feb 1831 (cmb)

SMITH, Madison B. & COLEMAN, Mary W. 22 Dec 1831 A. M. LEWIS (cmb)

SMITH, Madison B. & COLEMAN, Mary W. 14 Feb 1831 Benjamin COLEMAN (cmb)

SMITH, Rice & OLIVER, Jane 29 Oct 1806 (cmb)

SMITH, Robert P. & LUCK, Cornelia H. 2 Dec 1833 Samuel P. LUCK (cmb)

SMITH, Thomas & GOODWIN, Ann 13 Jan 1823 William WOODFORD Jr. (cmb)

SMITH, Thomas & CLURE, Leah G. 13 Nov 1826 H. BURRUS (cmb)

SMITH, Thomas & STANDLEY, Winifred 6 Feb 1827 James MULLEN (cmb)

SMITH, Thomas & LOVING, Eliza 1 Jan 1842 Thomas LOVING (cmb)

SMITH, William & VALENTINE, Nancy 8 Aug 1807 H. McLELAND -min. (cmb)

SMITH, William C. & HARRIS, Mildred A. 29 Sep 1831 Fleming BIBB

(cmb)

SMITH, William W. & **DURRETT**, Lucy A. 11 Mar 1850 Bluford DURRETT (cmb)

SMETHER, John & **KIDD**, Polley 6 Sep 1804 Philip KIDD -guard. of Polley Walker KIDD (cmbc1)

SMITH, William W. & **DURRETT**, Lucy A. 21 Mar 1850 J. A. BILLINGSLY (cmb)

SMITHER, James & **SAMUEL**, Julia Ann F.S. 14 Aug 1837 Robert PITTS (cmb)

Error! Bookmark not defined.**SMITHER**, John & **KIDD**, Polly 6 Sep 1804 Phillip WALKER, Joel KIDD (cmb)

SMITHER, John L & **CROXTON**, Mary E. 11 Jan 1849 James R. ARMSTRONG (cmb)

SMITHER, John L. & **CROXTON**, Mary E. 12 Jan 1849 George W. TRICE (cmb)

SMITHER, Robert & **PHILLIPS**, Lucy d/o Charles PHILLIPS 24 Oct 1809 Richard PHILLIPS (cmb)

SMITHER, Winslow B. & **SMITHER**, Eliz___ 14 Dec 1829 Robert HILL (cmb)

SMOOT, Henry C. & **BROADDUS**, Mary E. 13 Oct 1845 Andrew S. BROADDUS (cmb)

SMOOT, Henry C. & **BROADDUS**, Mary E. 19 Oct 1845 R. W. COLE (cmb)

SMOOT, Richard W. & **MURRAY**, Ella F. 13 Jan 1851 William J. MURRY (cmb)

SNEED, Alexander & **SNEED**, Sukey 11 Jan 1795 Rev. John SORRELL (cmb)

SNEED, Samuel & **DANIEL**, Polly 30 Sep 1797 John SORRELL

(cmb)

SORREL, James A. & **ENNIS,** Susan 11 June 1828 R. E. BRAXON (cmb)

SORRELL, Phillip & **CHAPMAN,** Sally 30 Jan 1806 J. SORREL (cmb)

SORRELL, Robert & **BATES,** Frances Ann 21 Dec 1833 Lewis L. BATES (cmb)

SOUTHWORTH, Achilles & **SEAL,** Catherine 22 Dec 1830 Phillip ESTES (cmb)

SOUTHWORTH, George & **GLEASON,** Molly 20 Dec 1792 Rev. John YOUNG (cmb)

SOUTHWORTH, George & **YOUNG,** Martha 22 Sep 1840 Joseph TILLER (cmb)

SOUTHWORTH, George & **YOUNG,** Martha 1 Oct 1840 H. D. WOOD (cmb)

SOUTHWORTH, James & **BIBB,** Lavinia C. 12 Dec 1831 Isaac RAINEY

(cmb)

SOUTHWORTH, James & **BIBB,** Lavinia C. 29 Dec 1831 (cmb)

SOUTHWORTH, John & **BUTLER,** Polly 22 Jan 1806 John SELF - min. (cmb)

SOUTHWORTH, John & **BEAZELY,** Lucy 11 May 1846 Spencer BEAZLEY (cmb)

SOUTHWORTH, John D. & **MADISON,** Louisa C. 16 Jan 1847 Lewis MADISON (cmb)

SOUTHWORTH, John David & **SOUTHWORTH,** Mary Frances 25 June 1845 William E. CLAYTON (cmb)

SOUTHWORTH, John J. & **YOUNG,** Eliza 10 Jan 1848 Charles ATKINSON (cmb)

SOUTHWORTH, John I. & **YOUNG,** Eliza 8 Apr 1848 Horace WHITE (cmb)

SOUTHWORTH, John W.
& BEAZLEY, Lucy A. 24
May 1846 (cmb)

SOUTHWORTH, Joseph
& HUGHES, Emily 28
Dec 1852 m. 17 Jan 1853
John BAUGHAN (cmb)

SOUTHWORTH, Joseph
& HUGHES, Emily 12 Jan
1853 H. WHITE -min.
(cmb)

SOUTHWORTH, Mark
& DISHMAN, Matilda 21
Dec 1833 Woodford
SOUTHFORD (cmb)

SOUTHWORTH, Reuben
& WHITLOCK, Elizabeth
25 Dec 1827 Samuel
MADISON (cmb)

SOUTHWORTH, Reuben
& BARLOW, Lucy 5 May
1830 (cmb)

SOUTHWORTH, Reuben
& BARLOW, Lucy 31
May 1830 Daniel
COLEMAN (cmb)

SOUTHWORTH, Reuben
& SOUTHWORTH, Ann
11 Aug 1845 Benjamin
SOUTHWORTH (cmb)

SOUTHWORTH, Temple
& BROWN, Mary widow
24 May 1828 John R.
JONES (cmb)

SOUTHWORTH, Thomas
& BARLOW, Betsy 19
Oct 1797 John YOUNG
(cmb)

SOUTHWORTH, William
& PASCOE, Elizabeth 7
May 1818 William ENNIS
(cmb)

SOUTHWORTH, William
& PASCOE, Eliza 9 May
1819 (cmb)

SOUTHWORTH, William
J. & FORTSOM,
Elizabeth C. 22 July 1841
John G. PAVY (cmb)

SOUTHWORTH, William
J. & FORTSON, Elizabeth
24 July 1841 (cmb)

SPENCER, Bailey &
GLEESON, Elizabeth 7
Mar 1803 Rev. John SELF
(cmb)

SPENDLE, John &
FREEMAN, Sarah 10 Jan
1833 W. RICHARDS
(cmb)

SPILLMAN, Samuel & PITTMAN, Ann Eliza 20 Nov 1835 Sam SPILLMAN (cmb)

SPILMAN, James & ROLLINS, Eliza Jane 8 Sep 1845 John A. ROLLINS (cmb)

SPINALE, Joseph & BURKE, Sophia F. 14 Jan 1847 John WOOLFOLK-guard. (cmb)

SPINDLE, Barber & GATEWOOD, Fanny 18 June 1821 William F. G. BURKE (cmb)

SPINDLE, Joseph & BURKE, Sophia F. M. 15 Jan 1847 John G. PARRISH (cmb)

SPINDLE, Phillip S. & RICHERSON, Ann Maria 6 May 1852 (cmb)

SPINDLE, Dr. Phillip S. & RICHERSON, Ann Maria m. 6 May 1852 (cmb)

SPINDLE, Silas W. & GARNETT, Catharine 13 Oct 1844 Rufus

RENNOLDS (cmb)

SPOTSWOOD, William L. W. & JONES, Catharine 31 Aug 1822 William DICKINSON (cmb)

STANDLEY, Absalom & HOPKINS, Eliza 30 Jan 1813 S. WOOLFOLK (cmb)

STANDLEY, John & CLATTERBRICK, Elizabeth Aug 1805 H. PITTMAN (cmb)

STANDLEY, John & CLATTERBUCK, Elizabeth 1 Aug 1805 Reuben CLATTERBUCK-f. (cmb)

STAPLES, Austin & NOELL, Harriett 29 Aug 1842 Thomas VAUGHAN (cmb)

STAPLES, Charles & COVINGTON, Courtney 23 July 1846 William COVINGTON (cmb)

STAPLES, Charles & COVINGTON, Courtney 24 July 1846 A. ANDERSON -min. (cmb)

STAPLES, Robert A. &
WOOLFOLK, Sarah 4
Dec 1821 John
DICKINSON (cmb)

STAPLES, Robert L. &
WOOLFOLK, Sarah 4
Dec 1821 Pichegrm
WOOLFOLK -her guard.
consent only (cmb)

STARK, Boulware &
NEW, Eliza W. 25 Mar
1819 (cmb)

STARKE, Capt. Bowling
& NEW, Eliza G. 24 Mar
1819 Andrew NEW -
consent (cmb)

STARLING, Roderick &
HILL, Mary G. 8 Apr
1833 Henry HILL (cmb)

STERN, David & Lucy
BEAZLEY 29 Dec 1813
H. PITTMAN (cmb)

STERN, Francis G. &
MURRAY, Elizabeth 11
Sep 1837 William J.
MURRAY (cmb)

STERN, Francis G. &
MURRAY, Elizabeth 14
Sep 1837 (cmb)

STEVENS, Boulware &
AIMES, Betsy 17 May
1813 (cmb)

STEVENS, Henry &
RENNOLDS, Louisa 22
Oct 1844 James C.
RENNOLDS (cmb)

STEVENS, Horace C. &
CHANDLER, Maria 10
Oct 1825 Archibald
SAMUEL (cmb)

STEVENS, Horace C. &
THORNTON, Elizabeth 2
Nov 1837 Ira E.
DICKENSON (cmb)

STEVENS, James &
YATES, Sarah Ann 6 Oct
1836 John YATES (cmb)

STEVENS, James &
DUKE, Sarah A. m. 6 Nov
1838 H. WHITE - min.
(cmb)

STEVENS, James H. &
DUKE, Sarah 27 Oct 1838
Elijah J. STEVENS (cmb)

STEVENS, John &
STEVENS, Harriet 20 Dec
1825 William ESTIS
(cmb)

STEVENS, John B. & DYSON, Ann 30 Dec 1850 James T. STEVENS (cmb)

STEVENS, John F. S. & KENNEDY, Sarah B. 11 Mar 1833 Robert CUNNINGHAM (cmb)

STEVENS, Robert & RENNOLDS, Susan 10 Aug 1820 (cmb)

STEVENS, Theodorick & LONG, Louisa T. 12 Feb 1845 Elijah S. STEVENS (cmb)

STEVENS, Elijah L. & JONES , Lucy 19 Oct 1818 James JONES -f. James H. STEVENS (cmb)

STEVENS, George & MORGAN, Mary M. 18 Jan 1842 John STEVENS (cmb)

STEWART, James & CHILES, Coly R. 9 Apr 1821 Isaac BUTLER (cmb)

STEWART, John B. & DIXON, Ann 31 Dec 1850 H. WHITE (cmb)

STODDARD, J. M. & CLARK, A. G. 27 Dec 1837 (cmb)

STODDARD, O. N. & CLARK, A. G. 20 Dec 1837 William H. ALLEN (cmb)

STRINGE, Phillip A. & COVINGTON, Mahaly 6 July 1836 Reuben DONEHO (cmb)

STUART, Alexander & HULETT, Lucy 2 Jan 1790 Rev. H. GOODLOE (cmb)

STUART, Henry & RICHESON, Betsy 26 Feb 1796 Rev. Theo NOELL (cmb)

STUART, Henry & HURT, Jan 10 Mar 1823 P. LONG (cmb)

STUDY, Thomas E. & TOLLY, Jane Courtney 15 May 1846 John C. TOLLY (cmb)

SULLIVAN, William & WATERS, Polly 22 May 1802 J. SORREL (cmb)

SUMMERSON, Charles S. & **DOUGLASS,** Sophia 16 July 1824 (cmb)

SUMMERSON, George & **BATES,** Polly 9 Feb 1818 John HOLLOWAY (cmb)

SUTTON, Arvill & **DICKINSON,** Louisiana V. 9 Nov1848 John T. SIZER (cmb)

SUTTON, Edmund P. & **SAMUEL,** Martha Dec 1838 Archabald SAMUEL (cmb)

SUTTON, Henry C. & **COLEMAN,** Elizabeth 28 Nov 1842 William H. SUTTON (cmb)

STHRESHLEY, Robert B. & **MAGRUDER,** Amelia 12 Jan 1808 James ELLIOTT (cmb)

STIFF, Thomas M. & **SAUNDERS,** Judah Nov 1807 H. PITTMAN - min. (cmb)

STIFF, Thomas M. F. & **SAUNDERS,** Sarah Nov 1807 H. PITTMAN (cmb)

STILL, Allen & **ISBELL**, Frances A. 5 May 1845 A. H BENDALL (cmb)

STEWART, Charles B. & **SCOTT,** Millie 11 Nov 1852 R. SCOTT (cmb)

SUTTON, Henry C. & **COLEMAN,** Elizabeth M. 1 Dec 1842 J. M. BAGBY (cmb)

SUTTON, James A. & **BAYLOR,** Susanna Frances 18 May 1804 Abner WAUGH (cmb)

SUTTON, James A. & **BAYLOR,** Susanna F. b. 2 Mar 1785 d/o Francis BAYLOR 18 May 1804 (cmb)

SUTTON, John C. & **PENDLETON,** Eliza P. 28 Jan 1817 (cmb)

SUTTON, John O. & **CHAPMAN,** Martha E. 23 May 1829 George HARRIS (cmb)

SUTTON, John O. & **CHAPMAN,** Martha 25 May 1829 (cmb)

SUTTON, Joseph P. &
HURT, Mary F. 11 Oct
1841 William Y. HURT
(cmb)

SUTTON, Norborne E. &
WASHINGTON, Dorothea
19 Aug 1828 Thomas H.
BURKE (cmb)

SUTTON, Norborne E. &
WASHINGTON D.B. 21
Aug 1828 S. WOOLFOLK
(cmb)

SUTTON, Oliver &
DOUGLASS, Elizabeth m.
20 June 1790 Rev. J.
WALLER (cmb)

SUTTON, Orval W. &
DICKINSON, Louisiana
V. 9 Nov 1848 J. M.
BAGBY (cmb)

SUTTON, Richard A. &
QUARLES, Mary S. 16
Dec 1844 William T.
QUARLES (cmb)

SUTTON, Richard A. &
MOORE, Mary 18 Dec
1849 John B. COX (cmb)

SWAN, John C. &
TOMPKINS, Catharine T.
4 Jan 1837 (cmb)

SWANN, Edward W. &
CAMPBELL, Dorothy M.
21 Oct 1841 Elliott P.
CAMPBELL (cmb)

SWANN, George F. &
WALLER, Mary C. 13
Apr 1846 Dabney W.
WALLER (cmb)

SWANN, John C. &
TOMPKINS, Catharine 4
Jan 1837 William B.
HARRIS (cmb)

SWANN, Joshua &
CHEADLE, Judith 29 Oct
1806 A. BROADDUS -
min. (cmb)

SWANN, Joshua &
TOMPKINS, Eliza 30
Sep1819 Richard
TOMPKINS - f. Wilson
SWANN (cmb)

SWANN, Samuel A. &
LOURY, Caroline d/o
Richard LOWRY 9 Aug
1819 Joshua SWANN
(cmb)

SWINTON, James &
NEWTON, Feby 3 Apr
1803 John BUMPASS
(cmbd)

SWINTON, James & NEWTON, Feby 7 Apr 1803 James LUCK (cmb)

SWINTON, James & NEWTON, Feby of lawful age 4 Apr 1803 consent (cmbd)

TALIAFERRO, Augustus C. age 31 & HARRIS, Edmonia F. age 31 12 Dec 1853 Octavus D. HARRIS (cmb)

TALIAFERRO, Hay & TAYLOR, Milley 7 Feb 1805 Robert TAYLOR -f. (cmb)

TALIAFERRO, Hay & TAYLOR, Milly 7 Feb 1805 A. WAUGH (cmb)

TALIAFERRO, John & REDD, Betsy S. 12 Dec 1843 J. D. FURGESSON (cmb)

TALIAFERRO, John H. & REDD, Betsy L. 9 Dec 1843 John G. COLEMAN (cmb)

TALIAFERRO, Thomas J. & TALIAFERRO, Elizabeth 21 Nov 1851 T. F. CAMPBELL (cmb)

TALIAFERRO, Thomas J. & TALIAFERRO, Elizabeth 26 Nov 1851 Dudley ATKINSON - min. (cmb)

TALIAFERRO, Thomas W. & ALLEN, Lucy Ann 11 Sep 1834 George ALLEN (cmb)

TALIAFERRO, Thomas W. & ALLEN, Lucy Ann 11 Sep 1836 R. CHANDLER (cmb)

TALIAFERRO, William & WASHINGTON, Eliza F. 30 Mar 1830 William WASHINGTON (cmb)

TALIAFERRO, William & WASHINGTON, Eliza T. 1 Apr 1830 (cmb)

TALLY, Williamson & REDD, Eliza T. 26 Oct 1820 (cmb)

TANKERSLEY, John R. & TANKERSLEY, Billy 9 Sep 1801 (cmb)

TANKERSLEY, Henry & CLIFT, Catherine 30 Dec 1830 Charles

HOLLOWAY (cmb)

TANKERSLEY, Nathaniel & TANKERSLEY, Ashley 16 Mar 1810 H. PITTMAN (cmb)

TARRANT, Anderson & WALDEN, Judith 1821 (cmb)

TARRANT, Anderson & WALDING, Judith 7 Feb 1821 Gerrard PUSSY (cmb)

TARRENT, James & FURLANDER, Lucy 23 May 1831 James TURNER (cmb)

TARRANT, Lewis & REDD, Elizabeth 26 Feb 1796 J. SORRELL - min. (cmb)

TARNENT, Lewis & CLANK, Sally 28 Dec 1799 J. SORRELL (cmb)

TATE, John J. & EVANS, Susanna 13 Dec 1851 George T. EVANS (cmb)

TAYLOR, Bartholomew & LOVING, Fanny 24 Mar 1794 Rev. Theo

NOELL (cmb)

TAYLOR, Bartholomew & FRAWNER, Tabby 9 Dec 1839 Jefferson TAYLOR (cmb)

TAYLOR, Charles of "Oakenbrow" & TURNER, Virginia A. 3 Aug 1831 at "Walsingham", King George Co., Va (hv)

TAYLOR, Christopher & LOVORN, Nancy d/o John LOVORN 17 Oct 1805 Lewis LOVORN (cmb)

TAYLOR, Edmund & GLOVER, Susanna 7 Oct 1801 (cmb)

TAYLOR, Edmund & BRAME, Lucinda 23 Dec1823 Tyree HARRIS (cmb)

TAYLOR, Edmund & BEAZLEY, Mary 14 Feb 1831 Phillip CHAPMAN (cmb)

TAYLOR, Ellis & SHINALT, Mary 1 Jan 1848 William SEAL (cmb)

TAYLOR, Ellis & CHENAULT, Mary 20 Jan 1848 A. BROADDUS - min. (cmb)

TAYLOR, Ellis & MARTIN, Jane 18 Jan 1843 Norborne PITTS (cmb)

TAYLOR, Ellis & MARTIN, Jane 23 Jan 1843 R. W. COLE (cmb)

TAYLOR, Francis & AYRES, Lucy 17 Sep 1831 Major TAYLOR (cmb)

TAYLOR, George K. & COLEMAN, Rebecca L. 12 June 1851 John TALIAFERRO (cmb)

TAYLOR, Henry & CAZY, Catharine 8 Oct 1821 Caleb MITCHELL (cmb)

TAYLOR, Edmund & HORD, Elizabeth T. d/o Thomas HORD 28 Jan 1805 William & Richard TAYLOR (cmb)

TAYLOR, Edmund & TURNER, Mildred E. 23 Dec 1817 (cmb)

TAYLOR, Henry & EUBANK, Elizabeth 6 June 1822 William SPENDLE (cmb)

TAYLOR, Henry & CRAWFORD, Dolly 11 Aug 1825 William COVINGTON (cmb)

TAYLOR, Henry & PENNY, Elizabeth Ann 20 Dec 1852 Edward M.C. PENNY (cmb)

TAYLOR, James & HOSKINS, Sally 20 Dec 1800 J. SELF - min. (cmb)

TAYLOR, James & EUBANK, Sally 9 Aug 1823 R. EUBANK (cmb)

TAYLOR, James & BLAND, Betsy 24 Nov 1823 John GAYLE (cmb)

TAYLOR, James & REEVES, Mildred 9 Dec 1846 Joseph REEVES (cmb)

TAYLOR, James W & TAYLOR, Mary 12 Dec 1851 A. R. SPANIAL (cmb)

TAYLOR, Jefferson & **LONG,** Adeline 27 Apr 1839 James DILLARD (cmb)

TAYLOR, John & **SUMMERSON,** Elizabeth 1 Mar 1805 Marshall ROLLINS (cmb)

TAYLOR, John & **AMES,** Mary Nov 1807 H. PITTMAN (cmb)

TAYLOR, John A. & **EDWARDS,** Nancy 16 Aug 1828 Mereday EDWARDS (cmb)

TAYLOR, John A. & **EDWARDS,** F. 21 Aug 1828 (cmb)

TAYLOR, John & **DILLARD,** Lucy M. 13 July 1846 R. W. COLE (cmb)

TAYLOR, Jourdan & **MARTIN,** Catharine 27 Feb 1851 A. BROADDUS - min. (cmb)

TAYLOR, Jourdon & **MARTIN,** Catharine 26 Feb 1851 Narborn PITTS (cmb)

TAYLOR, Leroy & **GOLDMAN,** Fanny 8Oct 1821 H. B. STRESHLEY (cmb)

TAYLOR, Major & **TAYLOR,** Elizabeth 25 Jan 1821 Major TAYLOR Sr. (cmb)

TAYLOR, Major & **BELL,** Mary 30 Mar 1827 William COVINGTON (cmb)

TAYLOR, Major Jr. & **TAYLOR,** Elizabeth 25 Jan 1825 G. WOOLFOLK (cmb)

TAYLOR, Mordicai & **PAVY,** Mary Jane 18 Nov 1847 R. W. COLE (cmb)

TAYLOR, Mordecai E. & **PAVY,** Mary Jane 17 Nov 1847 Louis PICARDAT (cmb)

TAYLOR, Phillip & **JONES,** Martha 8 Jan 1829 Chris TAYLOR (cmb)

TAYLOR, Reuben & **TAYLOR,** Rosa 10 Mar 1825 Lemuel

CRITTENDEN (cmb)

TAYLOR, Reuben & **TAYLOR,** Rosa 13 Mar 1823 (cmb)

TAYLOR, Richard & **RENNOLDS,** Elizabeth 5 Dec 1852 A. BROADDUS (cmb)

TAYLOR, Richard & **REYNOLDS,** Elizabeth 4 Dec 1852 m. 6 Dec 1852 Richard REYNOLDS (cmb)

TAYLOR, Robert & **TAYLOR,** Omozena 16 Sep 1834 John TAYLOR (cmb)

TAYLOR, Robert & **TAYLOR,** Omazena 18 Sep 1834 W. RICHARDS - min. (cmb)

TAYLOR, Robert & **LOVEN,** Fanny 6 July 1843 R. W. COLE (cmb)

TAYLOR, Temple & **GREENSTREET,** Mary 25 Jan 1849 John C. TAYLOR (cmb)

TAYLOR, Temple & **GREENSTREET,** Mary 25 Jan 1849 A. BROADDUS - min. (cmb)

TAYLOR, Theodorick & **TAYLOR,** Sally 23 Apr 1849 Theo GOLDMAN (cmb)

TAYLOR, Thomas & **HOUSTON,** Peggy 10 Jan 1815 (cmb)

TAYLOR, Thomas & **ENNIS,** Clary 13 Jan 1823 Lunsford BROADDUS (cmb)

TAYLOR, Thomas & **WHARTON**, Susanna 14 Aug 1827 Charles PICARDAT (cmb)

TAYLOR, Thomas T. & **RENNOLDS,** Jane 22 May 1851 Joseph MARSHALL (cmb)

TAYLOR, Thornton & **SPARKS,** Polly 16 Sep 1830 Walker SPARKS (cmb)

TAYLOR, William & **ALLEN,** Barbara 1792 Rev. Theo NOELL (cmb)

TAYLOR, William & **PRUETT,** Willey 26 Oct

1802 J. SORRELL (cmb)

TAYLOR, William & **SIRLS,** Malinda 27 Dec 1824 Lewis COVINGTON (cmb)

TAYLOR, William & **KIDD,** Ellen 1 Sep 1851 A. J. BOULWARE (cmb)

TAYLOR, William & **KIDD,** Ellen 3 Sep 1851 G. W. TRICE- min. (cmb)

TAYLOR, William B. & **TAYLOR,** Lucy 9 Feb 1826 William RICHARDS -min. (cmb)

TAYLOR, William B. & **TAYLOR,** Mildred M. Nov 1837 W. M. BROADDUS (cmb)

TAYLOR, William B. & **TAYLOR**, Mildred M. 13 Nov 1837 Thomas B. TAYLOR (cmb)

TAYLOR, William R. & **TAYLOR,** Lucy 6 Feb 1826 Musco SELF (cmb)

TAYLOR, William W. & **HOUSTON,** Nancy 23 Dec 1840 Thomas B.

TAYLOR (cmb)

TAYLOR, William W. & **HOUSTON,** Nancy 25 Dec 1840 W. RICHARDS (cmb)

TERRELL, Albert J. & **CHANDLER**, Agness W. 4 Feb 1851 Thomas T. CHANDLER (cmb)

TERRELL, Christopher & **COLLINS,** Mary 26 Dec 1798 Archer MOODY - min. (cmb)

TERRELL, Fleming & **TERRELL,** Matilda 23 Dec 1813 (cmb)

TERRELL, Francis & **SEAL,** Martha Ann 5 Mar 1835 J. WHITE (cmb)

TERRELL Joseph Walker & **ANDERSON,** Elizabeth 31 Mar 1835 Lindsay TERRELL (cmb)

TERRELL, George B. & **GREER,** Frances M. D. 26 Feb 1838 George T. Riding- guard. of Frances (cmb)

TERRELL, Samuel P. & **GREER,** Clarissa 27 Nov

215

1826 Richard WYATT (cmb)

TERRILL, Robert & BURRUS, Sarah 11 Sep 1826 Henry BURRUS (cmb)

TERRY, John & THOMPSON, Elizabeth 26 July 1837 J.D. FARRISH (cmb)

TERRY, Steven & MASON, Sarah Jane 7 Apr 1846 Thomas TERRY (cmb)

TERRY, Thomas & THOMPSON, Sarah 6 Apr 1846 Roland TERRY (cmb)

THACKER, Edward & YARBROUGH, Priscilla 31 Oct 1789 Rev. John WALLER (cmb)

THACKER, James & CARNALL, Elizabeth 29 Mar 1812 W. GUIRY (cmb)

THACKER, Thomas & CARNALL, Sarah 11 Oct 1830 Edward THACKER (cmb)

THACKER, William & JONES, Henrietta 24 July 1821 John GILLMAN (cmb)

THACKER, William W. & CARNEAL, HALEY Ann 19 May 1849 John CARNEAL Jr. (cmb)

THILLMAN, Paul & DUDLEY, Sally 11 Nov 1779 (date recorded) (mb)

THOMAS, Alex & Lucy STANLEY 23 Oct 1851 Absalom STANLEY (cmb)

THOMAS, Allen & FOWLER, Elizabeth 6 Sep 1798 John SORRELL (cmb)

THOMAS, Allen & ATKINSON, Dorcas A. 31 Dec 1838 (cmb)

THOMAS, Allen J. & ATKINSON, Dorcus A. 28 Dec 1838 William F. THOMAS (cmb)

THOMAS, James & PUGH, Mary 23 June 1853 John F. THOMAS (cmb)

THOMAS, James & PUGH, Mary 23 Jun 1853

R.H.W.BUCKNER (cmb)

THOMAS, James Jr. & **PULLER,** Mary C. 10 Dec 1832 Warner M. MASON (cmb)

THOMAS, John F. age 22 & **SALE,** Sarah E.d/o Spilsby SALE age 20 26 Sep 1853 C.S. & Amy LONG (cmb)

THOMAS, Pittman & **RAGAN,** Sarah 22 Dec 1824 William RAGAN (cmb)

THOMAS, Richard & **TAYLOR**, Matilda 31 Aug 1830 Leroy TAYLOR (cmb)

THOMAS, Silas & **LONG**, Sarah A. 18 Dec 1849 Catlett THOMAS (cmb)

THOMAS, Silas & **LONG,** Sarah A. 18 Dec 1849 R. H. BUCKNER (cmb)

THOMAS, William J. & **LONG,** Mary J. 20 Apr 1849 Joseph DILLARD (cmb)

THOMAS, W. J. & **LONG,** Mary J. 26 Apr 1849 G. W. TRICE (cmb)

THOMPSON, George W. & **FREEMAN**, Mary Ann H. 11 Dec 1848 James STEVENS (cmb)

THOMPSON , John & **STANARD**, Elizabeth 28 Feb 1821 C. MCGUIRE - min. (cmb)

THOMPSON, John & **HODGES,** Jane H. 12 Dec 1840 John N. DOGGILL (cmb)

THOMPSON, John & **HODGES,** Jane H. 23 Dec 1840 F. W. SCOTT - min. (cmb)

THOMPSON, George W. & **FREEMAN**, Mary Ann 28 Dec 1848 H. WHITE (cmb)

THOMPSON, James & **PEATROSS,** Susan 2 June 1824 Elijah KELLY (cmb)

THOMPSON, Jefferson & **KELLY**, Nancy 17 May 1816 Y. WOOLFOLK (cmb)

THOMPSON, John & **STANNARD,** Elizabeth F. 16 Jan 1821 Frances J. THOMPSON (Culpepper Co.) (cmb)

THOMPSON, William J. & **GRAY,** Mary B. 18 Nov 1835 James THOMPSON (cmb)

THOMPSON, William J. & **GRAY,** Mary B. 19 Nov 1835 Th. MONTAGUE (cmb)

THORNLEY, Aaron & **BUCKNER,** Mary M. 9 May 1833 John B. BUCKNER (cmb)

THORNLEY, William & **BOULWARE,** Sarah P. 10 Dec 1838 Mark BOULWARE (cmb)

THORNTON, Anthony & **THORNTON,** Ann R. 19 Oct 1820 (cmb)

THORNTON, Charles T. & **BUCKNER,** Nancy W. 26 Sep 1803 Thomas BUCKNER Sr. -f., George ROOTES (cmb)

THORNTON, Charles W. & **CATLETT,** Sarah Ann 24 June 1835 R. B. TUNSTALL (cmb)

THORNTON, Edmund F. & **CONWAY,** Charlotte E. 12 Dec 1832 L. BATTAILE - min. (cmb)

THORNTON, Edmund T. & **CONWAY,** Charlotte E. 10 Dec 1832 Charles W. THORNTON (cmb)

THORNTON, Edw. C. & **CATLETT,** M.E. 5 July 1841 W. FRANCES - min (cmb)

THORNTON, Edw. C. & **CATLETT,** M. E. 13 June 1842 Wm. S. ROYSTON (cmb)

THORNTON, Edw. C. & **CATLETT,** M. E. 5 July 1842 W. FRIEND (cmb)

THOMSON, Robert & **ISBELL,** Nancy 28 Apr 1805 John THOMSON - f., George ISBELL (cmb)

THOMPSON, William & **GREEN,** Nancy J. 24 Nov 1824 Benjamin Y. WINSTON (cmb)

THORNTON, Dr. Phillip & **BANKHEAD**, Ellen 17 Apr 1809 J. BANKHEAD - f. (cmb)

THORNTON, Richard & **DICKENSON**, Lucy 19 Jan 1811 (cmb)

THORNTON, Rootes B. & **BUCKNER,** Ellen M. 8 Jan 1838 Thomas ROWE (cmb)

THORNTON, Rootes & **BUCKNER,** Ellen 10 Jan 1838 W. FRIEND (cmb)

THORNTON, George F. & **ROYSTEN,** Ann W. E. 13 Oct 1819 A. E. LEWIS (cmb)

THORNTON, George F. & **ROYSTON,** Ann W. E. 14 Oct 1818 John THORNTON - f., Thomas ROYSTON (cmb)

THORNTON, James & **WELCH,** Jane 16 Mar 1852 F. KEY (cmb)

THORNTON, Peter R. & **ROWE,** Frances H. 14 July 1828 Thomas ROWE (cmb)

THORNTON, Peter R. & **ROWE,** Frances H. 17 July 1828 L. H. JOHNS (cmb)

THORNTON, Phillip & **TURNING,** Ellen 1809 (cmb)

THORNTON, Samuel G. & **CLIFT,** Elizabeth 10 Sep 1838 Edwin LANSFORD guard. of Elizabeth (cmb)

THORNTON, Thomas G. & **THORNTON** , Sarah J. 31 May 1837 Edm'd T. THORNTON (cmb)

THORNTON, William H. & **ROYSTON**, Mary 9 Apr 1835 Thomas ROYSTON (cmb)

THORNTON, William H. & **ROYSTON,** Mary Jane 9 Apr 1835 W. FRIEND (cmb)

THORNTON, William M. & **BUCKNER,** Mary S. 21 Dec 1851 R.H. M. BUCKNER (cmb)

THORNTON, William W. & **BUCKNER**, Mary T. 18 Dec 1851 Aylett

CONWAY (cmb)

THORPE, Daniel & CARTER, Frances 12 Jan 1829 James CARNALL (cmb)

THURSTON, ? & RENNOLDS, Caty 18 Apr 1787 Rev. J. TAYLOR (cmb)

TIERNAN, Charles & BERNARD, Gay ROBINSON 13 Dec 1836 John L. PENDLETON (cmb)

TIERNAN, Charles & BERNARD, Gay H. 20 Dec 1836 W. FRIEND (cmb)

TIGNOR, Elijah & CARTER, Elizabeth F. 16 Dec 1849 Robert CARNEAL (cmb)

TIGNON, Robert & LOVEN, Fanny 3 July 1843 Robert CARNALL (cmb)

TIGNOR, Thomas & LOVERN, Phebe 24 Oct 1846 Robert TIGNOR (cmb)

TIGNOR, William & COVINTON, Frances 27 Sep 1794 Rev. J. SORREL (cmb)

TILLER, Daniel & CARNALL, Rebecca 28 Dec 1798 H. GOODLOE (cmb)

TILLER, George & MILLS, Lucy 28 July 1797 Thomas MASTON - min. (cmb)

TILLER, Jordan & TILLER, Mary 22 Oct 1827 Abner G. YOUNG (cmb)

TILLER, Joseph & WINSTON, Sarah 21 Feb 1827 Edmund DICKEN (cmb)

TILLER, Nathaniel & CLAYTOR, Martha E. d/o Thomas C. CLAYTOR 12 Apr 1853 W.A.DICK (cmb)

TILLER, Thomas & BLUNT, Polly 13 July 1815 Jesse BUTLER (cmb)

TIMBERLAKE, William & YOUNG, Margaret 11

Nov 1833 John YOUNG (cmb)

TIMSLEY, John & **GAUNT,** Lucy 15 Oct 1801 J. SORRELL (cmb)

TINSBLOOM, William & **KELLY**, Frances 11 Feb 1850 James SERLS (cmb)

TINSLEY, William & **ESTES**, Dolly 3 Apr 1789 Rev. John WALLER (cmb)

TINSLEY, Wyatt & **BROWN**, Joanna 9 May 1839 John C. TALLY (cmb)

TOD, John B. & **MILLER**, Clamesnia 9 Feb 1835 George T. TOD (cmb)

TOD, John B. & **TALIAFERRO**, Martha A. 22 Aug 1841 F. DICKINSON (cmb)

TOD, John B. & **TALIAFERRO**, Martha A. 26 Aug 1841 R. RYLAND (cmb)

TOD, Joseph & **BURKE**, Frances A. 2 Nov 1837 W.M. BROADDUS (cmb)

TOD, Joseph & **BURKE**, Frances A. 7 Nov 1837 Wm. W. TENANT (cmb)

TOLER, Godfrey & **BARNES**, Charity 27 Sep 1799 John SELF (cmb)

TOMPKINS, Robert W. & **MARSHALL**, Jane K. 21 Oct 1826 John G. OLIVER (cmb)

TOMPKINS, Agustus & **GATEWOOD**, Nancy 20 Dec 1823 Wyatt DURRETT (cmb)

TOMPKINS, Frank & **TURNER**, Rebecca M. 13 Feb 1844 Daniel TURNER (cmb)

TOOMBS, Reuben & **FORTUNE**, Susan 15 Mar 1830 Armistead FORTUNE (cmb)

TOOMBS, Thomas & **ROWE**, Mary 7 Nov 1827 Samuel T. MURRY (cmb)

TOOMBS, William & **ALLEN**, Martha 5 Oct

1819 G. WOOLFOLK (cmb)

TOWLES, James & **TERRELL**, Polly 30 Jan 1807 J. GOODLOE (cmb)

TRAINHAM, John & **STEVENS**, ____ 27 Apr 1837 John STEVENS (cmb)

TRAINHAM, John & **ENGLAND**, Rebecca 12 Feb 1845 John L. PENDLETON (cmb)

TRAINHAM, John & **BIBB**, Ann 19 Jan 1805 Garret BIBB (cmb)

TRAINHAM, John & **CARNALL**, Susan 18 Mar 1825 Lewis CARNALL (cmb)

TRAINHAM, John & **RICHESON**, Fanny 11 Dec 1799 J. SELF (cmb)

TRAINHAM, John & **BIBB**, Ann 30 Jan 1805 A. BROADDUS- min. (cmb)

TRAINHAM, Larkin & **OLIVER**, Elizabeth 10 Aug 1830 (cmb)

TRAINHAM, Larkin & **OLIVER**, Elizabeth 9 Aug 1830 Daniel COLEMAN (cmb)

TRANHAM, John & **DANIEL**, Mary 14 Jun 1794 Rev. J. GOODLOE (cmb)

TRAVILLIAN, Buckner T. & **COBBS**, Virginia C. 25 Feb 1850 Jos. W. TERRELL (cmb)

TRAWNER, may be FRAWNER, James & **BEAZLEY**, Elizabeth 11 Jun 1821 Thomas GARRETT (cmb)

TREVILLIAN, Charles T. & **ARNOLD**, Mary 7 Sep 1844 Richard ARNOLD (cmb)

TRIBBLE, E. & **CANNON**, P. 6 Jan 1827 (cmb)

TRIBLE, Edward & **CANNON**, Polly 4 Jan 1827 Stephen CANNON (cmb)

TRIGG, William & **HAMPTON,** Ann 30 Dec 1805 Mary HAMPTON -

mo., James BALLARD (cmb)

TUCK, Joseph & CARLTON, Susan 23 Dec 1841 H. WHITE (cmb)

TUCK, Owen C. & CHAPMAN, Frances 20 Jan 1853 R.W.COLE (rwc)

TUCK, Richard J. & CARLTON Ann E. 27 Dec 1850 James CARLTON (cmb)

TUCK, Richard J. & CARLTON, Ann E. 31 Dec 1850 H. WHITE - min. (cmb)

TUCKER, William & SCANDLAND, Margaret 12 Jan 1798 J. SORREL- min. (cmb)

TULT, James & ROYSTON, Elizabeth 14 Sep 1804 J. SELF (cmb)

TUNING, George & OLIVER, Susanna 1 Nov 1810 (cmb)

TUNSTALL, Richard G. & HILL, Jane G. 16 Nov 1833 James HILL (cmb)

TUNSTALL, Robert B. & ALLEN, Adeline M. 8 Oct 1840 F. DICKINSON (cmb)

TUPMAN, William & FARICH, Ann S. 12 Mar 1809 T. GOODLOE (cmb)

TUTT, James & ROYSTON, Elizabeth 14 Sep 1804 Robert ROYSTON - f. (cmb)

TURNER, Benjamin & GANT, Sarah 31 May 1845 James CARLTON (cmb)

TURNER, Benjamin & WRIGHT, Louisa 16 Dec 1852 R.G. HENLEY - min. (cmb)

TURNER, Benjamin H. & WRIGHT, Louisa T. 16 Dec 1852 (cmb)

TURNER, George & PRATT, Caroline Matilda 30 Jan 1807 (cmb)

TURNER, George P. & MAGRUDER, Isabella G. 20 Jul 1833 John L.

PENDLETON (cmb)

TURNER, George P. &
MCGRUDER Isabella G.
31 July 1833 T. B.
WILSON (cmb)

TURNER, John &
DAVIS, Fanny   1790
Rev. Theo NOELL (cmb)

TURNER, John &
WRIGHT, Nancy   24 Sep
1804 John WRIGHT
(consent) (cmb)

TURNER, John R. &
TURNER, Eliza 21 Dec
1815 Y. WOOLFOLK
(cmb)

TURNER, Reuben &
TUESDALE, Mary Ann
9 Nov 1830 Benjamin
KIDD (cmb)

TURNER, Reuben &
CARLTON, Doretha 3
Sep 1838 James
CARLTON (cmb)

TURNER, Reuben &
CARLTON, Dorothy m. 4
Sep 1838 Horace WHITE -
min. (cmb)

TURNER, Robert T. &
THORNTON, Elizabeth
10 Nov 1828 Thomas G.
THORNTON (cmb)

TUCK, Owing &
CHAPMAN, Frances C.
17 Jan 1853 William
CHAPMAN - f. (cmb)

TURNER, Robert T. &
THORNTON, Elizabeth D.
13 Nov 1828 A. M. LEWIS
- min. (cmb)

TURNER, Thomas B. &
BROCKINBROUGH,
Cathy 8 Sep 1827 R. S.
VENTER (cmb)

TURNER, William &
HUDSON, Judy 15 Dec
1828 Robert WRIGHT
(cmb)

TURNER, William &
HURT, Polly 3 May 1797
John YOUNG - min. (cmb)

TWESDALE, William W.
& **KELLEY**, Sarah Ann
25 Aug 1849 Ellis LONG
(cmb)

TWISDALE, William W.
& **KELLEY**, Sarah Ann
18 Oct 1849 H. WHITE -
min. (cmb)

TYLER, George & DEJARNETT, Jane T. 4 Oct 1837 Henry TYLER (cmb)

TYLER, George & DEJARNETT, Jane T. 5 Oct 1837 M. N. BROADDUS (cmb)

TYLER, George & QUISENBERRY, Jane C. 19 Oct 1852 J. H. DEJARNETT (cmb)

TYREE, Franklin & FOX, Eliza 14 Dec 1846 Leroy EVANS (cmb)

TUTT, James & ROYSTON, Elizabeth 11 Sep 1804 Robert ROYSTON -f. (cmbc1)

UMBRICKHOUSE, Jacob & DESMUKES, Patsy 27 Nov 1787 Rev. James TAYLOR (cmb)

UPSHAW, Horace & BAYLOR, Lucy 25 Nov 1809 Thomas R. Rootes- guard. of Lucy; John & Frances BAYLOR (cmb)

UPSHAW, James Jr. & UPSHAW, Ann 22 May 1804 Jeremiah UPSHAW - consent (cmb)

UPSHAW, Robert H. & GREEN, Margaret E. 10 Mar 1851 Edgar W. HARRISON (cmb)

UPSHAW, William & BAYLOR, Louisa H. 28 Mar 1811 J. ELLIOT - min. (cmb)

VALENTINE, John B. & JONES, Jane H. 19 Dec 1809 Jane JONES - mo., Jonathan JONES (cmb)

VALENTINE, John W. & ROBERTSON, Ann 26 Nov 1825 Daniel M. ROBERTSON (cmb)

VAUGHAN, Austin & HARPER, Nancy 24 Dec 1829 Carbin VAUGHAN (cmb)

VAUGHAN, Austin & HARPER, Nancy 24 Dec 1829 P. L. (cmb)

VAUGHAN, Beverly & BURRUS, Elizabeth 28 Apr 1832 Rev. Rufus CHANDLER (cmb)

VAUGHAN, Cary & ENNIS, Terissa 22 Dec

1843 Tilman CARNALL (cmb)

VAUGHAN, Corbin & MARTIN, Eleanor 19 Dec 1828 Leroy MARTIN (cmb)

VAUGHAN, Corbin & MARTIN, Ellender 23 Dec 1828 Peter LONG (cmb)

VAUGHAN, Eldred & CARNEAL, Frances 28 Dec 1838 W. RICHARDS (cmb)

VAUGHAN, Eldred & CARNEAL, Frances 28 Dec 1838 Robert FARMER (cmb)

VAUGHAN, Henry & LONGEST, Martha 16 Jan 1837 John MARTIN (cmb)

VAUGHAN, John & MARTIN, Betsy 16 Sep 1800 (cmb)

VAUGHAN, John & ENNIS, Leanna 8 Feb 1844 Thelman CHANDLER (cmb)

VAUGHAN, , John & ENNIS, Leanna 8 Feb 1844 R. W. COLE - min. (cmb)

VAUGHAN, Lewis & LEE, Mary 23 Oct 1787 Rev. James TAYLOR (cmb)

VAUGHAN, Raverly & BURRUS, Elizabeth 28 Apr 1832 (cmb)

VAUGHAN, Reverley & BURRUSS, Elizabeth 28 Apr 1832 R. CHANDLER - min. (cmb)

VAUGHAN, Richard & BASTIN, John ? 21 Feb 1844 John BASTIN (cmb)

VAUGHAN, Silas & CHENAULT, Eliza 11 Mar 1830 Stephen CHENAULT- f. (cmb)

VAUGHAN, Vaughan & BURRUS, Elizabeth 26 Apr 1832 George ENGLAND (cmb)

VAUGHAN, William & VAUGHAN, Patty 5 Dec 1793 Rev. John SORRELL (cmb)

VAUGHAN, Wiley & MARTIN, Fanny 23 July 1802 J. SORREL (cmb)

VAISTER, James & MURRAY, Frances 6 Sep 1823 (cmb)

VALENTINE, George W. & JOHNSTON, Mary C. 17 Feb 1824 John L. PENDLETON (cmb)

VAWTER, Bowler & BERRY, Sally 2 Nov 1786 Rev. J. TAYLOR (cmb)

VAWTER, James & MURRAY, Frances 25 Sep 1823 Samuel PERKS (cmb)

VAWTER, Richard & VAUGHAN, Sally 12 July 1787 Rev. J. TAYLOR (cmb)

VENABLE, Abraham & AUNDLEY, Amey 21 Jan 1790 Rev. T. WEATHERFORD (cmb)

VENABLE, William & HURT, Rebecca 14 Dec 1794 Rev. John YOUNG (cmb)

VINSON, Rufus & ALPORT, Mary 15 May 1848 William ALPORT (cmb)

VINSON, Rufus & ALPORT, Mary 15 May 1848 John G. PARRISH - min. (cmb)

WADE, Robert & BUCKNER, Frances 3 July 1837 Wm. S. BUCKNER (cmb)

WAGNER, Conway & CARLTON, Elizabeth 18 Mar 1851 Elijah J. STEVENS (cmb)

WAGNER, Conway & CARLTON, Elizabeth 26 Mar 1851 H. WHITE - min. (cmb)

WALDEN, John & PITT, Elizabeth 18 Feb 1800 Thomas MARTIN (cmb)

WALDEN, John P. & SAUNDERS, Sophia 6 Apr 1833 Lorenzo SAUNDERS (cmb)

WALDEN, John P. & SAUNDERS, Sophia 7 Apr 1833 W. RICHARDS - min. (cmb)

WALDEN, Richard & **ISBELL,** Polly 21 Sep 1798 J. SORREL (cmb)

WALKER, George & **OGLESBY,** Martha 11 Apr 1843 Thomas ABRAHAM (cmb)

WALKER, George & **OGLESBY,** Martha 24 Apr 1843 H. WHITE -min. (cmb)

WALKER, Volny & **HARRISON,** W. 10 Dec 1832 Robert H. HARRISON (cmb)

WALLACE, John Gideon & **GORDON,** Bettie 1 Oct 1851 Henry GORDON (cmb)

WALLER, Benjamin & **THOMPSON,** Joanna 8 May 1792 Rev. John WALLER (cmb)

WALLER, Joseph & **BUCKNER,** Matilda 10 May 1803 (cmb)

WALLER, William B. & **CARR,** Judith B. 22 Dec 1837 Wm. E. FLIPPO (cmb)

WARE, Edwin F. & **FARISH,** Catharine 10 May 1841 Charles T. FARISH (cmb)

WARE, Edwin F. & **FARISH,** Catharine J. 12 May 1841 R. M. COLE (cmb)

WARD, William N. Rev. of Bowling Green, Caroline Co. & **BLINCOE**, Mary 26 Aug 1836 POM Leesburg, VA Rev. George ADIE (sc)

WARE, John D. & **HENDERSON,** Virginia Ellen d/o Ma____ L. 23 Dec 1853 (cmb)

WARE, Nathaniel & **SCOTT,** A. G. 11 Apr 1836 F. W. SCOTT (cmb)

WARE, Nicholas & **SCOTT**, Sarah B. 7 Jan 1828 John SCOTT (cmb)

WARE, William & **SMITH,** Ellen 2 Oct 1844 W. GARRETT (cmb)

WARRICK, William & **ROSE,** Mary S. 9 Dec

228

1850 Phillip M. ROSE (cmb)

WARTHAM, Elliott & **BRIDDGES,** Sally 7 Nov 1816 (cmb)

WASHINGTON, George B. & **CHANDLER,** Mildred A. 22 Apr 1851 Thomas K. CHANDLER (cmb)

WATTS, John & **LUMPKIN**, Henrietta 4 May 1815 (cmb)

WEAVER, George & **GRYMES**, Ann Elizabeth 12 Apr 1852 Frans W. SCOTT (cmb)

WEBSTER, Acchillis & **WEBSTER,** Sarah 2 Jan 1790 Rev. John SHACKLEFORD (cmb)

WEBSTER, LeRoy & **SCANDLAND**, Sarah 8 Sep 1790 Rev. John SHACKLEFORD (cmb)

WEBSTER, William & **JONES,** Agnes 10 Jan 1795 Rev. Andrew BROADDUS (cmb)

WEBSTER, William & **CATLETT,** ____ 13 May 1828 Thomas CATLETT - f. (cmb)

WEBSTER, William & **CATLETT,** Mary 25 May 1828 (cmb)

WELCH, Madison & **KAY,** Phebe 26 Sep 1842 Walker KAY (cmb)

WELSH, James s/o Joseph WELSH & **GRYMES,** Jane d/o Ann GRYMES 19 Dec 1804 (cmb)

WELSH, James & **GRYMES,** Jenny 19 Dec 1806 (cmb)

WEST, Augustus & **WHARTON**, Sarah W. 11 Jan 1840 Theophelus F. GREEN (cmb)

WEST, Augustus H. & **WHARTON,** Sarah A. 16 Jan 1840 (cmb)

WEST, Benjamin & **CLARKE,** Nancy 13 Nov 1800 J. SELF (cmb)

WEST, Edmund & **MASON**, Jane K. 10 Dec 1821 Joel MASON - f.

(cmb)

WEST, George & DICK, Susanna 9 Jun 1805 A. WAUGH (cmb)

WEST, George (of Hanover) & DICK, Susanna d/o Rev. Archibald DICK 9 June 1805 A. WAUGH - min. (cmb)

WEST, James & JONES, Sarah 15 Mar 1804 (cmb)

WEST, Thomas J. & THORNLEY, Jane 10 May 1830 Wm. THORNLEY (cmb)

WESTINDORF, Bernard & PARHAM, Mary M. 4 Oct 1842 R. A. PARHAM (cmb)

WHARTON, Albert & BARLOW, Elizabeth 23 Dec 1828 Lewis L. BATES (cmb)

WHARTON, Albert & BARLOW, Elizabeth 24 Dec 1828 (cmb)

WHARTON, George & YATES, Mary W. 16 Jan 1840 M. W. BROADDUS (cmb)

WHARTON, George S. & YATES, Mary W. 15 Jan 1840 A. THOMPSON - guard. of George (cmb)

WHARTON, James & SIRLS, Elizabeth 15 Jan 1825 John SIRLS (cmb)

WHARTON, John & BEAZLEY, Frances 24 May 1843 James FLETCHER (cmb)

WHARTON, John & BEAZLEY, Frances 25 May 1843 R. W. COLE - min. (cmb)

WHARTON, John & SEAL, Juliet 3 Feb 1853 Joanna BARLOW (cmb)

WHARTON, John & SEAL, Juliet 1 Feb 1853 A. BROADDUS (cmb)

WHARTON, Lindsey & ESTES, Nancy 4 Jan 1822 Benjamin WHARTON (cmb)

WHARTON, Lindsey & ESTES, Nancy 4 Jan 1822

Benjamin WHARTON (cmb)

WHARTON, Robert & **BOULWARE,** Courtney 9 Feb 1824 Louis C. PICARDOT -guard. of Courtney (cmb)

WHEAT, Francis & **BIBB,** Edney E. 23 Nov 1831 Garland HARGRAVE (cmb)

WHEAT, Francis & **BIBB**, Edny E. 24 Nov 1831 R. CHANDLER - min. (cmb)

WHEELEY, Thomas & **SISSON,** Elizabeth 28 Dec 1827 Burwell L. HART (cmb)

WHITE, Edmund & **BATTAILE,** Ann C. 15 Sep 1828 Charles R. BATTAILE (cmb)

WHITE, Edmund D. & **BATTAILE**, Ann 1 Oct 1828 (cmb)

WHITE, Eland J. H. & **GREEN**, Elizabeth W. 16 Dec 1827 Samuel F. NORMENT (cmb)

WHITE, Eldrid E. H. & **GREEN,** Elizabeth 19 Dec 1827 (cmb)

WHITE, Elijah & **BRAME,** Susanna 1 Dec 1789 Rev. LeRoy COLE (cmb)

WHITE, George & **JETER,** Ann 21 Oct 1792 Rev. John. SORREL (cmb)

WHITE, Henry & **DEDLICK,** Cathorn 1 Dec 1825 P. LONG (cmb)

WHITE, Henry & **DIALICK,** Catherine 5 Dec 1825 Samuel D. BRAME (cmb)

WHITE, Horace & **PAGE,** Ann 8 Sep 1846 Wm. PAGE (cmb)

WHITE, Ira & **COLEMAN,** Thursa 1 Feb 1815 S. WOOLFOLK - min. (cmb)

WHITE, James & **GREEN,** Elizabeth 26 Dec 1798 J. SORRELL - min. (cmb)

WHITE, James & **SALE**, Harriett   17 Apr 1817   (cmb)

WHITE, James & **BECKHAM**, Jane M.   24 Dec 1829   Hill JONES - guard. of Jane   (cmb)

WHITE, James J. & **CAMPBELL**, Margaret Ann   8 Dec 1834   Hugh R. WHITE   (cmb)

WHITE, James T. & **BECKHAM**, Jane M.   24 Dec 1829   (cmb)

WHITE, James T. & **MURRAY**, Franneller T.   8 Dec 1840   R. B. TUNSTALL   (cmb)

WHITE, James T. & **MAURY**, Fenella C.   10 Dec 1840   (cmb)

WHITE, Joseph & **HUNDLEY**, Mary F.   13 Feb 1832   Silas J. BROADDUS   (cmb)

WHITE, Joseph & **HUNDLEY**, Mary F.   16 Feb 1832   John W. WHITE   (cmb)

WHITE, Oliver & **LAWRENCE**, Lucy Ann   17 Dec 1838   John LAWRENCE   (cmb)

WHITE, Oliver & **LAWRENCE**, Lucy Ann   25 Dec 1838   W. FRIEND - min.   (cmb)

WHITE, Smith J. R. & **BOULWARE**, Virginia M.   9 June 1845   R. W. COLE - min.   (cmb)

WHITE, Smith J. R. & **WRIGHT**, Virginia N.   8 Mar 1852   J. E. WHITE   (cmb)

WHITE, Smith J. R. & **WRIGHT**, Virginia Nelson   11 Mar 1852   H. WHITE - min.   (cmb)

WHITE, Warner W. & **ANDERSON**, Harriet   13 Apr 1835   Benjamin ANDERSON   (cmb)

WHITE, William & **BRAME**, Susanna   1 Dec 1789   Rev. John WALLER   (cmb)

WHITE, William & **ROBINSON**, Peggy   13 Mar 1800   H. PITTMAN

(cmb)

WHITE, William H. & **DUNLOP**, Sarah H. 9 Nov 1848 Beverly R. WELFORD (cmb)

WHITE, William S. & **GOULDAN**, Lavinia C. 10 Nov 1845 T. W. GOULDEN (cmb)

WHITICO, Henry & **FARMER**, Frances 9 Sep 1853 (rwc)

WHITING, John F. & **OLIVER**, Mary A. 18 Dec 1822 G. S. BAYLOR (cmb)

WHITING, Peter & **ROY**, Dorothy 6 July 1786 Rev. James TAYLOR (cmb)

WHITLOCK, Benjamin & **RICHESON**, Polly 19 May 1793 Rev. John YOUNG (cmb)

WHITLOCK, George P. & **OLIVER**, Sarah 14 Jan 1824 Joseph TILLER (cmb)

WHITLOCK, John M. & **MASON**, Winey C. 28 June 1853 Joseph R. MASON - f. (cmb)

WHITLOCK, John N. & **CLEERE**, Levinia 19 Mar 1807 (cmb)

WHITLOCK, Thomas & **BLUNT**, Betsy 10 Mar 1811 R. ALVIS (cmb)

WHITICO, Henry age 22 s/o Peter & Nancy WHITICO & **FARMER**, Frances age 20 d/o Wm. & Elizabeth FARMER 9 Sep1853 (cmb)

WHITE, Aaron C. & **JONES**, May Amelia 14 May 1822 C. WOOLFOLK (cmb)

WHITTICO, Edmund & **CLAYTOR**, Nancy 22 July 1841 John WHITTICO (cmb)

WHITTICO, Monroe & **BEAZLEY**, Susan 13 Feb 1833 W. RICHARDS - min. (cmb)

WHITTICO, James & **MARSHALL**, Betsy 26 June 1800 (cmb)

WHITTICO, John & **VAWTER,** Isabella 2 Apr 1832 James PARKER (cmb)

WHITTICO, James & **MARTIN,** Frances Aug 1850 John F. MARSHALL (cmb)

WHITTICO, James & **MARTIN**, Frances Aug 1850 A. BROADDUS - min. (cmb)

WHITTICOE, Reuben & **SAUNDERS,** Priscilla 30 Dec 1823 Wm. BEASLEY (cmb)

WHITTIER, Monroe & **BEAZLEY,** Susan 11 Feb 1833 Goldman CHANDLER (cmb)

WILLARD, James & **GORING,** Hulday 1 Jan 1808 S.Tucker (cmb)

WILLARD, John M. & **SATTERWHITE,** Agness 13 Sep 1843 Johnson NEWTON (cmb)

WILLARD, Lindsay S. & **CLAYTOR,** Mary Frances 7 Aug 1852 James W.

TURNER (cmb)

WILLARD, William & **ENNIS,** Lavina 11 Dec 1843 Rufus ENNIS (cmb)

WILLEBY, William & **SORRELL,** Sally 29 Jan 1812 (cmb)

WILLIAM, Dr. James E. & **HARRISON**, Mary T. 9 May 1853 Wm. L. HARRISON -guard.of Mary (cmb)

WHEETLY, Thomas & **LONG,** Elizabeth 20 Jan 1845 Andrew J. LONG (cmb)

WILLIAMS, Andrew & **BURRUSS,** Eliza E. 18 July 1842 Robert WOOD (cmb)

WILLIAMS, Dudley & **COKE,** Judith Nov 1777 (date recorded) (lmo)

WILLIAMS, James & **HASLOP,** Abigal 22 June 1839 J. M. WADDY - min. (cmb)

WILLIAMS, James & **HASLOP,** Abagail 22 June

1839 Smith MASON (cmb)

WILLIAMS, James E. & HARRISON, Mary T. 9 May 1853 William L. HARRISON guardian (cmb)

WILLIAMS, John & JONES, Jane 8 Mar 1841 W. B. GRYMES (cmb)

WILLIAMS, John & JONES, Jane 12 Mar 1841 R. M. COLE (cmb)

WILLIAMS, Robert & THORNTON, Lucy Ann 18 Oct 1832 L. BATTALIA -min. (cmb)

WILLIAMS, Robert & THORNTON, Lucy Ann 18 Oct 1832 Edmund S. THORNTON (cmb)

WILLIAMSON, Edwin M. & ROBINSON, Amanda 2 Oct 1834 Charles W. ESTES (cmb)

WILLIAMSON, Gabriel G. & WOOLFOLK, Elizabeth 31 May 1843 John WOOLFOLK (cmb)

WILLIS, John & TATE, Elizabeth 21 Oct 1833 John TATE (cmb)

WILLIS, John C. & WOODFORD, Mary C. 16 Jan 1845 John T. GOODWIN (cmb)

WILLIS, Robert T. & TALIAFERRO, Lucy N. 24 Apr 1830 Norborne TALIAFERRO (cmb)

WILLIS, Robert T. & TALIAFERRO, Lucy N. 13 May 1830 A. M. LEWIS - min. (cmb)

WILLIS, Robert W. & TALIAFERRO, Lucy N. 13 May 1830 (cmb)

WILLMORE, John & TAYLOR, Patty 19 July 1794 Rev. Theo NOELL (cmb)

WILLS, Wade & DICKINSON, Maria 19 Nov 1821 W. NEWTON (cmb)

WILLSON, James & PICKETT, Agness 16 Oct 1787 Rev. James TAYLOR (cmb)

WILLSON, William & **FOSTER,** Delphia 11 Feb 1795 Rev. A. BROADDUS (cmb)

WILLY, Henry & **TINSLEY,** Elizabeth 2 Jan 1790 Rev. John SHACKLEFORD (cmb)

WILSON, Abraham P. & **PITTMAN,** Agnes J. 12 Dec 1850 Wm. W. PITTMAN (cmb)

WILSON, Abraham P. & **PITMAN,** Agness J. 22 Jan 1852 R. H. W. BUCKNER (cmb)

WINGFIELD, Benjamin & **BURRUSS**, Rebecca Ann 11 Feb 1833 Wm. C. BURRUSS (cmb)

WINGFIELD, Joseph C. & **CAMP,** Sarah (widow) 13 Feb 1821 Williamson TALLEY (cmb)

WINGFIELD, Joseph C. & **CAMPBELL,** Elizabeth Ann 24 Nov 1831 Edw. H. MCGEE (cmb)

WINGFIELD, Joseph C. & **CAMPBELL,** Elizabeth Ann 24 Nov 1831 (cmb)

WINN, Favner & **SWINTON,** Phebe 7 Dec 1826 Faverner WINN (cmb)

WINN, George & **CARLTON**, Henrietta 11 May 1829 Fleming TERRELL (cmb)

WINN, George & **CARLTON,** Henrietta 12 May 1829 (cmb)

WINN, Taverner & **BOULWARE,** Mary J. 24 Feb 1829 Richard E. BOULWARE (cmb)

WINN, Tavener & **BOULWARE,** Mary J. 26 Feb 1829 (cmb)

WINN, Tavenor & **LONG,** Elizabeth 15 Feb 1844 Addison L. LONG (cmb)

WINSTON, John G. & **KENNER,** Lucy Beverley 13 Mar 1804 Judith KENNER - f. Rodham KENNER (cmb)

WINSTON, John G. & KENNER, Lucy B. 15 Mar 1804 A. WAUGH (cmb)

WINSTON, Nathan & YARBROUGH, Ann 14 June 1796 Rev. John GOODLOE (cmb)

WINSTON, Samuel & STEVENS, Mary C. 26 Feb 1818 H. GOODLOE (cmb)

WINSTON, Samuel & STEVENS, Mary C. 26 Feb 1818 H. GOODLOE - min. (cmb)

WINTERBUHER, William & TIMBERLAKE, Louisiana 2 Sep 1829 (cmb)

WITHERS, E. D. & WASHINGTON, Ann 23 Feb 1825 Hill JONES (cmb)

WITHERS, Edw. & DEJANNETT, Sophia 25 Feb 1816 (cmb)

WITHERS, Joseph D. & GATEWOOD, Eliza 12 Feb 1821 John GATEWOOD (cmb)

WOOD, Fleming & TOMPKINS, Lucy Ann 28 Sep 1844 T. TOMPKINS (cmb)

WOOD, Joseph & GRAVES, Elizabeth 13 Aug 1821 Edw. H. CARLTON (cmb)

WOOD, Pemberton & FARRENT, Elizabeth 25 May 1818 Leander BROADDUS (cmb)

WOOD, Pemberton & SANENT, Eliza 7 Dec 1818 (cmb)

WOOD, Robert & MILLER, Mary Ann 7 Oct 1823 Wm. BANKHEAD (cmb)

WOOD, Robert & COLEMAN, Sarah F. 12 Oct 1837 S. WOOLFOLK - min. (cmb)

WOOD, Robert & COLEMAN, Sarah F. 12 Oct 1837 Ira WHITE (cmb)

WOODFORD, John B. & GOODWIN, Sarah C. 15 Apr 1819 E. C.

MCGUIRE - min. (cmb)

WOODFORD, John B. & **GOODWIN,** Sarah C. 19 Apr 1819 Littleton GOODWIN (cmb)

WOODFORD, John B. & **COLLINS,** Cynthia 4 June 1827 Hiram CHILES (cmb)

WOODFORD, Thomas & **THORNTON,** Sally T. 21 Nov 1817 E. C. MCGUIRE - min. (cmb)

WOODFORD, Thomas & **BUCKNER,** Lucy T. C. 16 Oct 1829 Wm. J. MAURY (cmb)

WOODFORD, Thomas & **BUCKNER,** Lucy T. C. 29 Oct 1829 (cmb)

WOODFORD, William & **ARCHER,** Maria 21 Dec 1809 (cmb)

WOODFORD, William Jr. & **GOODWIN,** Eliza D. 14 Oct 1819 E. C. MCGUIRE (cmb)

WOODWARD, Henly & **STHRESHLY,** Fanny B. 9 July 1804 Wm.

STHRESHLY - f. (cmb)

WOODSON, Warner & **DICK,** Amelia P. 20 July 1836 Wm. W. DICKINSON (cmb)

WOOLFOLK, Charles & **WOOLFOLK,** Ann C. 10 Feb 1840 Robert WOOLFOLK (cmb)

WOOLFOLK, Garrott & **ST. JOHN** , Mary 1798 H. GOODLOE (cmb)

WOOLFOLK, Jordar & **WINSTON,** Eliza T. 9 Nov 1820 (cmb)

WOOLFOLK, Richard & **FLAGG**, Elizabeth F. 19 Feb 1835 W. FRIEND (cmb)

WOOLFOLK, Richard & **FLAGG**, Elizabeth T. 19 Feb 1835 Robert WOOLFOLK (cmb)

WOOLFOLK, Robert & **BURRUS**, Mary J. 15 Mar 1854 George S. COLLINS (cmb)

WOOLFOLK, Robert & **BURRUS**, Mary J. 20 Mar 1834 S. WOOLFOLK -

min. (cmb)

WOOLFOLK, Robert & WHITE, Virginia H. 14 Dec 1846 Hugh R. WHITE (cmb)

WOOLFOLK, Robert & WHITE, Virginia H. 15 Dec 1846 J. A. BILLINGSLY (cmb)

WOOLFOLK, Spisbe & SCOTT, Lucy 9 Jan 1826 Richard WOOLFOLK (cmb)

WORMLEY, Rev. Carter & LIGHTFOOT, Ellen 5 Oct 1836 W. FRIEND - min. (cmb)

WORNLEY, Carter & LIGHTFOOT, Ellen 15 Oct 1836 W. FRIEND - min. (cmb)

WORMLEY, Carter W. & LIGHTFOOT, Ellen B. 29 Sep 1836 Phillip LIGHTFOOT (cmb)

WORTHAM, Elliott & TERRELL, Sarah T. 18 May 1850 Robert HACKETT (cmb)

WORTHAM, Richard C. & COLEMAN, Mary 1 Apr 1809 Robert & Ann SCOTT (cmb)

WORTHAM, Samuel & SCOTT, Mary 18 Feb 1809 (cmb)

WORTHAM, Samuel & SCOTT, Mary 16 Feb 1819 Robert SCOTT (cmb)

WRAY, Charles & HARRISON, Patsy 12 Sep 1804 Chaney VAUGHAN (cmb)

WRAY, Charles & HARRISON, Patsy 12 Sep 1804 (cmb)

WRIGHT, Benson M. & HENDERSON, Elizabeth F. 7 Dec 1848 Robert B. WINSTON (cmb)

WRIGHT, Benson M. & HENDERSON, Elizabeth 10 Dec 1848 D. M. WARTON - min. (cmb)

WRIGHT, Beverly & RENNOLDS, Mary 7 Nov 1816 (cmb)

WRIGHT, Burton B. &
TOD, Ann 27 May 1826
W. A. PENDLETON (cmb)

WRIGHT, Henry &
COLEMAN, Lucy 14 Apr 1817 H. GOODLOE (cmb)

WRIGHT, Henry &
BALL, Catharine 4 Jan 1832 Robert WRIGHT (cmb)

WRIGHT, Henry &
ROLLINS, Margaret G. 13 Sept 1836 F. G. STERNE (cmb)

WRIGHT, Henry &
DICK, Susan B. 9 Aug 1852 Samuel TODD (cmb)

WRIGHT, James &
MARTIN, Kitty 13 Aug 1821 George MARTIN - f. (cmb)

WRIGHT, James &
ATKINSON, Catharine E. 11Dec 1837 Robert S. BROADDUS (cmb)

WRIGHT, James &
LOVIN, Elizabeth 21 Nov 1850 Thomas LOVIN - f. (cmb)

WRIGHT, Henry &
MARTIN, Frances 8 Mar 1854 R.W. COLE (rwc)

WRIGHT, James A. &
WRIGHT, Sarah F. M. 29 Apr 1853 Minor WRIGHT - f.of Sarah (cmb)

WRIGHT, James D. &
COLLINS, Lucinda 6 June 1816 (cmb)

WRIGHT, James D. &
BURRUS, Susan F. 17 Sept 1849 James M. CARNEAL (cmb)

WRIGHT, James D. &
BURRISS, Susan T. 20 Sept 1849 Joseph LEAR - min. (cmb)

WRIGHT, James H. &
SAUNDERS, Margaret 27 Sept 1848 J. G. PARRISH - min. (cmb)

WRIGHT, James H. &
SAUNDERS, Margaret 27 Sep1848 A. J. BRUMBURY (cmb)

WRIGHT, John &
DURRETT, Elizabeth 14 June 1796 Rev. John GOODLOE (cmb)

WRIGHT, John & **NEWTON**, Fanny 26 Aug 1810 Wm. GUISEY (cmb)

WRIGHT, John & **SAUNDERS**, Phebe 3 Nov 1834 Lorenzo SAUNDERS (cmb)

WRIGHT, John **SAUNDERS**, Phebe 4 Nov 1834 S. WOOLFOLK - min. (cmb)

WRIGHT, John & **FORTUNE**, Lucy Ann 6 Feb 1849 Tunstall WRIGHT (cmb)

WRIGHT, John & **FORTUNE**, Lucy Ann 7 Feb 1849 A. BROADDUS (cmb)

WRIGHT, John D. & **HENDERSON**, Virginia Ellen 23 Dec 1853 Mary L. HENDERSON -mo. Benson M. WRIGHT (cmb)

WRIGHT, Joseph & **PETTIS**, Sophia 14 Jan 1833 Bonapart FARMER (cmb)

WRIGHT, Luther & **WRIGHT** Jane 18 Jan 1828 Wm. HARRIS (cmb)

WRIGHT, Richard & **JONES**, Rebecca 13 Nov 1800 R. BROADUS - min. (cmb)

WRIGHT, Robert & **SHADDOCK**, Martha S. 11 Mar 1845 Robert W. COLE (cmb)

WRIGHT, Robert & **SHADDOCK**, Martha S. 13 Mar 1845 R. W. COLE - min. (cmb)

WRIGHT, Robert B. & **LONG**, Louisa A. 12 Nov 1849 James H. BROADDUS (cmb)

WRIGHT, Robert B. & **LONG**, Louisa A. 12 Nov 1849 A. BROADDUS - min. (cmb)

WRIGHT, Robert & **MURRAY**, Eliza 9 June 1823 Wrn. WRIGHT, Samuel MURRAY (cmb)

WRIGHT, Robert & **SAMUEL**, Emily 9 Nov

1825 Robert ANDREWS (cmb)

WRIGHT, Robert & WRIGHT, Catherine 8 Mar 1854 R.W. COLE (rwc)

WRIGHT, Robert Jr. & RIDDLE, Catharine 26 Mar 1845 (cmb)

WRIGHT, Robert Jr. & RIDDLE, Catharine 26 Nov 1845 Robert WRIGHT (cmb)

WRIGHT, Robert M. & BUCKNER, Mary D. 9 Aug 1841 John WASHINGTON (cmb)

WRIGHT, Samuel & BROOKS, Mary 22 Dec 1836 M. W. BROADDUS - min. (cmb)

WRIGHT, Samuel & BROOKS, Mary 22 Dec 1836 Hiram BROOKS (cmb)

WRIGHT, Samuel & BROOKS, Ann 14 Aug 1852 H. A. BROOKS (cmb)

WRIGHT, Samuel & BROOKS, Ann 15 Aug 1852 R. W. COLE - min. (cmb)

WRIGHT, Stanfield & COLEMAN, Martha W. 20 Nov 1848 James MILLER (cmb)

WRIGHT, Stanfield & COLEMAN, Martha W. 23 Nov 1848 J. A. BILLINGSLY - min. (cmb)

WRIGHT, Thomas & BROOKS, Catharine 18 June 1842 Samuel WRIGHT (cmb)

WRIGHT, Tunstall & FORTUNE, Mary Agness 24 Oct 1848 Isiah FORTUNE (cmb)

WRIGHT, Wesley & WRIGHT, Mary Ann 12 May 1834 James J. WHITE (cmb)

WRIGHT, Wiley & RENNOLDS, Verlinda 14 Feb 1825 John BROWN (cmb)

WRIGHT, William & RIDDLE, Fanny 17 Jan 1789 Rev. John WALLER

(cmb)

WRIGHT, William & **HAYNES,** Betsey 7 Nov 1804 Mary HAYNES - mo. (cmb)

WRIGHT, William & **HAYNES,** Betsy m.9 Nov 1804 John SORREL - min. (cmb)

WRIGHT, William & **HAYNES,** Elizabeth 4 Jan 1805 (cmb)

WRIGHT, William & **ROYSTON,** Amanda 28 May 1825 Wm. ROYSTON (cmb)

WRIGHT, William & **BROWN,** Lucinda 18 July 1827 Bonnypart FARMER (cmb)

WRIGHT, William & **COLLINS,** Clarisa Jane 28 May 1845 Joseph J. COLLINS (cmb)

WRIGHT, William H. & **SUTTON** Sarah J 23 Oct 1841 Robert R. CHAPMAN (cmb)

WRIGHT, William H. & **SUTTON,** Sarah Jane 24 Oct 1841 R. W. COLE - min. (cmb)

WRIGHT, Willis & **HULETT,** Leah 2 Jan 1790 Rev. H. GOODLOE (cmb)

WYATT, Francis & **AUSTIN,** Fanny 23 Dec 1799 J. SELF (cmb)

WYATT, Richard & **OLIVER,** Clary B. 9 Apr 1827 John S. PENDLETON (cmb)

WYATT, West & **RAINES,** Virginia A. 5 Aug 1849 A. R. SMITH (cmb)

WYATT, West & **RAINES,** Virginia A. 7 Aug 1849 John C. LONG (cmb)

WYATT William & **HODGES,** Mary Ann 5 Feb 1789 Rev. John WALLER (cmb)

WYATT William Richard Baynham b. 16 Jan 1809 Caroline Co. & **SCOTT**, Martha Frances 1814-1847 m. 5 Sep 1832 (afr)

WYATT, William R. B. **& SCOTT,** Martha F. 3 Sept 1832 Samuel C. SCOTT (cmb)

WYATT, William S. & **MINOR**, Susan 11 Nov 1813 Alex SALE - min. (cmb)

WYATT, William Sthreshley of Caroline & **NEW**, Mary Anderson 1779-1812 m. 12 Nov 1801 (afr)

YARBROUGH, Henry & **GRAVES,** Jane A. 14 Apr 1834 James C. LUCK (cmb)

YARBROUGH, Henry & **GRAVES,** Jane A. 23 Apr 1834 R. CHANDLER (cmb)

YARBROUGH, Joel & **MOORE,** Sally 28 Sept 1818 Edmund GANT (cmb)

YARBROUGH, Mickleberry & **MASON,** Wilmouth 13 Oct 1830 Henry M. YARBROUGH (cmb)

YARBROUGH, Mickleberry & **MASON**, Willworth 14 Oct 1830 (cmb)

YATES, George & **MADISON,** Martha 17 June 1818 Benjamin MARSHALL (cmb)

YATES, George & **MADISON,** Martha 18 June 1820 (cmb)

YATES, Henry & **SAMUEL,** Lucy 26 Feb 1818 S. WOOLFOLK (cmb)

YATES, Henry G. & **SAMUEL,** Lusey 26 Feb 1821 H.GOODLOE - min. (cmb)

YATES, John & **YATES,** Milicent 10 July 1809 Benjamin COLEMAN (cmb)

YATES, John & **WHARTON,** Catharine 2 Jan 1839 George WHARTON (cmb)

YATES, John & **WHARTON,** Catharine 8 Jan 1839 M. W. BROADUS - min. (cmb)

YATES, Paul & DURRITT, Nancy 14 Apr 1817 H. GOODLOE - min. (cmb)

YATES, Paul & WINN, Letty Jane 21 Jan 1852 L. W. ALLEN - min. (cmb)

YATES, Reuben C. & PHILLIPS, Amanda 27 Nov 1843 George L. PHILLIPS (cmb)

YATES, Reuben C. & PHILLIPS, Amanda M. E. 30 Nov 1843 (cmb)

YEATMAN, John & PATTEY, Lucy 1792 Rev. J. SHACKLEFORD (cmb)

YEATMAN, William H. & TERRELL, Mary R. 5 Jan 1850 Samuel P. TERRELL (cmb)

YOUNG, Abner G. & TILLER, Elizabeth 10 Feb 1823 H. DOGGETT (cmb)

YOUNG, George & ALEXANDER, Caroline 8 Feb 1826 ALEXANDER (cmb)

YOUNG, James & JETER, Sally 15 Dec 1792 Rev. John SORRELL (cmb)

YOUNG, James & LONG, Anna 20 July 1808 (cmb)

YOUNG, James & FARMER, Jane 3 Dec 1851 Wm. YOUNG (cmb)

YOUNG, James & LONG, Anna 17 July 1809 Thomas T. HARRIS (cmb)

YOUNG, James M. & TRAINHAM, Sarah 25 May 1849 Hugh CHANDLER (cmb)

YOUNG James M. & TRAINHAM, Sarah 25 May 1849 Joseph LEAR - min. (cmb)

YOUNG, John & EUBANK, Nancy 18 Dec 1809 Royal EUBANK (consent) (cmb)

YOUNG, John & EUBANK, Nancy 26 Dec 1809 Wm. GUISEY (cmb)

YOUNG, John &
DURRAHO, Mary 20 Feb
1817 (cmb)

YOUNG, John &
EUBANK, Sarah E. 11 Dec
1843   James B. EUBANK
(cmb)

YOUNG, John &
EUBANK, Sarah E. 25 Dec
1843   R. W. COLE - min.
(cmb)

YOUNG, Joseph &
BROWN, Sarah 25 Feb
1814 (cmb)

YOUNG, Joseph &
EUBANK, Mary 14 Jan
1840   F. W. SCOTT - min.
(cmb)

YOUNG, Joseph T. &
EUBANK, Mary J. 26 Dec
1839   Albert G. BENDALL
(cmb)

YOUNG, Leroy &
WRIGHT, Frances A. 27
Sept 1849   Winston
HALEY (cmb)

YOUNG, Leroy &
WRIGHT, Frances A. 30
Sept 1849   Joseph LEAR -
min. (cmb)

YOUNG, Nathaniel &
EUBANK, Polly 11 Dec
1804   James & Molly
EUBANK (cmb)

YOUNG, Nathaniel &
EUBANK, Polly 24 Dec
1804   A. BROADDUS -
min. (cmb)

YOUNG, Thomas &
BLANTON, Ann 20 Jan
1820 (cmb)

YOUNG, Thomas &
MASON, Frances W. 23
Dec 1823   John L.
BLANTON (cmb)

YOUNG, William J. &
SOUTHWORTH, Lucinda
11 Feb 1850 Charles C.
SOUTHWORTH (cmb)

A

ABRAHAM, 119, 228
ACORS, 1, 41, 42
ACRE, 1, 45
ACREE, 1, 192
ACRES, 1
ACRI, 1
ADAMS, 1, 2, 119, 171, 196
ADIE, 228
AIKINSON, 36
AILSTOCK, 1
AIMES, 69, 206
AIRES, 73, 74
ALBRIGHT, 1
ALEXANDER, 1, 2, 245
ALLAN, 18
ALLEN, 2, 10, 34, 50, 53, 55, 70, 86, 105, 147, 180, 181, 198, 201, 207, 210, 214, 221, 223, 245
ALLPORT, 2, 40, 197
ALLSOP, 2
ALPORT, 2, 60, 112, 117, 165, 197, 227
ALSOOP, 119
ALSOP, 2, 3, 73, 80, 116, 123, 129, 135, 157, 170
ALVIS, 19, 233
AMES, 213
AMISS, 3
ANCARROW, 3
ANDERSON, 3, 4, 5, 7, 28, 29, 38, 47, 48, 72, 76, 95, 98, 108, 115, 125, 131, 138, 141, 153, 176, 179, 183, 184, 193, 205, 215, 232

ANDREWS, 5, 29, 95, 135, 170, 242
ARCHER, 238
ARMISTEAD, 43
ARMSTRONG, 5, 202
ARNALL, 5, 90
ARNOLD, 5, 34, 222
ASHBY, 5, 6
ATKERISON, 6
ATKINS, 3, 4, 7, 86
ATKINSON, 6, 74, 76, 88, 114, 146, 190, 200, 203, 210, 216, 240
AUNDLEY, 227
AUSTIN, 112, 177, 243
AYERS, 6, 7, 80, 159
AYLETT, 193
AYRES, 7, 212

B

BABAR, 7
BABER, 7, 179
BAGBY, 7, 34, 67, 88, 165, 177, 208, 209
BAGGOTT, 7
BAILEY, 7, 127
BAKER, 7, 19, 130, 131
BALDWIN, 7, 87
BALEY, 126
BALL, 7, 8, 9, 10, 23, 194, 240
BALLAD, 8
BALLARD, 8, 223
BANDER, 8
BANKHEAD, 219, 237
BARBE, 184
BARBEE, 5, 8, 92, 114, 184
BARBER, 4, 8, 29, 114

BARBY, 184
BARFOOT, 8
BARLOW, 8, 9, 36, 70, 76, 85, 97, 164, 165, 174, 196, 199, 204, 230
BARNES, 197, 198, 221
BARNUM, 9
BARRUS, 9
BARRUSS, 81, 96
BARTIN, 9
BARTON, 199
BARWISS, 9
BASTIAN, 9
BASTIN, 9, 10, 38, 51, 52, 226
BATES, 10, 43, 61, 103, 122, 156, 185, 188, 203, 208, 230
BATTAILE, 10, 11, 52, 57, 111, 125, 175, 185, 187, 218, 231
BAUGHAN, 11, 18, 116, 139, 174, 204
BAXTER, 11, 99
BAYHOR, 88
BAYLOR, 11, 53, 83, 86, 125, 208, 225, 233
BAYNHAM, 119, 126, 155
BAYTER, 11
BEAGELS, 120
BEARMAN, 11
BEASELEY, 98, 128
BEASELY, 11
BEASLEY, 11, 12, 53, 96, 98, 234
BEAZELEY, 12, 74, 114
BEAZELY, 9, 12, 21, 45, 83, 96, 203
BEAZILEE, 194
BEAZLEY, 8, 12, 13, 14, 18, 48, 53, 60, 74, 76, 91, 97, 106, 114, 128, 138, 157, 180, 181, 182, 195, 199, 203, 204, 206, 211, 222, 230, 233, 234
BEAZLY, 12
BECKHAM, 147, 232
BECKWITH, 14
BELL, 2, 14, 15, 18, 23, 25, 28, 46, 75, 87, 88, 102, 109, 115, 143, 159, 160, 162, 174, 175, 189, 196, 213
BENDAL, 15
BENDALL, 15, 161, 208, 246
BENSHER, 15
BENTLEY, 16
BERNARD, 130, 131, 149, 185, 197, 220
BERRY, 16, 47, 59, 132, 149, 162, 227
BERTIER, 188
BERY, 16
BIBB, 16, 17, 32, 45, 63, 83, 92, 126, 138, 139, 144, 168, 201, 203, 222, 231
BIBBS, 136, 139
BILLINGSLEY, 1, 17, 35, 89, 121, 127
BILLINGSLY, 108, 132, 151, 202, 239, 242
BIRD, 17, 52, 82, 119, 126, 158
BLACKBURN, 17, 87, 187, 191
BLACKSTONE, 17
BLACKWELL, 64
BLADES, 17, 180
BLAKE, 18
BLAND, 18, 212
BLANTON, 2, 5, 18, 19, 54, 62, 73, 132, 154, 169, 246
BLAW, 19
BLEDSOE, 19

BLINCOE, 228
BLONDEL, 69
BLONDELL, 111
BLOXTON, 123
BLUE, 28
BLUNT, 19, 168, 183, 220, 233
BOBBINS, 19
BOGGS, 180
BONDS, 19
BORNE, 82
BOSHER, 19
BOULWARE, 10, 19, 20, 21, 24, 29, 30, 52, 54, 60, 67, 73, 77, 83, 88, 99, 115, 131, 132, 144, 145, 147, 149, 150, 183, 191, 197, 215, 218, 231, 232, 236
BOURN, 21
BOUSHER, 21
BOWCOCK, 21, 90
BOWEN, 56
BOWER, 21
BOWERS, 21, 50, 84, 87, 167, 196
BOWIE, 21, 22, 55, 60, 70, 150, 160, 177
BOWLAR, 22
BOWLER, 11, 14, 18, 22, 59, 145, 197
BOWLES, 19, 22, 138
BOWSHER, 22
BOXLEY, 22
BRADDLEY, 81
BRADDOCK, 180
BRADLEY, 22, 23, 30, 72
BRADUSS, 50
BRAME, 14, 23, 32, 52, 70, 104, 153, 178, 211, 231, 232
BRAMFIELD, 37

BRAMOMDO, 179
BRANAN, 23, 100
BRANHAM, 23, 87
BRANSOM, 178
BRASHEAR, 3
BRAXON, 203
BRAXTON, 2, 23
BREWER, 23
BRIDDGES, 229
BRIDGER, 15
BRIDGES, 19, 21, 22, 161, 167, 173
BROADDUS, 1, 2, 5, 6, 7, 8, 9, 14, 15, 16, 23, 24, 25, 26, 29, 32, 34, 35, 40, 45, 46, 49, 50, 56, 62, 63, 70, 71, 75, 76, 77, 82, 85, 90, 91, 92, 95, 96, 99, 101, 104, 106, 108, 110, 111, 112, 115, 116, 123, 126, 129, 135, 136, 138, 142, 146, 150, 153, 155, 157, 158, 161, 170, 172, 176, 177, 178, 179, 181, 187, 189, 190, 191, 192, 195, 196, 198, 202, 209, 212, 213, 214, 215, 221, 222, 225, 229, 230, 232, 234, 236, 237, 240, 241, 242, 246
BROADNAX, 26
BROADUS, 1, 26, 47, 67, 86, 90, 166, 171, 176, 177, 241, 244
BROCKENBROUGH, 81
BROCKINBROUGH, 224
BRONE, 82
BROOK, 26
BROOKS, 8, 13, 14, 15, 26, 27, 28, 41, 75, 149, 169, 181, 242

BROWN, 5, 27, 28, 36, 51, 62, 63, 65, 76, 78, 84, 113, 116, 139, 183, 204, 221, 242, 243, 246
BRUCE, 28, 29, 170
BRUDLE, 3
BRUMBURY, 240
BRUMFIELD, 37
BRUMLEY, 126, 145, 188
BRUNLEY, 145
BRYANT, 29, 193
BRYCE, 29
BUCKER, 108
BUCKLEY, 6
BUCKNER, 5, 6, 16, 29, 30, 45, 66, 81, 85, 102, 106, 107, 112, 130, 151, 153, 166, 171, 176, 178, 197, 217, 218, 219, 227, 228, 236, 238, 242
BULLARD, 1, 30, 139
BULLOCK, 23, 30, 40, 73, 128
BULWARE, 30
BUMPASS, 30, 31, 209
BUNDY, 31, 77, 131
BUNUFF, 31
BURCHELL, 31, 74
BURGESS, 31
BURK, 31
BURKE, 31, 64, 150, 166, 193, 205, 209, 221
BURNETT, 32
BURRAS, 32
BURRISS, 32, 240
BURROUGH, 52
BURRUS, 30, 32, 33, 35, 68, 81, 82, 83, 92, 115, 139, 168, 181, 196, 200, 201, 216, 225, 226, 238, 240
BURRUSS, 16, 17, 19, 30, 32, 33, 34, 82, 83, 102, 106, 107, 109, 146, 186, 194, 200, 226, 234, 236
BURWELL, 34, 143
BUSH, 34, 60
BUTLER, 34, 68, 70, 76, 85, 96, 105, 116, 129, 132, 185, 203, 207, 220
BUTTER, 34, 35
BUTZNER, 35
BYRD, 35, 82

C

CAFFREY, 7
CALL, 162
CALLAWN, 35, 73
CALLIS, 35
CALLISS, 35
CAMBELL, 190
CAMP, 32, 236
CAMPBELL, 24, 25, 26, 29, 34, 35, 50, 65, 107, 118, 142, 166, 167, 181, 209, 210, 232, 236
CANFIELD, 35
CANNON, 35, 36, 39, 52, 150, 222
CANNOR, 52
CARBIN, 178
CARDICK, 120
CARE, 29, 36, 86
CARLTON, 3, 7, 36, 37, 41, 85, 105, 106, 120, 130, 137, 154, 223, 224, 227, 236, 237
CARNAL, 37, 61, 65, 132, 139, 142
CARNALL, 4, 12, 37, 38, 39, 46, 65, 104, 122, 129, 133, 142, 148, 181, 193, 216, 220, 222, 226

CARNEAL, 4, 40, 216, 220, 226, 240
CARNEHAN, 40
CARPENTER, 40
CARR, 8, 40, 44, 50, 148, 228
CARRICK, 40, 121
CARRIER, 40
CARRINGTON, 41
CARTER, 4, 10, 12, 15, 22, 23, 41, 42, 43, 47, 62, 68, 75, 80, 82, 96, 103, 119, 123, 132, 152, 157, 164, 168, 180, 182, 183, 186, 220
CARTON, 43
CARY, 43
CASEY, 43
CASH, 43, 44, 108, 130, 188
CASON, 44, 93
CATLETT, 10, 11, 44, 45, 121, 192, 218, 229
CAUTHEN, 45
CAUTHORN, 45
CAZY, 212
CECIL, 1, 45, 48, 49, 51, 60, 124
CHANDLER, 11, 14, 15, 16, 20, 31, 45, 46, 47, 55, 56, 97, 98, 100, 127, 129, 136, 140, 142, 146, 149, 180, 183, 201, 206, 210, 215, 225, 226, 229, 231, 234, 244, 245
CHANDLOR, 180
CHAPMAN, 9, 28, 34, 46, 47, 48, 53, 62, 88, 89, 96, 97, 100, 110, 122, 127, 129, 142, 173, 182, 189, 203, 208, 211, 223, 224, 243
CHASH, 48
CHEADLE, 32, 209
CHEATHAM, 48, 87

CHECK, 132
CHENALT, 48, 107
CHENAULT, 48, 49, 50, 59, 67, 85, 86, 97, 99, 107, 143, 144, 145, 156, 157, 172, 175, 212, 226
CHESLEY, 56
CHEW, 55
CHEWNING, 50, 61, 146
CHICK, 50
CHILDRESS, 50
CHILES, 1, 16, 21, 32, 33, 35, 50, 51, 67, 77, 94, 101, 116, 127, 129, 134, 138, 141, 147, 151, 161, 174, 177, 183, 184, 207, 238
CHINAULT, 41, 51
CHINEAULT, 102
CHRISTIAN, 51
CISSEL, 92
CITES, 176
CLAGETT, 120
CLAIBORNE, 51
CLANK, 211
CLARK, 51, 52, 79, 125, 134, 145, 207
CLARKE, 4, 52, 229
CLATER, 78
CLATOR, 52, 154
CLATTERBRICK, 205
CLATTERBUCK, 205
CLAY, 52, 195
CLAYTER, 52
CLAYTON, 203
CLAYTOR, 8, 53, 68, 164, 200, 220, 233, 234
CLEERE, 28, 45, 53, 54, 102, 233
CLERE, 54
CLIFT, 54, 58, 182, 192, 210, 219

CLOE, 54
CLURE, 45, 54, 181, 201
COARTS, 54
COATES, 54
COATS, 54, 81, 139
COBB, 54, 55, 137, 143
COBBERN, 55
COBBS, 16, 18, 55, 137, 169, 222
COCKE, 7, 55
COCKS, 55
COGHILL, 56, 57, 58, 71, 86, 104, 146, 159, 169, 179
COKE, 234
COLBERT, 23, 56
COLBURT, 23, 56
COLE, 2, 6, 7, 12, 13, 23, 25, 26, 27, 28, 29, 32, 42, 46, 48, 51, 52, 53, 56, 59, 61, 67, 68, 69, 75, 79, 85, 86, 87, 91, 94, 95, 97, 98, 102, 112, 113, 117, 120, 121, 126, 128, 130, 132, 142, 156, 157, 160, 165, 168, 171, 173, 176, 180, 187, 190, 191, 197, 198, 199, 202, 212, 213, 214, 223, 226, 228, 230, 231, 232, 235, 240, 241, 242, 243, 246
COLEBERT, 23
COLEBURN, 23, 56
COLEMAN, 3, 5, 17, 19, 22, 28, 31, 41, 46, 51, 56, 57, 58, 61, 65, 67, 69, 70, 81, 88, 89, 94, 102, 104, 122, 129, 131, 142, 158, 171, 178, 189, 201, 204, 208, 210, 212, 222, 231, 237, 239, 240, 242, 244
COLLAWAN, 111
COLLAWN, 73
COLLEWAN, 111
COLLIER, 2, 57, 58, 70, 71, 199
COLLINS, 58, 173, 215, 238, 240, 243
COLMAN, 177
COMMANDERSON, 170
CONDUIT, 47, 58, 125, 173
CONNER, 17, 72, 128, 148, 151, 158
CONNOR, 58, 121, 149
CONQUEST, 42, 58, 106
CONWAY, 10, 58, 59, 81, 188, 218, 220
COOK, 51, 59
COOKE, 69, 192
COOPER, 27, 59, 153, 170
COOPLEY, 59
CORBETT, 59, 127
CORBIN, 71, 173, 178
CORR, 59, 108
COULBERN, 59
COVINGTON, 5, 30, 46, 49, 59, 60, 69, 91, 130, 136, 173, 196, 197, 198, 199, 205, 207, 212, 213, 215
COVINTON, 131, 220
COX, 30, 60, 117, 136, 175, 209
CRAWFORD, 61, 126, 212
CREDLE, 175
CREEDLE, 56
CRENSHAW, 61
CREW, 61
CRIDDLE, 61
CRIDLER, 61
CRITTENDEN, 61, 160, 214
CROLEY, 7
CROLWY, 6
CROLY, 61
CRONIE, 61

CROSBY, 61
CROSLEY, 6
CROSLY, 150
CROSS, 61
CROUCHER, 62, 167
CROUGHTON, 167
CROWLEY, 150
CROXTON, 62, 202
CRUMP, 62
CRUTCHFIELD, 62, 163
CUNNINGHAM, 62, 207

D

DABBS, 153
DABNEY, 3, 62, 101
DAFFIN, 43
DAINGERFIELD, 62
DALING, 45, 112
DANDRIDGE, 62
DANIEL, 17, 62, 63, 103, 165, 171, 202, 222
DAVENPORT, 63, 166, 167
DAVEY, 147
DAVIS, 27, 63, 64, 69, 122, 137, 173, 224
DAY, 63
DEAN, 63, 64
DEAVENPORT, 64
DEDLICK, 231
DEEMS, 64
DEGARNITT, 64
DEJANNETT, 237
DEJARNATT, 57
DEJARNETT, 21, 55, 57, 64, 110, 161, 169, 177, 225
DEJARNETTE, 31, 167
DEJERNETT, 64
DEJURNETT, 55
DEMPSEY, 118
DEMURE, 64, 133

DENISON, 64
DENNIS, 125, 163
DESHAZO, 64, 72, 79, 156
DEVENPORT, 65, 115
DEW, 65, 122
DIALICK, 231
DICK, 65, 102, 106, 139, 220, 230, 238, 240
DICKEN, 65, 220
DICKENSON, 16, 19, 54, 65, 89, 94, 121, 159, 161, 162, 173, 199, 206, 219
DICKERSON, 51, 65, 131
DICKESON, 65
DICKINSON, 3, 16, 22, 29, 30, 31, 51, 55, 62, 66, 83, 89, 90, 94, 105, 108, 114, 118, 128, 159, 180, 181, 188, 191, 199, 205, 206, 208, 209, 221, 223, 235, 238
DIGGES, 67
DIGGS, 67
DILLARD, 9, 14, 36, 67, 80, 91, 111, 116, 120, 127, 187, 197, 213, 217
DIMMUE, 67
DISHMAN, 42, 67, 68, 98, 185, 204
DISHUZOR, 155
DISMUKES, 147
DISON, 50, 132
DODD, 68, 104, 123, 178, 194
DODDS, 104
DOGGET, 163
DOGGETT, 11, 15, 55, 68, 72, 89, 123, 163, 182, 245
DOLLINS, 68, 124
DOLYNS, 69
DONAHO, 69
DONAHOE, 63, 69, 144, 152, 175, 182

253

DONAHUE, 69, 178
DONAPHIN, 69
DONITHAN, 69
DONOHOE, 69
DOSWELL, 137
DOUGLASS, 34, 69, 122, 123, 208, 209
DOWLE, 138
DOWLES, 69
DOWNER, 72, 195
DOWNING, 69, 70, 92, 184
DRURY, 114
DUDLEY, 70, 216
DUERSON, 70
DUGLASS, 123
DUKE, 70, 148, 154, 206
DULING, 45, 70, 112
DUNAHO, 30
DUNAY, 132
DUNLOP, 3, 80, 233
DUNN, 7, 70, 71, 128, 137, 156, 198, 199
DUNSTON, 71
DURRAHO, 246
DURRETT, 16, 17, 19, 71, 72, 82, 104, 106, 111, 132, 143, 151, 152, 159, 170, 201, 202, 221, 240
DUVAL, 2, 12, 29, 40, 67, 68, 72, 109, 117, 121, 156, 174
DUVALL, 68, 72, 109
DYE, 73
DYSON, 18, 50, 73, 97, 132, 207

E

EADS, 73
EATON, 73
EDDERDS, 73
EDMUNDS, 73, 133
EDMUNDSON, 73, 74, 170, 196
EDWARDS, 74, 75, 150, 196, 197, 199, 213
ELKIN, 74
ELLETT, 74
ELLIOTT, 74, 75, 116, 151, 160, 167, 173, 188, 208
EMMERSON, 58, 170
ENGLAND, 75, 134, 222, 226
ENNIS, 12, 26, 37, 39, 75, 110, 137, 170, 193, 203, 204, 214, 225, 226, 234
ENO, 75
ESTES, 67, 75, 76, 81, 146, 151, 187, 203, 221, 230, 235
ESTIS, 81, 152, 206
EUBANK, 28, 71, 76, 77, 137, 153, 212, 245, 246
EVANS, 77, 123, 130, 148, 171, 211, 225
EVERETT, 77

F

FANCHAN, 160
FARICH, 223
FARINHOLT, 64
FARISH, 22, 61, 67, 77, 78, 80, 119, 146, 163, 165, 183, 184, 187, 228
FARMER, 7, 12, 13, 17, 28, 43, 50, 51, 78, 79, 80, 86, 92, 96, 103, 117, 119, 123, 135, 136, 145, 155, 163, 172, 174, 192, 193, 226, 233, 241, 243, 245
FARRENT, 237
FARRISH, 37, 80, 81, 161, 198, 216

FAULKNER, 31
FAVER, 64
FERNEYHOUGH, 80
FICKLEN, 80
FICKLIN, 80
FIDLER, 46
FIELD, 12
FIELDS, 2, 80, 113, 169
FILANDER, 80
FISHER, 80, 81, 171, 191
FITZHUGH, 44, 81, 94, 95, 130, 179
FLAG, 83
FLAGG, 33, 83, 238
FLETCHER, 13, 38, 43, 81, 83, 122, 230
FLIPPO, 35, 50, 59, 81, 82, 91, 108, 115, 186, 197, 198, 228
FLOYD, 178, 195
FOGG, 81, 82, 129
FOLLY, 82
FONEBLOOM, 82
FORD, 177
FORTSOM, 204
FORTSON, 82, 140, 204
FORTUNE, 17, 35, 82, 83, 93, 119, 120, 133, 141, 160, 165, 166, 221, 241, 242
FOSTER, 11, 14, 88, 236
FOUNTAIN, 83, 117
FOUNTAINE, 150
FOVELL, 83
FOWLER, 216
FOX, 83, 225
FRANCES, 218
FRANCHAN, 160
FRANISHAND, 83
FRANK, 83

FRAWNER, 13, 48, 68, 83, 180, 199, 211, 222
FRAZER, 97
FREDERICK, 83
FREEMAN, 83, 84, 93, 125, 131, 204, 217
FREMAN, 90
FRENCH, 151
FRENER, 53
FRENSLEY, 84, 122
FRENSTEY, 84
FRIEND, 10, 43, 64, 66, 67, 78, 101, 149, 150, 155, 197, 218, 219, 220, 232, 238, 239
FRIZE, 1
FROHME, 165
FRY, 54, 84
FULCHER, 84
FULLERTON, 84
FUNTALOE, 85
FURLANDER, 211

G

GADBERRY, 85
GAINES, 82, 85, 86, 183
GAINS, 85
GAIRSY, 8
GALE, 25, 33, 85
GANETT, 86
GANT, 37, 85, 140, 223, 244
GANTS, 37
GARDNER, 141
GARNETT, 1, 36, 40, 42, 48, 52, 65, 85, 86, 87, 99, 102, 123, 125, 144, 164, 191, 193, 205
GARRATT, 87
GARRET, 88

GARRETT, 12, 14, 21, 50, 78, 85, 86, 87, 88, 95, 97, 106, 125, 129, 145, 147, 159, 171, 222, 228
GARRITT, 119
GARY, 88
GASKINS, 89
GATEWOOD, 1, 3, 9, 18, 23, 24, 25, 34, 47, 48, 54, 55, 57, 61, 66, 74, 77, 86, 89, 90, 113, 128, 133, 152, 159, 161, 186, 205, 221, 237
GAUNT, 90, 91, 153, 221
GAYL, 133
GAYLE, 27, 32, 33, 47, 48, 88, 91, 133, 185, 212
GEISEY, 35
GEORGE, 59, 91
GERRELL, 40, 168
GERVIS, 92
GIBSON, 44, 92
GILCHRIST, 31
GILLIAM, 92
GILLMAN, 92, 216
GILMAN, 90, 92, 118
GLASSALL, 75
GLASSEL, 75
GLASSELL, 75, 92
GLEASON, 203
GLEESON, 7, 204
GLOVER, 211
GOEN, 92
GOIN, 9, 32, 92
GOING, 13
GOINGS, 92
GOLDEN, 92, 105
GOLDMAN, 213, 214
GOLDSBERRY, 92
GOLDSBY, 6, 92, 93
GOODE, 31, 38, 93

GOODLOE, 7, 8, 16, 18, 19, 29, 34, 35, 37, 38, 39, 40, 44, 47, 57, 58, 65, 66, 69, 72, 74, 76, 78, 81, 82, 93, 105, 107, 110, 111, 112, 119, 120, 121, 122, 127, 133, 134, 136, 142, 143, 147, 148, 150, 151, 154, 161, 162, 169, 170, 187, 189, 192, 195, 196, 207, 220, 222, 223, 237, 238, 240, 243, 244, 245
GOODLOW, 16
GOODMAN, 93
GOODRIDGE, 93
GOODRIGE, 94
GOODWIN, 3, 57, 87, 88, 94, 201, 235, 237, 238
GORDON, 70, 94, 95, 228
GOULDEN, 25, 95, 114, 172, 233
GOULDIN, 6, 25, 26, 95
GOULDING, 95, 105
GOULDMAN, 74, 95, 96
GOULDSLY, 96
GOULMAN, 96
GOWING, 96
GRAFTON, 15, 98
GRANT, 96
GRANTLAND, 96
GRAVATT, 96, 110, 122
GRAVES, 4, 7, 32, 48, 70, 73, 83, 96, 97, 100, 103, 157, 158, 161, 171, 237, 244
GRAVETT, 28
GRAY, 11, 20, 45, 50, 68, 81, 83, 88, 97, 98, 118, 190, 194, 218
GREEN, 4, 13, 17, 24, 57, 74, 76, 79, 98, 126, 145, 146, 155, 158, 171, 218, 225, 229, 231

GREENSTEAD, 98
GREENSTED, 79
GREENSTREET, 98, 99, 117, 125, 169, 171, 214
GREER, 93, 94, 215
GREGOR, 99
GREGORY, 99, 147
GRESHAM, 99
GRIFFIN, 20, 61, 99, 143
GRIMES, 100, 160
GRINSTEAD, 100
GROSVENOR, 50
GROVESNOR, 50
GROVSENER, 100
GRUBBS, 100
GRYMES, 13, 46, 100, 101, 160, 181, 229, 235
GUEREY, 63
GUET, 66
GUILMORE, 115
GUIRY, 216
GUISEY, 39, 51, 114, 137, 241, 245
GUNNILL, 160
GUTHRIE, 31, 101
GUTRIDGE, 35
GUY, 96, 101, 110, 111, 143, 144, 166, 183
GWATHMEY, 101

H

HACKETT, 16, 32, 41, 50, 55, 83, 96, 101, 102, 144, 148, 149, 179, 239
HACKNEY, 2, 102
HAGE, 102
HAGGARD, 193
HAIL, 102
HAINES, 38, 102
HALE, 102
HALEY, 40, 102, 103, 216, 246
HALL, 33, 39, 45, 61, 85, 103, 117, 138, 139, 163, 164, 174
HALTON, 103
HAMBLETON, 169
HAMM, 84
HAMP, 39, 71
HAMPTON, 92, 222
HANDLEY, 166
HANES, 41, 103, 142
HARDAMAN, 193
HARDGROVE, 103
HARDMAN, 103, 119
HARDY, 103
HARGRAVE, 9, 14, 16, 32, 33, 50, 51, 63, 92, 136, 137, 140, 154, 231
HARGROVE, 103, 120, 145, 170
HARPER, 70, 104, 225
HARRIS, 1, 3, 38, 39, 41, 63, 64, 66, 71, 82, 84, 92, 100, 102, 104, 105, 110, 116, 117, 133, 152, 159, 160, 183, 201, 208, 209, 210, 211, 241, 245
HARRISON, 3, 4, 47, 105, 128, 156, 225, 228, 234, 235, 239
HARRISS, 71
HART, 17, 37, 85, 96, 105, 106, 120, 158, 231
HARTGRAVE, 103
HARVY, 105
HASLOP, 27, 234
HATTON, 71, 106
HAWES, 4, 106
HAWS, 106
HAY, 97
HAYES, 106

HAYNES, 61, 106, 107, 155, 156, 189, 190, 191, 243
HAZE, 107
HENCHER, 107
HENDERSON, 107, 194, 228, 239, 241
HENEDGE, 107
HENLEY, 223
HENNLEY, 107
HENRY, 107, 155
HENSHAW, 102, 107
HENSLEY, 107
HEREFORD, 107, 108
HESLOP, 27
HEWLET, 108
HEWLETT, 51, 99, 108, 128, 165
HICKMAN, 70, 109
HICKS, 100, 108, 127, 196
HILL, 15, 68, 72, 80, 108, 109, 121, 126, 148, 192, 202, 206, 223
HILLDRUP, 109
HILLEARD, 110
HILLYARD, 110
HOCKADAY, 110
HODGE, 11, 110, 194
HODGES, 17, 19, 90, 110, 217, 243
HODGINS, 110
HOGAN, 105, 110, 198
HOGE, 110
HOGEN, 110
HOLDER, 110
HOLLADAY, 110
HOLLEARGE, 110
HOLLOWAY, 30, 35, 54, 60, 78, 88, 110, 111, 115, 146, 188, 194, 208, 211
HOOMES, 85, 89, 111, 168
HOPE, 111, 181
HOPKINS, 35, 36, 74, 101, 110, 111, 112, 163, 205
HORD, 200, 212
HOSKINS, 112, 212
HOSLIP, 112
HOUSTON, 2, 3, 14, 15, 60, 67, 79, 83, 112, 113, 124, 145, 147, 156, 159, 163, 179, 214, 215
HOWARD, 21, 43, 71, 76, 93, 113, 114, 124, 172
HOWLE, 53, 101, 181
HOWLES, 114
HOYE, 83
HUBBARD, 114
HUCKSTEP, 114
HUDGEN, 105
HUDGIN, 20, 69, 70, 130, 150, 178
HUDGINS, 69, 81, 115
HUDSON, 115, 117, 224
HUET, 22
HUGGINS, 198
HUGHES, 115, 154, 204
HULETT, 207, 243
HULEY, 115
HUMP, 151
HUMPHRIES, 115
HUNDLEY, 61, 115, 126, 167, 232
HUNT, 18, 128
HUNTER, 116, 193
HURT, 17, 47, 107, 116, 177, 207, 209, 224, 227
HUSTEN, 144
HUSTON, 185, 186
HUTCHENSON, 116
HUTCHERSON, 172
HUTCHESON, 76, 116
HUTCHINSON, 116, 117, 140

HUTCHISON, 51
HUTSON, 37, 38, 154

I

INGRAHAM, 99
INGRAM, 117, 172
INGREHAM, 100
INGRUM, 117
IRELAND, 117
IRION, 117
ISBELL, 8, 208, 218, 228

J

JACKSON, 115, 117, 195
JACOB, 67, 166
JAMERSON, 52
JAMES, 42, 45, 64, 72, 79, 83, 117, 118, 150, 182, 200
JAMESON, 52, 191
JARRELL, 118, 163
JARVIS, 78, 181
JENNINGS, 118
JERDON, 24
JERRELL, 40, 44, 118, 127
JESSE, 6, 22, 58, 67, 79, 118, 188
JESSEE, 118
JESTER, 189
JETER, 4, 24, 40, 48, 85, 98, 99, 118, 119, 151, 171, 177, 231, 245
JOHNS, 104, 119, 219
JOHNSON, 3, 31, 52, 69, 93, 103, 110, 119, 120, 121, 136, 148, 150, 158, 163, 166, 184, 187
JOHNSTON, 3, 57, 92, 113, 121, 136, 158, 192, 200, 227
JONES, 5, 8, 21, 22, 23, 35, 36, 37, 39, 43, 55, 58, 63, 65, 71, 72, 74, 75, 76, 79, 84, 93, 99, 102, 105, 106, 109, 112, 113, 114, 121, 122, 123, 124, 125, 128, 130, 139, 149, 150, 153, 156, 158, 159, 164, 167, 170, 171, 179, 185, 189, 193, 195, 196, 199, 200, 204, 205, 207, 213, 216, 225, 229, 230, 232, 233, 235, 237, 241
JORDAN, 47, 79, 86, 87, 99, 119, 125, 143
JOURDAN, 166

K

KANNON, 33
KAY, 82, 95, 97, 125, 126, 164, 183, 184, 229
KEAN, 126, 151
KEE, 34
KEHR, 126
KELLEY, 41, 82, 126, 133, 139, 189, 224
KELLY, 1, 7, 49, 62, 96, 127, 139, 146, 156, 160, 172, 217, 221
KELSO, 127
KEMP, 34, 128
KENNER, 236, 237
KENNON, 37, 38, 124, 128
KENYON, 104
KEY, 59, 182, 219
KIDD, 23, 115, 124, 128, 194, 196, 202, 215, 224

KILLEY, 128
KNOTE, 11, 22
KNOX, 27, 38

L

LAFOE, 27, 44, 45, 128, 129
LAFONG, 129
LAMBETH, 173
LANA, 129
LANDRAM, 123
LANDRUM, 129
LANE, 129, 135
LANGSTON, 84, 125
LANKSTON, 84
LANSFORD, 92, 219
LAUGHLIN, 12, 77, 121, 129, 183
LAURANCE, 62
LAURENCE, 115, 129
LAVORN, 48
LAWRENCE, 18, 125, 129, 166, 232
LAWSON, 129, 130, 187
LAYNE, 130
LEACH, 130
LEAR, 130, 144, 166, 240, 245, 246
LEE, 60, 130, 136, 159, 226
LEFOE, 26, 119, 130, 178
LEFOND, 131
LEGAN, 98
LEIGH, 126
LELAND, 178
LEMMES, 130
LETCHFIELD, 130
LEWCORD, 130
LEWIS, 10, 13, 20, 25, 29, 34, 35, 62, 64, 70, 73, 85, 93, 104, 106, 110, 118, 130, 131, 144, 147, 179, 180, 188, 198, 201, 219, 224, 235
LIGHTFOOT, 131, 149, 155, 185, 239
LINDSAY, 179
LIPSCOMB, 50, 131, 162
LIPSCOMBE, 50
LITCHFIELD, 19, 131
LIVELY, 111
LIVILY, 111
LIVINGSTON, 69, 131
LOMAX, 116, 131
LONG, 8, 15, 22, 23, 25, 30, 41, 42, 43, 48, 50, 52, 53, 60, 62, 64, 67, 70, 72, 81, 84, 87, 91, 92, 95, 97, 98, 103, 107, 108, 109, 111, 112, 114, 125, 128, 132, 133, 134, 136, 144, 145, 153, 156, 160, 161, 162, 165, 181, 182, 186, 187, 192, 193, 197, 199, 207, 213, 217, 224, 226, 231, 234, 236, 241, 243, 245
LONGEST, 49, 79, 134, 157, 226
LOPAS, 134
LORING, 134
LOURY, 90, 209
LOVEN, 1, 61, 134, 135, 174, 175, 214, 220
LOVERING, 134
LOVERN, 80, 112, 134, 220
LOVIN, 53, 88, 130, 135, 143, 193, 240
LOVING, 18, 75, 80, 130, 135, 136, 193, 201, 211
LOVORAN, 1
LOVORN, 211
LOWDON, 136
LOWRY, 73, 90, 136, 137, 209

LUCAS, 137
LUCK, 11, 33, 61, 63, 66, 92, 95, 111, 137, 138, 154, 160, 201, 210, 244
LUMKIN, 138
LUMPKIN, 20, 32, 138, 163, 190, 194, 229
LUMPKINS, 81
LUNGSFORD, 88
LUNGSTON, 10
LUNSFORD, 30, 138, 192
LYNE, 128
LYON, 138

M

MADDISON, 138, 139
MADISON, 11, 15, 30, 45, 53, 55, 99, 108, 124, 139, 140, 141, 146, 154, 165, 184, 189, 193, 203, 204, 244
MAGRUDER, 22, 140, 168, 208, 223
MAHAM, 140
MAHON, 141
MAJOR, 141
MALLIN, 153
MALLORY, 141
MALONE, 27, 141, 186
MAN, 165
MANN, 100, 141
MARABLE, 42
MARMADUKE, 141
MARROW, 141
MARSHAL, 142
MARSHALL, 3, 38, 59, 63, 96, 103, 104, 118, 142, 143, 161, 163, 176, 188, 214, 221, 233, 234, 244
MARSHELL, 180

MARTIN, 8, 19, 25, 32, 35, 41, 49, 67, 80, 83, 86, 87, 96, 106, 117, 119, 122, 125, 126, 129, 135, 143, 144, 145, 149, 155, 159, 168, 198, 212, 213, 226, 227, 234, 240
MASON, 41, 54, 57, 73, 76, 77, 97, 105, 106, 120, 127, 134, 146, 156, 158, 162, 167, 175, 216, 217, 229, 233, 235, 244, 246
MASSEY, 27, 56, 61, 146
MASSIE, 146, 179, 196
MASSY, 88, 147
MATHEWS, 147
MATTISON, 65
MATTOX, 185
MAURY, 109, 147, 148, 232, 238
MAY, 1, 69, 147
MAYFIELD, 147
MAYLANE, 147
MCBRIDE, 128, 147
MCCABE, 46
MCCLUSKAY, 147
MCCORD, 4
MCDANIEL, 42
MCDONALD, 126, 154
MCDOWNEY, 182
MCGOULDEN, 147
MCGRAW, 147
MCGRUDER, 147, 148, 224
MCGUIRE, 10, 40, 59, 66, 148, 165, 168, 188, 217, 238
MCKEE, 46, 148
MCKENNEDAY, 148
MCKENNEY, 148
MCKINNEY, 118, 148
MCLAUGHLIN, 148, 149, 179, 180

McLELAND, 201
MCLELLAN, 149
MCLELLAND, 32
MCPHERSON, 31, 149
MCWILLIAMS, 151
MEAUSE, 149
MELONE, 149
MEREDITH, 149
MEREMAN, 121, 149
MERIOTT, 60
MERIWEATHER, 149
MERRETT, 20, 149
MERRILL, 149
MERRINER, 150
MERRIT, 97
MERRYMAN, 28, 98, 99, 150, 169, 199
MERYMAN, 99
MICON, 150, 192
MICOU, 16, 24, 31
MIDDLEBROOK, 39, 92, 150, 200
MIDDLEBROOKS, 150
MIDDLETON, 52
MILLER, 8, 20, 25, 67, 69, 73, 79, 95, 118, 147, 150, 151, 190, 198, 221, 237, 242
MILLS, 44, 54, 55, 63, 97, 151, 176, 220
MINER, 72
MINOR, 72, 108, 119, 125, 151, 169, 187, 244
MITCHELL, 5, 33, 151, 152, 189, 212
MOLEN, 152
MOLIN, 153
MOLLEY, 152
MONCURE, 126, 152, 160
MONDAY, 83, 84, 152
MONROE, 153
MONTAGUE, 15, 177, 218
MOODY, 153, 215
MOOR, 101, 153
MOORE, 11, 59, 62, 99, 101, 113, 122, 139, 143, 144, 153, 154, 174, 196, 209, 244
MOORING, 154
MORAN, 120
MOREN, 49, 92, 96, 120, 132, 154, 172
MORGAN, 154, 207
MORNEN, 154
MORNING, 49
MORRIS, 116, 154, 155
MORSON, 155
MOSLEY, 155
MOTELY, 24
MOTLEY, 11, 26, 98, 107, 142, 145, 155, 183, 191, 196
MOURNING, 43
MULLEN, 11, 14, 155, 186, 201
MULLIN, 155, 156
MULLINS, 156, 186
MUNDAY, 79, 84, 90, 156, 157, 165
MURRAH, 157
MURRAY, 42, 49, 68, 87, 121, 157, 158, 202, 206, 227, 232, 241
MURRY, 73, 202, 221
MUSE, 99

N

NAPIER, 4, 45, 73, 107, 158, 161
NASH, 158
NEBEKER, 20

NELSON, 52, 119, 120, 158
NEW, 206, 244
NEWMAN, 158, 199
NEWTON, 70, 71, 89, 158, 159, 209, 210, 234, 235, 241
NOEL, 5, 80, 105, 109, 143, 152, 159, 163, 166, 200
NOELE, 19
NOELL, 2, 5, 6, 14, 22, 24, 49, 57, 85, 122, 124, 128, 130, 151, 159, 160, 171, 172, 190, 205, 207, 211, 214, 224, 235
NOKES, 160
NOOT, 160
NORMAN, 160
NORMAND, 160
NORMANT, 21
NORMENT, 19, 22, 98, 160, 161, 173, 190, 199, 231
NOTT, 161
NUTGRASS, 161

O

OGLESBY, 36, 228
OLIPHANT, 161
OLIVER, 19, 54, 138, 150, 159, 161, 162, 185, 201, 221, 222, 223, 233, 243
OVERTON, 163
OWEN, 163
OWENS, 163

P

PACKER, 163
PAGE, 8, 71, 109, 112, 128, 149, 163, 176, 231
PAINE, 163
PAIR, 34, 163
PALLER, 163, 164
PARE, 44, 77, 119, 139, 140, 141, 164, 168, 171, 174, 182, 185, 186
PARHAM, 230
PARISH, 114
PARKE, 164
PARKER, 51, 53, 64, 77, 78, 82, 136, 141, 164, 165, 191, 234
PARKS, 187
PARRISH, 3, 19, 35, 44, 48, 75, 137, 147, 165, 169, 176, 205, 227, 240
PASCO, 2
PASCOE, 204
PATTERSON, 77, 165
PATTEY, 245
PATTIE, 165
PAVEY, 75, 140, 165, 181, 197
PAVVY, 165
PAVY, 2, 165, 166, 181, 204, 213
PAYNE, 81, 124, 166, 200
PEAKE, 166
PEARSON, 165, 166
PEARTOSS, 166
PEATROS, 156, 166, 167, 177, 196
PEATROSS, 50, 63, 72, 80, 84, 94, 115, 116, 117, 127, 129, 146, 153, 156, 167, 195, 196, 217
PEMBERTON, 2, 8, 31, 41, 130, 161, 167, 168, 182
PENDLETON, 10, 11, 31, 33, 50, 56, 57, 59, 65, 66, 71, 86, 87, 89, 92, 93, 105, 129, 148, 152, 153, 168,

173, 177, 182, 188, 192,
208, 220, 222, 224, 227,
240, 243
PENNEY, 168
PENNY, 22, 30, 43, 52, 168, 169, 212
PERKINS, 169
PERKS, 44, 96, 169, 199, 227
PERRY, 169
PETROS, 169
PETROSS, 116, 194
PETTICE, 53
PETTIS, 42, 169, 170, 241
PETTUS, 12
PEYTON, 69, 170
PHELPS, 170
PHILLIPS, 80, 113, 116, 122, 124, 127, 129, 147, 170, 202, 245
PICARDAT, 27, 28, 56, 72, 169, 213, 214
PICARDOT, 69, 170, 231
PICCADAT, 53
PICKARDAT, 28
PICKETT, 152, 170, 235
PICKLE, 87, 88
PIERCE, 31, 117
PILCHER, 170
PITCHER, 170
PITMAN, 77, 127, 236
PITT, 57, 171, 227
PITTMAN, 2, 3, 8, 11, 26, 29, 43, 54, 55, 59, 63, 67, 68, 99, 101, 106, 118, 119, 121, 123, 130, 132, 133, 142, 145, 151, 155, 156, 171, 173, 174, 175, 176, 177, 178, 181, 182, 185, 186, 187, 192, 195, 198, 200, 205, 206, 208, 211, 213, 232, 236

PITTS, 5, 24, 48, 49, 57, 79, 91, 95, 143, 144, 171, 172, 176, 188, 193, 194, 195, 196, 202, 212, 213
PLUNKETT, 170
POATES, 173
POE, 68
POLLARD, 94, 173
POLLETT, 173
POLTNEY, 173
POPE, 173
PORTCH, 173
POTTER, 1, 126, 127
POWERS, 78, 85, 87, 88, 109, 119, 164, 173, 199
PRAGER, 97
PRATT, 223
PRETLOW, 173
PRICE, 36, 174
PRIDDY, 174
PROCTOR, 174
PRUET, 68, 174
PRUETT, 9, 19, 75, 78, 97, 100, 163, 164, 166, 174, 175, 194, 214
PRUIT, 75
PRUITT, 134, 175
PUE, 125
PUGH, 125, 161, 175, 176, 216
PULLAR, 179
PULLEN, 176
PULLER, 9, 21, 25, 26, 172, 176, 178, 217
PURKES, 176
PURKS, 118, 147, 176
PURVIS, 177
PUSSY, 211
PUTTIS, 177

Q

QUARLES, 5, 17, 28, 102, 103, 148, 177, 209
QUISENBERRY, 64, 170, 177, 225

R

RADDISH, 177
RAGAN, 101, 175, 177, 217
RAINES, 27, 123, 127, 177, 243
RAKER, 110
RALLS, 177
RAMSAY, 177, 178, 191
RAMSEY, 178, 179
RAMSSAY, 177
RANDOLPH, 178
RANES, 142, 178
RATCLIFFE, 178
RAWLINS, 167, 169, 178
RAY, 178
REAVES, 83
RED, 178
REDA, 178
REDD, 33, 49, 57, 74, 83, 95, 102, 108, 113, 130, 152, 159, 160, 177, 178, 179, 180, 210, 211
REDFORD, 180
REED, 180
REEL, 180
REEVE, 180
REEVES, 180, 212
REINS, 104, 180
RENNALDS, 4
RENNELDS, 12
RENNINGTON, 180
RENNOLD, 180
RENNOLDS, 5, 12, 13, 61, 69, 134, 163, 164, 180, 181, 182, 196, 205, 206, 207, 214, 220, 239, 242
RENOLDS, 61, 181
REYNOLDS, 127, 133, 139, 164, 167, 169, 180, 181, 182, 195, 197, 214
RICH, 68, 182
RICHARD, 152, 182
RICHARDS, 1, 4, 11, 12, 13, 14, 18, 25, 27, 43, 75, 76, 78, 79, 81, 82, 85, 87, 92, 95, 97, 99, 100, 103, 105, 108, 109, 112, 114, 117, 119, 138, 146, 157, 164, 174, 180, 182, 183, 190, 198, 199, 204, 214, 215, 226, 227, 233
RICHARDSON, 13, 51, 72, 115, 183
RICHERSON, 165, 205
RICHESON, 8, 10, 15, 53, 59, 61, 90, 116, 125, 126, 141, 153, 183, 184, 207, 222, 233
RIDDER, 179
RIDDLE, 113, 136, 183, 184, 242
RIGAN, 101
RIGHT, 158
RIVES, 136, 184
RIXEY, 184
ROACH, 184
ROAN, 119
ROANE, 16, 146, 184, 185, 194
ROBB, 131, 185
ROBERSON, 58
ROBERTS, 52, 82, 153, 162
ROBERTSON, 1, 164, 185, 225

ROBINSON, 26, 37, 39, 58, 84, 88, 95, 113, 125, 132, 155, 156, 167, 175, 177, 180, 184, 185, 186, 198, 200, 220, 232, 235
ROE, 187
ROLANDS, 118
ROLLENS, 187
ROLLINS, 173, 187, 198, 205, 213, 240
RONISE, 141
RONZA, 54
ROOTES, 187, 218
ROPER, 187
ROSE, 43, 74, 76, 128, 130, 133, 150, 187, 228
ROSS, 10, 187
ROTHROACH, 187
ROTHROAK, 188
ROUSE, 1, 79, 134, 141, 188
ROW, 29, 77
ROWE, 29, 98, 178, 188, 219, 221
ROWZEE, 188
ROY, 11, 29, 188, 233
ROYAL, 75
ROYSTEN, 219
ROYSTON, 3, 40, 63, 101, 106, 109, 149, 155, 188, 218, 219, 223, 225, 243
ROZEL, 189
RUNDAY, 184
RUSSELL, 83
RYLAND, 112, 189, 221

S

SACRA, 142, 189
SACREE, 189
SALE, 7, 14, 15, 19, 24, 25, 26, 28, 29, 34, 47, 64, 70, 81, 84, 90, 99, 107, 108, 117, 132, 134, 136, 138, 141, 157, 158, 161, 164, 166, 171, 172, 173, 176, 188, 189, 190, 191, 192, 194, 217, 232, 244
SAMPSON, 21, 191
SAMUEL, 1, 3, 9, 13, 18, 33, 39, 43, 52, 56, 66, 70, 75, 79, 81, 82, 86, 91, 93, 101, 106, 108, 109, 113, 129, 134, 135, 157, 159, 161, 163, 172, 177, 189, 190, 191, 192, 193, 198, 202, 206, 208, 241, 244
SAMUELS, 171
SANENT, 237
SANFORD, 92
SARRELL, 193
SATTERWHITE, 40, 75, 100, 117, 140, 147, 153, 160, 193, 198, 234
SAUNDERS, 8, 16, 28, 35, 42, 47, 49, 53, 59, 61, 68, 76, 77, 80, 86, 117, 128, 129, 138, 141, 142, 144, 148, 149, 167, 173, 179, 183, 191, 194, 195, 198, 208, 227, 234, 240, 241
SAUNDERSON, 195
SCANDLAND, 13, 69, 138, 164, 195, 223, 229
SCANNAGE, 195
SCANTLAND, 138
SCHOOLER, 195
SCHOOLS, 195
SCOTT, 54, 68, 72, 78, 81, 90, 101, 114, 120, 127, 139, 140, 144, 145, 148, 156, 163, 166, 167, 194, 195, 208, 217, 228, 229, 239, 243, 244, 246

SCRANAGE, 195
SCRANGE, 180
SEAL, 9, 15, 58, 74, 83, 112, 113, 126, 140, 145, 172, 195, 196, 203, 211, 215, 230
SEARLES, 165
SEARLS, 91, 196
SEARS, 78, 196
SEAY, 72, 116, 167, 196
SEBASTIAN, 56
SEE, 196
SEGAR, 155, 196
SEIZER, 65, 84, 115
SEIZOR, 66, 196
SELF, 5, 6, 7, 15, 22, 32, 34, 39, 51, 60, 62, 63, 65, 71, 74, 76, 77, 94, 96, 97, 114, 146, 158, 162, 178, 196, 197, 200, 203, 204, 212, 215, 221, 222, 223, 229, 243
SEMES, 197
SEMPLE, 197
SEYER, 71
SEYMOUR, 69
SEYSEL, 197
SHACKEFORD, 142
SHACKELFORD, 15, 41, 46
SHACKLEFORD, 7, 18, 31, 34, 37, 41, 60, 62, 68, 69, 70, 73, 77, 91, 92, 99, 115, 117, 119, 131, 143, 144, 148, 152, 154, 157, 159, 161, 163, 173, 180, 182, 185, 186, 188, 191, 197, 198, 229, 236, 245
SHADDOCH, 146
SHADDOCK, 47, 56, 79, 112, 133, 141, 183, 198, 241
SHENAULT, 157, 198
SHEPHERD, 198

SHEPPARD, 198
SHERARD, 198
SHINALT, 172, 211
SHINAULT, 198
SHIP, 80, 102, 154, 162, 198
SHIRLEY, 199
SIEL, 59
SINDAL, 169
SIRLES, 88, 156, 199
SIRLS, 88, 199, 215, 230
SISSELE, 102
SISSILL, 103
SISSON, 231
SIZER, 114, 199, 208
SKINKER, 173, 199
SKINNER, 6, 22, 44, 79, 117, 169, 175, 176, 199, 200
SKIPWITH, 94
SLAUGHTER, 36, 69, 186, 200
SLEDD, 200
SMALL, 169
SMETHER, 202
SMITH, 7, 26, 35, 56, 67, 77, 92, 93, 99, 115, 126, 127, 132, 134, 135, 154, 177, 195, 200, 201, 202, 228, 243
SMITHER, 202
SMOOT, 2, 40, 202
SNEED, 18, 152, 202
SOLEMAND, 8
SORREL, 13, 20, 22, 23, 24, 43, 60, 62, 64, 71, 75, 77, 80, 83, 91, 95, 97, 98, 110, 112, 115, 116, 124, 133, 140, 141, 144, 145, 151, 154, 155, 156, 163, 166, 170, 172, 173, 174, 175, 177, 178, 184, 189, 191, 193, 194, 195, 196, 198,

203, 207, 220, 223, 227, 228, 231, 243
SORRELL, 2, 4, 8, 12, 13, 14, 15, 17, 20, 21, 28, 30, 40, 42, 48, 49, 52, 53, 55, 57, 58, 64, 73, 74, 78, 80, 87, 89, 91, 95, 103, 107, 112, 113, 116, 117, 119, 121, 123, 128, 129, 141, 145, 147, 149, 151, 156, 160, 163, 165, 167, 169, 170, 171, 172, 174, 175, 178, 182, 185, 186, 191, 192, 195, 196, 197, 200, 202, 203, 211, 215, 216, 221, 226, 231, 234, 245
SORRILL, 13, 84
SOUTHFORD, 204
SOUTHWORTH, 2, 5, 8, 9, 15, 18, 23, 34, 49, 53, 65, 73, 83, 85, 100, 115, 126, 127, 133, 139, 140, 158, 165, 166, 183, 203, 204, 246
SPANIAL, 212
SPARKS, 214
SPENCER, 34, 204
SPENDLE, 204, 212
SPILLMAN, 11, 205
SPILMAN, 205
SPIN, 20
SPINALE, 205
SPINDLE, 85, 86, 143, 205
SPOTSWOOD, 205
ST JOHN, 37
ST. JOHN, 238
ST.JOHN, 37
STANDLEY, 201, 205
STANLEY, 110, 216
STANNARD, 218
STAPLES, 205, 206
STARK, 206

STARKE, 206
STARLING, 206
STEADY, 59
STEPHENS, 67
STERN, 177, 192, 206
STERNE, 22, 43, 44, 240
STEVEN, 44
STEVENS, 36, 40, 43, 50, 54, 55, 123, 155, 174, 191, 206, 207, 217, 222, 227, 237
STEWART, 47, 207, 208
STHRESHLEY, 192, 208
STHRESHLY, 238
STIFF, 208
STILL, 184, 208
STODDARD, 207
STRESHLEY, 96, 213
STRINGE, 207
STROTHER, 69
STUART, 6, 140, 143, 207
STUBBS, 136
STUDDY, 100
STUDY, 100, 207
SULLENGER, 91
SULLINGER, 91, 133
SULLIVAN, 207
SUMMERS, 56
SUMMERSON, 31, 120, 133, 134, 164, 195, 208, 213
SUMMESON, 134
SUTTLE, 59
SUTTON, 32, 47, 67, 87, 97, 194, 198, 208, 209, 243
SWAN, 209
SWANN, 46, 108, 123, 124, 151, 209
SWINTON, 31, 209, 210, 236

T

TALIAFERRO, 81, 95, 111, 112, 161, 162, 164, 171, 187, 188, 210, 212, 221, 235
TALLEY, 26, 55, 236
TALLY, 210, 221
TANKERSLEY, 68, 131, 187, 194, 210, 211
TANNER, 122
TARNENT, 211
TARRANT, 80, 100, 106, 211
TARRENT, 211
TATE, 211, 235
TAYLOR, 2, 4, 11, 12, 13, 23, 40, 42, 49, 54, 59, 60, 61, 67, 73, 74, 76, 85, 89, 90, 94, 98, 99, 103, 104, 110, 117, 121, 135, 142, 147, 153, 159, 164, 168, 172, 173, 175, 178, 180, 185, 187, 191, 195, 200, 201, 210, 211, 212, 213, 214, 215, 217, 220, 225, 226, 227, 233, 235
TELIAFERRO, 111
TEMPLE, 24, 104, 105
TENANT, 221
TENY, 127
TERRELL, 9, 14, 16, 17, 20, 21, 50, 54, 61, 62, 63, 64, 70, 83, 90, 124, 126, 136, 137, 138, 147, 163, 165, 181, 200, 215, 222, 236, 239, 245
TERRILL, 111, 122, 137, 216
TERRY, 108, 146, 165, 189, 216
THACKER, 37, 38, 39, 139, 154, 216

THOMAS, 6, 23, 43, 44, 119, 124, 130, 165, 187, 216, 217
THOMPSON, 54, 59, 121, 122, 166, 184, 186, 216, 217, 218, 228, 230
THOMSON, 218
THORNLEY, 24, 25, 62, 78, 218, 230
THORNTON, 10, 29, 30, 44, 58, 59, 67, 93, 118, 128, 129, 149, 155, 178, 188, 189, 206, 218, 219, 224, 235, 238
THORP, 43, 181
THORPE, 170, 220
THURSTON, 220
TIERNAN, 220
TIGNON, 220
TIGNOR, 39, 149, 160, 220
TILLER, 11, 65, 203, 220, 233, 245
TIMBERLAKE, 21, 30, 42, 103, 151, 220, 237
TIMPKINS, 170
TIMSLEY, 221
TINDALL, 85
TINSBLOOM, 221
TINSLEY, 114, 134, 136, 152, 221, 236
TOD, 7, 19, 20, 22, 95, 96, 110, 112, 115, 123, 130, 131, 150, 155, 159, 181, 221, 240
TODD, 195, 240
TOLER, 74, 221
TOLLY, 207
TOMBS, 67
TOMPKINS, 5, 8, 71, 72, 89, 105, 118, 162, 209, 221, 237

TOOMBS, 68, 96, 114, 117, 141, 221
TOWLES, 222
TRAINHAM, 8, 9, 222, 245
TRANEHAM, 8
TRANHAM, 222
TRAVILLIAN, 222
TRAWNER, 124, 222
TREBLE, 1
TRENSLEY, 122
TREVILLIAN, 101, 102, 222
TRIBBLE, 1, 46, 103, 121, 222
TRIBLE, 120, 222
TRICE, 11, 23, 51, 54, 80, 88, 92, 125, 134, 135, 146, 196, 202, 215, 217
TRIGG, 222
TRUE, 22
TUCK, 223, 224
TUCKER, 223
TUESDALE, 224
TULT, 223
TUNING, 223
TUNSTALL, 109, 188, 218, 223, 232
TUPMAN, 130, 223
TURNER, 7, 14, 20, 34, 36, 71, 84, 96, 105, 108, 128, 144, 145, 168, 175, 178, 189, 191, 211, 212, 221, 223, 224, 234
TURNING, 219
TUTT, 223, 225
TWESDALE, 36, 224
TWISDALE, 224
TYLER, 64, 110, 225
TYREE, 225

U

UMBRICKHOUSE, 69, 225
UPSHAW, 105, 176, 225
UPSHER, 105
URGUHART, 185
USHER, 56

V

VAISTER, 227
VALENTINE, 70, 185, 201, 225, 227
VAUGHAN, 40, 114, 117, 141, 142, 144, 163, 171, 173, 205, 225, 226, 227, 239
VAUGHN, 142
VAWTER, 12, 31, 64, 112, 227, 234
VENABLE, 80, 227
VENTER, 102, 224
VINSON, 227
VOSS, 95

W

WADDY, 151, 152, 234
WAGNER, 120, 227
WALDEN, 84, 85, 98, 100, 152, 157, 166, 211, 227, 228
WALDING, 166, 211
WALKER, 202, 228
WALL, 29
WALLACE, 228
WALLER, 2, 16, 36, 52, 54, 61, 64, 65, 70, 75, 84, 115, 122, 126, 129, 132, 146, 148, 150, 165, 180, 188,

199, 209, 216, 221, 228, 232, 242, 243
WARD, 81, 118, 228
WARE, 80, 82, 101, 141, 228
WARRICK, 228
WARTHAM, 229
WASHINGTON, 29, 31, 166, 209, 210, 229, 237, 242
WATERS, 9, 174, 201, 207
WATKINS, 26, 55, 136, 137
WATTKINS, 26
WATTS, 58, 229
WAUGH, 16, 21, 24, 26, 84, 85, 109, 111, 113, 131, 144, 153, 161, 182, 208, 210, 230, 237
WEATHERFORD, 70, 227
WEAVER, 229
WEBSTER, 108, 229
WELCH, 100, 117, 219, 229
WELCHER, 82
WELDEN, 169
WELSH, 10, 229
WEST, 1, 6, 9, 18, 46, 146, 153, 170, 229, 230
WESTINDORF, 230
WHARTON, 8, 10, 20, 56, 59, 60, 67, 89, 97, 111, 124, 125, 136, 148, 164, 165, 169, 171, 176, 194, 199, 214, 229, 230, 231, 244
WHEAT, 231
WHEELEY, 231
WHEELY, 114
WHEETLY, 234
WHITE, 3, 7, 10, 15, 16, 18, 21, 35, 37, 46, 48, 49, 62, 65, 68, 69, 70, 84, 88, 93, 96, 98, 103, 104, 106, 107, 120, 121, 124, 130, 132, 137, 138, 141, 150, 151, 154, 158, 162, 163, 182, 184, 188, 189, 190, 191, 193, 196, 203, 204, 206, 207, 215, 217, 223, 224, 227, 228, 231, 232, 233, 237, 239, 242
WHITFIELD, 105
WHITICO, 233
WHITING, 53, 233
WHITLOCK, 19, 140, 161, 204, 233
WHITTEN, 45
WHITTICO, 21, 45, 53, 88, 233, 234
WHITTICOE, 234
WHITTIER, 234
WILES, 33, 71
WILLARD, 36, 75, 234
WILLEBY, 234
WILLIAM, 234
WILLIAMS, 138, 174, 234, 235
WILLIAMSON, 235
WILLIS, 168, 196, 235
WILLS, 235
WILLSON, 35, 235, 236
WILMORE, 195
WILSON, 5, 194, 224, 236
WINGFIELD, 140, 236
WINN, 19, 54, 93, 108, 110, 130, 132, 149, 236, 245
WINSTON, 58, 65, 71, 72, 137, 152, 161, 218, 220, 236, 237, 238, 239
WINTERBUHER, 237
WITHERS, 237
WOOD, 14, 34, 58, 68, 78, 81, 109, 137, 203, 234, 237
WOODFORD, 7, 29, 130, 201, 235, 237, 238
WOODLAND, 41
WOODS, 66

WOODSON, 238
WOODWARD, 81, 94, 238
WOOLFOLK, 9, 12, 16, 23, 25, 26, 30, 31, 32, 33, 34, 43, 46, 51, 52, 54, 55, 56, 57, 58, 60, 65, 66, 71, 72, 73, 74, 78, 83, 84, 87, 91, 94, 99, 101, 102, 107, 109, 111, 118, 122, 123, 124, 127, 131, 132, 133, 137, 139, 140, 141, 142, 143, 145, 147, 148, 149, 151, 152, 154, 155, 156, 158, 160, 162, 165, 175, 181, 182, 183, 184, 185, 187, 190, 191, 192, 195, 205, 206, 209, 213, 217, 222, 224, 231, 233, 235, 237, 238, 239, 241, 244
WOOLLARD, 41
WORMLEY, 239
WORNLEY, 239
WORTHAM, 33, 71, 101, 180, 239
WRAY, 239
WRIGHT, 3, 5, 26, 27, 32, 33, 34, 37, 38, 39, 40, 51, 53, 57, 58, 62, 63, 78, 81, 87, 96, 97, 98, 102, 103, 104, 105, 107, 109, 118, 123, 128, 135, 144, 150, 151, 152, 157, 162, 164, 169, 172, 180, 181, 194, 223, 224, 232, 239, 240, 241, 242, 243, 246
WYATT, 45, 46, 57, 216, 243, 244

Y

YANCY, 63, 104
YARBROUGH, 37, 85, 124, 137, 139, 169, 216, 237, 244
YATES, 63, 106, 121, 190, 199, 206, 230, 244, 245
YEATES, 190
YEATMAN, 245
YOUNG, 6, 7, 8, 9, 21, 28, 36, 40, 43, 48, 56, 58, 59, 61, 71, 73, 75, 76, 85, 87, 90, 102, 103, 104, 110, 116, 126, 150, 160, 162, 163, 166, 173, 174, 175, 183, 200, 203, 204, 220, 224, 227, 233, 245, 246

Other books by the author:

CD: Heritage Books Archives: Virginia Marriage Records

Marriage Records of the City of Fredericksburg, and of Orange, Spotsylvania, and Stafford Counties, Virginia, 1722-1850

Marriage Records of the City of Fredericksburg, and the County of Stafford, Virginia, 1851-1900

Marriages in the New River Valley, Virginia: Montgomery, Floyd, Pulaski, and Giles Counties

Marriages in Virginia: Spotsylvania County, 1851-1900 and Orange County, 1851-1867

Marriages of Caroline County, Virginia, 1777-1853

Marriages of Orange County, Virginia, 1747-1880

Marriages of Orange County, Virginia, 1757-1880

Skeletons in the Closet: 200 Years of Murders in Old Virginia

Vital Records of Three Burned Counties: Births, Marriages, and Deaths of King and Queen, King William, and New Kent Counties, Virginia, 1680-1860

www.ingramcontent.com/pod-product-compliance
Lightning Source LLC
Chambersburg PA
CBHW050131170426
43197CB00011B/1798